Peter Soppa (Hrsg.)
Psychodrama

Peter Soppa (Hrsg.)

Psychodrama

Ein Leitfaden

Leske + Budrich, Opladen 2001

Ein Titeldatensatz für diese Publikation ist bei
Der Deutschen Bibliothek erhältlich

ISBN 978-3-322-97496-9   ISBN 978-3-322-97495-2 (eBook)
DOI 10.1007/978-3-322-97495-2

Gedruckt auf alterungsbeständigem und säurefreiem Papier

Satz: Leske + Budrich, Opladen

Inhalt

Der Mensch und seine inneren Welten, der Mensch als Teil der kosmischen Urkraft, der Mensch als Schöpfer seiner selbst. Lass uns die unnatürlichen Schranken unserer Begrenztheit aufgeben, uns schöpfen aus dem unendlichen Reichtum des Universums."

J. L. Moreno

II. Psychodrama in der Arbeit mit EinzelklientInnen
erstellt von Peter Soppa nach einem Grundlagentext
von Robert Blum ......

III. Psychodrama und systemische Therapie

I. Die Psychodrama-Therapie – eine strukturierte Anleitung für die Praxis

Zum Verständnis – Einleitung

Dieser Band ist anhand meiner eigenen Ausbildungs- und Anwendungs-
erfahrungen mit dem Psychodrama entstanden. Er enthält viele praktische, am eigenen Leib erfahrene Beispiele, die subjektiv geprägt sind, die
jede/r bis zu einem gewissen Grad, unter Berücksichtigung der jeweiligen
spezifischen Eigenarten, auf sich oder andere beziehen kann.

Neben einer strukturierten Darstellung des Psychodramas sind in diesem Band viele erlebnis- und erfahrungsorientierte Bestandteile aufgeführt, die die psychodramatische Methode verständlicher und begreifbarer
machen. Die Darstellung und das Erklären der Methode und der Techniken ist immer nur ein Gerüst, ein Rahmen, eine Möglichkeit des Ordnens
und soll auch so verstanden werden.

Wir brauchen diese Ordnung, um eine verbale Kommunikation zu ermöglichen und um den/der Lernenden/in Sicherheit und Fortschritt zu gewährleisten. Darüber hinaus darf der erlebnisorientierte Ansatz des Psychodramas nicht fehlen, denn gerade diese Lebendigkeit zeichnet die Psychodramatherapie aus.

Ich beginne mit einigen Erläuterungen zum Begriff des Psychodramas.
Es folgen Ausführungen zur Psychodrama-Methode. Der zentrale Bestandteil ist hier die Struktur des klassischen Psychodramas.

Vorab allgemeine Aussagen zum Selbstverständnis, zum triadischen
System und zum Wesen des Psychodramas, der Spontaneität und Kreativität. Die praktischen Erfahrungsberichte sind beispielhafte Hilfestellungen für die Anwendung des Psychodramas bezogen auf die Durchführung
von Einführungs- und Abschlussseminaren, die Arbeit mit dem sozialen
Atom und der Möglichkeit integrativen Arbeitens mit Psychodrama und
körpertherapeutischen Elementen.

Im Abschlussteil beschäftige ich mich mit der spirituellen Dimension
des Psychodramas. Hier geht es mir darum aufzuzeigen, dass Spiritualität

und Psychodrama miteinander verwandt sind und das Psychodrama eine Möglichkeit für spirituelles Wachsen sein kann.

An dieser Stelle danke ich allen KlientInnen, TeilnehmerInnen und vor allem der ProtagonistInnen, ohne die dieses Buch nicht existieren würde.

Mein Dank richtet sich zusätzlich an die MitgestalterInnen dieses Buches, Petra Borkowski, Sybille Krüger, Anja Chilinski, Jürgen Roming, Hans Pfeiffer und Robert Blum. Sie standen mir mit praktischer Hilfe und Rat und Tat zur Seite.

1. Das Psychodrama – Grundlagen zum Begriff und Selbstverständnis

Psychodrama, das bewirkt einen leichten Schauer auf der Haut, ein Wort, das viele Assoziationen freisetzt. Drama verbinden die meisten Menschen mit Leiden; und Psycho, so wie der gleichnamige Film, wird oft verbunden mit Schrecken, zumindest mit geheimnisvoll, mysteriös u.ä. Also ein gar schreckliches Leiden oder ein Leiden mit Schrecken oder tiefste innere geheimnisvolle Geschehnisse, unkontrollierbar und gefährlich.

Ich persönlich kann mich von diesen Vor-Urteilen nicht ganz freisprechen. Vor meiner therapeutischen Laufbahn hat das Wort „Psychodrama" bei mir Angst ausgelöst. Ich dachte an gewaltige Gefühlsexplosionen und Nacktheit, deren ich mich schämte.

Ja, nackt ohne Fassade vor anderen Menschen dastehen, das machte mir am meisten Angst. Sie könnten mich ja erkennen, wirklich sehen, wer ich bin – und dann wäre ich unten durch. Ich war damals ein smarter Sportlehrer mit vielen sozialen Kontakten und Aufstiegsambitionen. Mich erkennen hieß: ich war halt nicht smart, nicht cool und locker, im Gegenteil, in mir sah es ziemlich trostlos aus, ich fühlte mich oft einsam, klein und bedeutungslos.

Ich wusste damals noch nichts von den schönen Seiten des Erkennens, der Schönheit und Liebe, die ich später entdeckte, der Freude und Heiterkeit, die in mir Platz nahmen und nach außen strahlten und vor allem den tiefen Einsichten und Erkenntnissen, die mein Wachstum, meine Selbstverwirklichung enorm beschleunigten.

Das Wort „Psychodrama" steht also nicht für Leiden und Schrecken oder Geheimnis, es steht für Bewusstheit, für Lebendigkeit, für Freude und Liebe.

Nehmen wir den Begriff, so wie er gemeint ist:

Psycho, das Innenleben, Drama, die Aktion: Das Innenleben wird nach außen und in Aktion gebracht, so dass wir es bewusst formen und für uns nutzen können.

Psychodrama ist kein Geheimnis, es ist eher so, dass Geheimnisse aufgespürt und beleuchtet werden, sie werden bewusst wahrgenommen, Zusammenhänge zur Gesamtperson werden deutlich und wir haben wieder ein Fünkchen mehr Klarheit geschaffen.

Vor diesem Hintergrund heißt das Thema „Kontrollverlust", bzw. die Angst die einige Menschen davor haben, eine paradoxe Angst, denn erst Psychodrama macht wirkliche Kontrolle möglich.

In unserem alltäglichen privaten und beruflichen Leben mit unserem „Alltagsbewusstsein" sind wir uns der innerpsychischen Prozesse in uns nicht bewusst. Sie sind überlagert von vielerlei Umweltreizen, unseren Aktivitäten und einem fortwährenden Gedankengetöse. Allein dieser vielen Eindrücke, Gedanken und Bilder sind wir uns nicht gegenwärtig, geschweige denn der Prozesse auf tieferen psychischen Ebenen. Wer spricht hier von Kontrolle über sich und sein Bewusstsein? All die LeserInnen mit Meditationserfahrung können erfassen, wieviel Kraft, Übung und Konzentration notwendig sind, um auch nur einige Minuten mit kontrollierter Bewusstheit zu sein.

Ich will hier verdeutlichen, dass eine wirkliche Kontrolle des eigenen Daseins einer gewissen Erfahrung, Übung und Konzentration sowie einer guten Anleitung bedarf.

Der Begriff „wirkliche Kontrolle" zeigt den Unterschied zum Allgemeinverständnis einer Kontrolle über sich auf. Viele Menschen erleben sich oder andere als kontrolliert im Sinne von: keine Gefühle zeigen, cool sein, alles im Griff haben, abgesichert sein u.a. Also ein durchdachtes, an den Normen unserer Gesellschaft orientiertes angepasstes Leben. Erst gestern las ich einige Worte, die mir hierzu einfallen:

Berühren und fühlen heißt Erfahrungen machen.

Viele Menschen verbringen ihr ganzes Leben, ohne jemals wirklich zu berühren oder berührt zu werden. Diese Menschen leben in einer Welt des Geistes und der Phantasie, welche sie manchmal zu Freude, Tränen, Glückseligkeit oder Trauer bewegen. Aber diese Menschen berühren niemals wirklich. Sie leben nicht und werden nicht eins mit dem Leben.

Hyemeyohsts Storm, Cheyenne[1]

Diese Art von Kontrolle entsteht durch Einengen, also Gefühle wegmachen, sich den fremdgesetzten Strukturen anpassen, innerpsychische Störungen vermeiden, zusammengefasst: allem Lebendigen ausweichen, nach einer Norm leben: also die Fassade und nicht sich selbst leben.

Viele Menschen richten ihr Leben nach diesen Maßstäben aus und das ist vollkommen okay, denn es ist so gewählt.

Mit dem Zusatz „wirkliche" Kontrolle betone ich die Erweiterung des Daseins, nicht die Einengung. Wirkliche Kontrolle heißt dann: bewusstes Wahrnehmen aller Aspekte des Lebens, Erkennen des eigenen Seins, der indviduellen Ausprägungen und der Gemeinsamkeiten allen Seins. Keine Verhinderung des Lebens, sondern bewussten Leben.

Welche Konsequenzen das hier Erläuterte nach sich zieht, wird am folgenden Beispiel deutlich:

Die Praxis
Elfis Spiel: Alles im Nebel
Vor nicht allzu langer Zeit arbeitete ich mit einer Ausbildungsgruppe am Thema Praktikum. Es handelte sich um eine Vollzeit-Weiterbildung „Familien-Sozialtherapie". Die TeilnehmerInnen müssen ein viermonatiges Praktikum absolvieren. Vorab wird mit allen erarbeitet, welches Praktikum und welche konkrete Stelle in frage kommt. So auch mit Elfi.

Ablauf:
Elfi sagt, sie kann sich nicht entscheiden, sie hat einen festen Platz in einer Beratungsstelle, will aber auch in eine Klinik. „Sie steht im Nebel" meint sie.

Ich frage sie nach ihren Vorstellungen von ihrer Zukunft und wie sie aus heutiger Sicht dazu steht. Sie bringt hierzu mit Hilfs-Ichen (MitspielerInnen) ein Bild auf die Bühne:

Sie steht dort, neben sich die Beratungsstelle, links die Klinik, vor ihr die Angst in Richtung Klinik und daneben die Aktion; in der Ferne die Zukunft.

Ich steh' im Nebel

Heute :

Zukunft :

Selbst-
ständigkeit

?Stelle

Klinik

Angst

Aktion

Beratungsstelle

Nebel

(Bühnenbild von oben gesehen, „Draufsicht")

Hinter sich der Nebel. Im Rollentausch mit dem Nebel sagt sie: „Ich ver-
neble der Elfi die Sicht, so dass sie nichts sieht und ihr Hirn vernebelt ist.
Ich schütze sie vor den Gefahren der Welt." Elfi traut sich mit dem Nebel
zu verhandeln, so dass er zwei Schritte zurücktritt. Jetzt ist die Sicht klar
und sie erkennt die Angst, welche im Bild die zentrale Stelle einnimmt.
Im Rollentausch mit der Angst erfährt sie, dass es eine Angst vor unbe-
kannten neuen Dingen ist, eine Angst ihre Ideen umzusetzen, eine Angst
den Anforderungen nicht gewachsen zu sein, es „nicht zu schaffen".

„Mir fehlt das Vertrauen in mich selbst", stellt sie fest. Ich fordere sie
auf, sich Vertrauen zu holen.

Sie wählt ein Hilfs-Ich aus und stellt es hinter sich, ganz eng ange-
schmiegt. Sie betrachtet sich ihr Bild von außen und entdeckt: „Mit mir
und dem Vertrauen, dass ist wie eine schöne Mutter-Kind-Beziehung.

Zwischen mir und meiner Mutter war die Beziehung leider gestört, durch ständiges Runtermachen und Misstrauen vergiftet.

Meine Mutter traute mir rein gar nichts zu und nörgelte ständig an mir rum. Jetzt wird mir klar, wieso ich kein Zutrauen in meine Aktionen und Fähigkeiten habe."

Neben dem Effekt der Klarheit und Kennenlernen der behindernden Angst gewinnt Elfi hier die Erkenntnis über biographische Begründungszusammenhänge.

In der Auseinandersetzung mit den Elementen ihres Bildes verändern sich die Standorte und so können wir das folgende Schlussbild auf der Bühne sehen:

Der Nebel ist zurückgewichen, aber noch da, wenn sie ihn braucht. Ganz eng hinter ihr das Vertrauen. Die Beratungsarbeit als Sicherheit weiterhin an ihrer rechten Seite. An der linken Seite ist die Klinik in ihr Blickfeld gerückt und gekoppelt an Aufregung, früher Angst. Diese Angst hat den zentralen Standort verlassen und sich verwandelt in frohe Aufregung.

Das Zukunftsbild (vorher abgewandt) ist ihr jetzt zugewandt, die Aktion steht neben der Selbstständigkeit.

Das Bild hat sich geöffnet, sie hat Handlungsspielraum gewonnen und bedingt durch Klarheit und Erkenntnis die Möglichkeit den Weg in ihre Zukunft zu gehen.

Im Zusammenhang mit meinen Erläuterungen ist folgender Prozess zu beobachten: Anfangs war Elfi in ihrem „Kontrollsystem" in zweifacher Weise gefangen; der Nebel raubte ihr die Sicht und legte ihr Gehirn lahm; die Angst machte sie handlungsunfähig, blockierte ihre lebendigen Impulse, sich zu wandeln, Neues zu erleben, sich zu erweitern.

Im Spiel liess sie den Nebel zurücktreten und verschaffte sich so Klarsicht, eine Kontrolle über die Landschaft vor ihr, hier stand die Angst im Weg.

Im nächsten Schritt eignete sie sich ihre Angst an, setzte sich mit ihr auseinander und übernahm die Kontrolle über sie.

Also statt im Nebel zu stehen und der Angst ausgeliefert zu sein, organisierte sie sich ihr System mit einer wirklichen Kontrolle hin zu einem bewussten Leben mit klaren Wahlmöglichkeiten und Entscheidungen.

In der Abschlussrunde wurde diese Entwicklung von ihr und allen Hilfs-Ichen bestätigt. Sie fühlte sich gut und empfand Klarheit und Vorfreude auf ihre nächsten Schritte. Die Konsequenz für Elfi ist demnach ein risikoreiches, sich wandelndes Leben mit Esprit und Freude.

Psychodrama deckt also ganz einfach auf, was sich hinter den Kulissen unseres Lebens verbirgt. So einfach und neutral ist auch die Übersetzung des Wortes Drama: es stammt aus dem Griechischen und bedeutet „Handlung" oder „das was geschieht", ganz unabhängig von Leid oder Freud.

Ein langjähriger Freund von mir sagte mir vor einigen Jahren: „Ich werde nie an deinen Seminaren teilnehmen oder mich einer Therapie aussetzen, ich lebe mein Leben wie es ist und möchte gar nicht wissen, was alles im Hintergrund grummelt, es würde mich durcheinander bringen, wenn ich das aufdecke und davor habe ich Angst."

Dieser Freund lebt sein Leben, gestaltet seine Beziehung, seinen Garten und sein Haus.

Du, liebe/r LeserIn hast dich für einen anderen Weg entschieden, denn ansonsten würdest du dich nicht für Psychodrama interessieren. Und wenn du einmal mit Selbstverwirklichung begonnen hast, lässt es dich nicht mehr los.

Die Essenz des Psychodramas habe ich von zwei AusbilderInnen gelernt und aufgenommen.

Von Ella M. Shearon und Robert Blum. Zu Anfang meiner Ausbildung lernte ich Ella kennen und schätzen, sie ist eine Zauberin des Psychodramas, selbst noch von Moreno ausgebildet.

Mit Leichtigkeit und einer ungeheueren Dynamik leitet sie Gruppen-aktionen, Stegreifspiele und große Psychodramen. Mit ihr bin ich einge-taucht in die mystische Welt des Unbewussten, in Regionen, von denen ich bis dahin noch nichts erahnte, in frühe Kindheitsgeschichten und in neue Welten, die die Zukunft öffneten. Zu dieser Zeit war ich ein sehr gu-ter Protagonist (Hauptakteur im Psychodrama).

Dann – mein erstes Seminar mit Robert, mit dem Thema: Roter Faden eines therapeutischen Prozesses. Ich hatte, wie die meisten anderen auch, enorme Widerstände, wir wollten keine nüchterne Theorie, wir wollten spielen. Robert hielt jedoch keine theoretischen Vorträge, er erläuterte uns den theoretischen Hintergrund, die Begründungszusammenhänge der psychodramatischen Vorgehensweise mit praktischen Beispielen und Übungen. Ich war begeistert; jetzt konnte ich die Wirkungsweise der ver-schiedenen Methoden und Techniken nachvollziehen und verstehen. Ich lernte hier die bewusste und kontrollierte Anwendung des Psychodramas. Das Spielgeschehen und seine Auswirkungen wurden entmystifziert. Natürlich blieb der Zauber des Geschehens erhalten, als ein zauberhaft tiefes Gefühl, das weit über unser Alltagsbewusstsein hinaus geht. So auch der Zauber von Begegnungen mit anderen Menschen, der Begleit-person, dem inneren Kind u.v.a., er bleibt erhalten und ist nach wie vor nicht in Worte zu fassen. Wie ich aber diese Begegnungen herbeiführen kann, ist erklär- und erlernbar.

Robert und Ella waren meine LehrmeisterInnen. So ist die Gestaltung der folgenden Texte auch eine Kombination beider Elemente: des Erle-bens und Begreifens.

Psychodrama – eine Aktionsmethode

Das Wort Drama stammt aus dem Griechischen: paxis – und bedeutet Handlung. Psychodrama ist ein Begriff, den Moreno für seine therapeuti-sche Methode geprägt hat. Er bedeutet Realisierung der Psyche. Psycho-drama heißt: Ausagieren verschiedener Rollen und dramatischer Vorfälle, die jenen Situationen ähneln, welche für den Klienten in seinem Leben Probleme und Konflikte mit sich bringen. Der Klient im Psychodrama kann einen theoretischen Einblick gewinnen und hat ein korrektives emo-tionales Erlebnis.

Psychodrama ist eine psychotherapeutische Interaktionsmethode. Ziel ist es, durch das Ausspielen aktueller und biographischer Situationen Rollenrepertoire und Handlungsspielraum von Menschen zu erweitern. Die Förderung bzw. das Hervorbringen von Spontaneität und Kreativität ist dabei einer der wichtigsten Bestandteile. Die Psychodrama-Methode findet Anwendung in Einzel- und Gruppenarbeit. Der Begründer des Psychodramas ist der Arzt und Psychiater J.L. Moreno. Er hat aus Liebe zu den Menschen und Freude am Spiel diese psychotherapeutische Methode begründet. Er sah die unerschöpflichen Reichtümer, die jedem Menschen innewohnen und es drängte ihn die Menschen anzuregen, sie ans Licht zu bringen.

Das Psychodrama ist nunmehr in der dritten Generation von seinen SchülerInnen erweitert und spezifiziert worden, so dass heute das Psychodrama universell anwendbar ist. Die Zielsetzung des Psychodramas, das Energie-, Handlungs- und Rollenrepertoire des Menschen zu erweitern, drückt sich in der unerschöpflichen Methoden- und Anwendungsvielfalt aus.

Psychodrama kann als pädagogisches oder therapeutisches Konzept in Unterricht, Beratung und Therapie in der Arbeit mit Einzelnen und Gruppen angewandt werden.

Unter Beachtung spezifischer Besonderheiten kann Psychodrama für die Heilung aller herkömmlichen psychischen und psychosomatischen Störungen genutzt werden.

Und natürlich ist das Psychodrama hervorragend geeignet für Gruppentherapien, Supervisionen und Selbsterfahrungsgruppen.

PsychodramatikerInnen gehen davon aus, dass jeder Mensch grundsätzlich gesund ist, wobei viele Anteile der Persönlichkeit blockiert bzw. abgespalten sind oder einfach brachliegen. Unter Verwendung seiner gesunden Anteile kann der Mensch neue Handlungs-, Erlebnis- und Gefühlskompetenz entwickeln und so die blockierten Anteile freisetzen.

Jede/r PsychodramatikerIn kann auf Grund der Vielfältigkeit seiner ureigenen individuellen therapeutischen Stil entwickeln und aus seiner gewachsenen Spontaneität neue, der jeweiligen Situation adäquaten Aktivitäten kreiren. Die Begegnung mit uns selbst, mit anderen Menschen, mit der Welt und dem Universum sind zentrale Bestandteile des Psychodramas.

„In der Beziehung bist du Mensch.
Betrachte dich als Teil des Ganzen
und die Liebe als Wahrheit,
so hast du die Quelle
aller Heilkräfte entdeckt."

Moreno [2]

Das Wesen des Psychodramas – Spontaneität und Kreativität

Spontaneität und Kreativität sind die Kernbestandteile oder auch das Wesen des Psychodramas. Spontaneität (lat.: sponte; von innen heraus) ist die angemessene Antwort auf eine neue Situation oder die neue Antwort auf eine alte Situation.[2]

Nach Moreno liegt der Ursprung der Katharsis (Gefühlsausbruch, Reinigung, Läuterung, Erkenntnisgewinn) in einer schöpferischen Spontaneität, die universellen Charakter hat und als Grundprinzip aller Ausdrucksprägungen zu sehen ist.[2]

Spontaneität ist damit Wesensbestandteil des Psychodramas und gleichzeitig Zielsetzung. Spontaneität ist in allem schöpferischen Tun enthalten bis hin zur Urkraft, die das Universum entstehen liess. Es ist eine fließende verwandelnde Kraft, die jedem Menschen zur Verfügung steht. Sie manifestiert sich in Ausdrucks- und Gestaltungsformen, so wie sie uns erscheinen. Ob Mensch oder Haus oder auch die Erde, alles ist eine Manifestation einer schöpferischen Spontaneität.

Das Erwecken und Fördern dieser (auch menschlichen) Kraft bewirkt schöpferisches freies Handeln, das von Freude und Schönheit in all seinen Ausdrucksformen geprägt ist.

Es ist anzumerken, dass Moreno[3] zwischen konstruktiver und destruktiver Spontaneität unterschied. Die destruktive ist ein zerstörendes Ausagieren ohne Sinn und Formgebung; die konstruktive, auch schöpferische Spontaneität ist bezogen auf Sinn- und Seinszusammenhänge und reicht nicht zum Schaden anderer Wesen. Als destruktive Kraft wirkt sie z.B. beim Raubbau der Natur, wobei es den Betreibern nur um Gewinnmaximierung jedoch nicht um das Wohl der Menschen geht. Für neues Wachstum, für Gesundung eines Waldes ist angemessene Rohdung erforderlich, jedoch kein sinnloser Kahlschlag, der schon zur Versteinerung ganzer Bergzüge führte, wie in Griechenland und anderswo.

Das heißt für psychische Formen der Entladung, wie Wut und Gewaltausbrüche, dass wir z.B. angemessene konstruktive Ausdrucksformen finden, ohne die kathartische Wirkung zu verhindern.

Spontaneität steht in enger Beziehung zu Kreativität. Moreno betrachtet sie als Hauptauslöser von Kreativität. Die Erwärmung, ein wesentlicher Bestandteil im Psychodrama, bringt Spontaneität und mit ihr wieder

Kreativität ins Leben. Kreativität ist der formgebende Faktor des schöpferischen Handelns.

Um zu überleben, muss der Mensch frei und kreativ sein. Der Kreativitätsfaktor bringt die Menschen dazu, effektiver auf neue Situationen zu reagieren, nicht bloß solchen zu begegnen.

Kreativität ist notwendig, um auf dieser Welt bestehen zu können. Der Gegensatz dazu wäre der Roboter, der zwar reagiert, aber nicht kreativ sein kann. Die psychodramatische Bühne bietet den optimalen Rahmen, um freie Gestaltung zu ermöglichen und auszudrücken. Innerhalb dieses Rahmens kann der Protagonist all das kreativ ausagieren, was ihn gerade bewegt.

Moreno hatte die Vision einer Gesellschaft, in der alle Individuen nicht nur durch Zustimmung, sondern auch Initiatoren und Mitschöpfer ihrer System sind. Dieses Konzept der kreativen Funktion von Mitschöpfern ist von Moreno als die wesentliche Essenz der psychodramatischen Gemeinschaft beschrieben worden.[2]

In Morenos Konzept der Kreativität ist das Individuum nicht so gedacht, dass es sich einfach an Situationen anpasst, sondern dass es neue Situationen schafft, neue Rollen findet. Diese Rollenfindung geschieht nur in Beziehung zu anderen. Das Verhalten des Einzelnen wird dabei in Begriffen von neuen und kreativen Interaktionen mit anderen beschrieben.[2]

Das Psychodrama ist hiernach die Aufforderung zum schöpferischen Tun. So wie du der Schöpfer von Kunstwerken, Arbeitsergebnissen oder dem gemeinsamem Mahl bist, sei auch der Schöpfer deiner selbst. Finde heraus, wer du bist, suche deine Wege, wachse über das angepasste Sein hinaus und verwirkliche dich. Du hast die Wahl, wie du dich und dein Umfeld gestalten willst.

Eines meiner Bilder für das menschliche Leben ist der Fluss. Ich treibe mit der Strömung, kann abbremsen oder beschleunigen, mich in einem Strudel gefangen nehmen lassen, in einen toten Flussarm schwimmen, im Treibgut hängen bleiben, tief abtauchen und vieles mehr.

Ich kann letztendlich auch eins werden mit dem Fluss, Eins-werden mit dem Wasser und auch in der Hitze der Sonne aufsteigen und Eins-werden mit der Luft hin zur endlosen Freiheit.

Psychodrama – ein triadisches System

Psychodrama ist ein übergeordneter Begriff und beinhaltet die Bereiche:

* Soziometrie (Gruppenstrukturanalyse)
* Gruppenpsychotherapie/Gruppendynamik
* Protagonistzentriertes Psychodrama

Das Psychodrama ist hiernach triadisch angelegt. Während eines Psychodrama-Gruppenseminars sind alle Teile vertreten: ausgehend von der Soziometrie einer Gruppe setzt die Gruppenpsychotherapie an, worauf ein protagonistzentriertes Psychodrama folgt, was sich wiederum auswirkt auf Soziometrie und Gruppendynamik. Alle Teile gehören zusammen und können in einzelnen Sequenzen verschieden gewichtet sein.

Soziometrie

Soziometrie ist die empirisch-theoretische Grundlage des Psychodramas. Es ist im Ergebnis eine Gruppenstrukturanalyse als Grundlage für ein Beziehungsgeflecht in Gruppen, wobei alle Beziehungen eines/r TeilnehmerIn zu allen anderen TeilnehmerInnen betrachtet werden.

Gruppenpsychotherapie

Gruppenpsychotherapie ist nach Moreno „... eine Aktionsmethode, deren Ziel in der Aktivierung (und Selbstaktivierung) der einzelnen Gruppenmitglieder zur Verantwortung für sich als Individuum sowie für seine Beziehung als Ganzes liegt. Verantwortung wird im Rahmen dieser Aktionsmethode nicht nur als Angelegenheit der Erkenntnis betrachtet, sondern als Provokation zur Tat."[4]

Aus diesem Grund greift die Gruppenpsychotherapie aktiv in erstarrte Strukturen ein und verursacht einen Veränderungsprozess, so dass sich gesunde konstruktive Beziehungen ergeben können.

Protagonistzentriertes Psychodrama

Protagonistzentriertes Psychodrama ist gerichtet auf eine Einzelperson, die einen zentralen Stellenwert erhält. Bedingt durch soziometrische Auswahlverfahren und Mitarbeit ist die Gruppe am Prozess beteiligt. Dies hat gruppentherapeutische Auswirkungen, wodurch sich die Soziometrie wieder verändert. Hier wird deutlich, dass der Mensch als Beziehungswesen gesehen wird, er als Einzelwesen nicht existieren kann.

Psychodramaseminare können unter bestimmten Themenstellungen oder mit gesetzten Schwerpunkten durchgeführt werden.

Ein Soziometrieseminar beinhaltet in seiner Gewichtung eine Gruppenstrukturanalyse, die frei oder mit vorgegebenen Mitteln (z.b. einer Soziomatrix) erstellt wird. Hier werden vor allem enge Beziehungen, Untergruppen, Gruppenstars oder randständige TeilnehmerInnen verdeutlicht.

Mit soziometrischen Mitteln können auch die Rollen der einzelnen TeilnehmerInnen und ihre Funktion im Rahmen der Gruppen aufgezeigt werden, wie Gruppenclowns, Versorger, Anführer u.ä.

Machtstrukturen und Sexualverhalten könnten hierbei thematisiert werden.

Hierauf aufbauend sind z.B. Gruppenspiele mit Veränderungsoptionen möglich oder einzelne durch das Geschehen stark erwärmte TeilnehmerInnen spielen ihre Themen auf der Bühne aus.

Die Praxis
Das Löwenspiel:
Wie bei fast allen Spielen nehmen die teilnehmenden Personen sogenannte „Fremdrollen" ein. In ihrem Bewusstsein sind sie jetzt ein anderes Wesen; sie sind nicht mehr die ihnen vermeintlich bekannte Person, dieses „ich", das im Spiegel zu sehen ist.

Jetzt fällt es allen leichter, ungehemmt zu spielen und innere Wesenszüge zu zeigen.

In diesem Spiel geht es vor allem um das Sozialverhalten der Beteiligten, um ihre soziale Rolle auf einer meist tieferen unbewussten Ebene. Jede/r erlebt sich und die Anderen in und außerhalb des Rudels und kann später Verhalten und Gefühle reflektieren. Das Spiel beginnt.

Alle TeilnehmerInnen werden zu Löwen, der Raum das Jagd- und Lebensrevier der Tiere.

Jede/r sucht sich Geschlecht, Alter und wünschenswerte Stellung im Rudel aus. Alle werden langsam in ihre Rollen gebracht, auch mit auffordernden Worten oder Fragen der Begleitung wie z.b.: macht euch klar, welches Geschlecht ihr seid, wie groß und wie ihr ausseht. Was habt ihr für eine Seele, welche Art Löwenseele ist in euch?

Nach einiger Zeit begegnen sich die Löwen, anfangs vorsichtig und dann immer stärker mit ihren spezifischen Rollenvorstellungen, wie Löwenkind oder Rudelführer.

Vor Jahren erlebte ich folgendes Spiel:

Es entstand eine Großfamilie im Revier, ein räuberisches Rudel und einige Einzelgänger.

Die Großfamilie bestand aus einem Uraltlöwen, zwei Löwenmüttern mit je zwei und drei Kindern, einem Oberhaupt und zwei jungen Löwen als Jäger. Die Räubergruppe bestand aus drei Männchen und einem Weibchen. Es gab keine festgelegte Rangfolge. Wenn sie gerade nicht mit fremden Löwen stritten, zankten sie sich untereinander.

Die drei Einzelgänger hielten sich anfangs aus allem raus.

Nachdem alle einigermaßen eingespielt waren, wurde von außen eingebracht, dass eine große Dürre im Lande herrscht und das Wild abgewandert ist, so dass es kaum noch Jagdbeute gibt. Die Löwen hungerten und suchten überall nach Nahrung. Das Familienoberhaupt machte sich große Sorgen um seine Jungen, die Mütter wurden kraftloser, der Uraltlöwe legte sich zur letzten Ruhe nieder. Die Einzelgänger suchten mit Geschick nach versteckten Nahrungsquellen und das Räuberrudel griff immer dreister die Familie an, die von den beiden jungen Löwen und dem Oberhaupt verteidigt wurde.

Dann sprang plötzlich ein Hase aus einem Gebüsch hervor und alle Löwen stürzten sich auf ihn. Das Oberhaupt erwischte ihn zuerst, aber die räuberische Meute griff ihn an. Die zwei Jungen eilten hinzu, sie wurden schnell unschädlich gemacht. Bei einer Mutter erwachte der Mutterinstinkt; sie warf sich zwischen die Kämpfenden, riß sich ein Stück vom Hasen ab und brachte es zu den Löwenkindern.

Zwei der Einzelgänger kamen dem Oberhaupt zur Hilfe, so dass sich der stärkere Räuber und das Oberhaupt gegenüberstanden im Kampf um die Beute.

Dieser Kampf wurde hart ausgetragen. Der Räuber konnte dem Anführer das Fleisch jedoch nicht entreißen, da sich auch beide Mütter neben ihren Versorger gesellten. Der teilte die Beute dann auf, wobei auch die Einzelgänger ihren Teil erhielten.

Die Räuber lungerten in einigem Abstand herum und heulten ihre Wut und ihren Hunger in den Nachthimmel hinaus.

Zwei von ihnen traten der Großfamilie bei, einer wanderte aus und der Stärkste blieb und sagte dem Oberhaupt weiter den Kampf an.

Das Spiel war zu Ende.

Hierauf folgten mehrere Einzelspiele, als Protagonistzentrierte Psychodramen mit einer der Löwenmütter, Thema: „Mein Dasein und meine Verantwortung als Mutter"; der Uraltlöwe mit dem Thema: „Mein Wunsch tot zu sein": ein Einzelgänger mit dem Thema: „Ich will dazugehören", was zu einem realen Gruppenspiel führte.

Das wohl interessanteste Spiel war die Beziehungsklärung zwischen den beiden Hauptkämpfern. Dieser Klärungssequenz folgte ein Spiel des Räubers mit dem Thema: „Konkurrenz zu Männern". Dieses Spiel offenbarte, dass der Protagonist von klein an gegen seinen Vater kämpfte, um die Mutter nur für sich zu haben.

Später setzte er stellvertretend mit allen Männern, die ihm begegneten diesen Kampf fort ohne jemals wirklich zu gewinnen. Im Einzelkampf siegte er fast immer, aber in der Gemeinschaft blieb er letztendlich auf der Strecke.

Im Spiel begriff er sein System und konnte von nun an andere Optionen ausprobieren.

An einem anderen Wochenende liegt die Gewichtung bei gruppentherapeutischen Aktionen.

Hier finden dann eventuell thematisch vorgegebene Stegreifspiele statt z.B. „das Leben auf einer Insel mit Rollenzuweisungen" oder „wir bauen ein Gruppenmobil, da wir eine weite Reise unternehmen wollen."

Die Geschichte mit dem Gruppenmobil beinhaltet soziometrische und gruppenpsychotherapeutische Aspekte.

Die Praxis
So geschehen in einer Ausbildungsgruppe im ersten Drittel einer einjährigen Ausbildung.

Die Gruppe wollte ein Landfahrzeug bauen. (Jede/r TeilnehmerIn wählt sich für einen Teil des Fahrzeuges aus.) Motor und Getriebe waren schnell gefunden, dann kamen nach und nach die anderen Teile, so dass wir zuletzt ein mehr oder weniger fahrtüchtiges Vehikel zustande brachten. (Der TÜV hätte dieses „Fahrzeug" natürlich sofort stillgelegt.) Für unsere Zwecke war es hervorragend geeignet, für eine Fahrt über Land mit starken individualistischen Zügen. Es gab hier einige besondere Ausprägungen: Kerstin war die Bremse, aber mit einem eigenen Kopf, sie bremste eigentlich ständig, so ähnlich wie ein Treibanker, der die Fahrt eines Schiffes nicht verhindert, aber verlangsamt.

Angela, der Scheibenwischer, der für klare Sicht zuständig war, sich aber nicht ausschalten liess.

Das Team am Steuer wechselte sich ab. Frank, das Getriebe, schaltete automatisch.

Brit war voll der Super-Sprit und Rolf das kaputte Ersatzrad, Karin ein spazierenfahrender Gast und Elvi ein Rad, aus dem die Luft entwich.

Auf der Fahrt verlief alles genauso wie es seit Wochen auch in der Gruppendynamik zu sehen war. Motor und Getriebe, real ein Paar, und Brit der Super-Sprit stritten sich mit der Bremse. Elvi hing schlapp an der Achse. Das Lenk-Team wechselte sich in der Dominanz ab. Angela, der Scheibenwischer, wollte alles ganz genau wissen, sehen, checken. Frank, das Getriebe, vermittelte zwischen allen Parteien, der Gast Karin jedoch wurde vom Lenkerteam auf die Straße gesetzt. Rolf – das kaputte Ersatzrad – rettete das gesamte Team, in dem er, als alles zusammenbrach, zum Monteur transformierte und das Mobil neu zusammensetzte unter Einbeziehung aller Teile. An dieser Stelle begann ein neuer Entwicklungsschritt.

Alle Beteiligten betrachteten ihre Funktion in Beziehung zu anderen und zum Gesamtkomplex. Die Funktionen und Funktionsweisen wurden variiert und die Fahrt erfolgreich fortgesetzt; so wischte der Scheibenwischer fortan nur bei Regen und Kerstin, die Bremse, bremste nur noch bei Bedarf, den sie aber selbst beurteilen durfte.

Die Retterfunktion von Rolf kam dann später auf die Bühne mit dem Thema: „Mein Rot-Kreuz-Köfferchen".

Hier beginnt der dritte Teil unserer Triade: das protagonistzentrierte Psychodrama mit dem Gewicht auf dem Spiel einer Person mit ihrem Thema unter Einbeziehung aller psychodramatischen Elemente und Methoden.

Diese Form des Psychodramas hat den zentralen Stellenwert, da sie die Hauptform des Psychodramas ist und am häufigsten angewandt wird. Soziometrie und Gruppenpsychotherapie bilden meist nur den Rahmen für das protagonistzentrierte Psychodrama.

Die folgenden Ausführungen über das klassische (auch innovative) Psychodrama konzentrieren sich auf diese Form.

2. Das protagonistzentrierte Psychodrama und seine Gestaltung

Bei meinen Erläuterungen gehe ich grundsätzlich von der ursprünglichen klassischen Form des Psychodramas aus. In der Praxis werden diese Formen den gegebenen Umständen entsprechend variiert, was dem Gesetz der Spontaneität entspricht.

Nach meinem Ermessen ist es wichtig, zuerst die Ursprungsform zu beherrschen, ihrer sicher zu sein, um darauf aufbauend frei agieren zu können. So erhält die Gestaltung eines Psychodramas einen Rahmen, der destruktive Ausuferungen vermindert und so einen Schutz für Protagonist, Gruppe und Leitung darstellt.

Die fünf Instrumente des Psychodramas

Für die Gestaltung eines PD's sind fünf Grundbedingungen erforderlich, Moreno nannte sie auch die Instrumente des Psychodramas.[2]

- Die Bühne,
- der/die ProtagonistIn,
- der/die LeiterIn.
- Die Hilfs-Iche (auch MitspielerInnen),
- die Gruppe (untereinander)

Die fünf Instrumente des klassischen Psychodramas bilden die Ausgangsbedingungen für das therapeutische Arbeiten in Gruppen.

Die Bühne dient im Psychodrama dazu, den Ort der psychischen Handlung darzustellen. Auf ihr manifestiert sich der innere Konflikt des/der ProtagonistIn und findet so seinen Weg nach draußen.

Die Ursprünge des Psychodramas finden wir im Theater, besser noch im klassischen griechischen Drama wieder; so auch die Bühne. Sie ist ein abgegrenzter Raum, der möglichst frei ist von Gegenständen, Bildern etc., damit sich dieser Raum frei gestalten lässt. In meinen Ausbildungsgruppen achte ich immer sehr darauf, dass die Bühne vor allem frei ist von privaten Dingen, wie Taschen, Jacken o.ä. Meines Ermessens ist die Bühne ein energetischer Raum der möglichst frei von Fremdenergien sein soll, damit das auf ihr stattfindende Geschehen seine eigene energetische Dynamik entfalten kann.

In greifbarer Nähe befinden sich Requisiten, Stühle u.a. Materialien, die zum Aufbau von Szenen eventuell benötigt werden.

Viele PsychodramatikerInnen schaffen sich hierzu eine Kleiderkiste an, um rollenadäquate Kleidung zur Verfügung zu haben.[5]

Je nach Bedingungen und Absicht lässt sich eine Bühne überall einrichten, auf der Straße, im Hausflur, im Wald oder auch auf dem Domplatz zu Köln, denn auch öffentliches Psychodrama ist möglich.

Ich persönlich liebe große, helle, freie Räume ohne Farbgestaltung, alles so schlicht wie möglich, um viele eigene Energien einbringen zu können.

Der/die ProtagonistIn ist sozusagen HauptdarstellerIn des Psychodramas. Sein/ihr Leben, die Psyche liefert Stoff für das Spiel. Er/sie ist Skriptverantwortliche/r.

Ohne diese Person läuft nichts. Alle anderen Instrumente können unter gegebenen Umständen wegfallen.

Was heisst hier Scriptverantwortliche/r? In der Psychodramatherapie wird sehr stark die Verantwortung des/der ProtagonistIn für die Inhalte betont. Nichts sollte den Spielern aufgedrängt oder hineininterpretiert werden. Ideen von anderen werden als Fragen oder als Vorschläge formuliert, damit die Protagonisten die Wahl zwischen Zustimmung und Ablehnung haben.

So haben sie z.B. auch die Möglichkeit, einfach stopp zu sagen, was von der Leitung immer akzeptiert wird. Hier kommt der Grundsatz der Gewaltlosigkeit und Entscheidungsfreiheit zum Ausdruck.

Die ProtagonistInnen entscheiden sich freiwillig für ein Spiel, bei mehreren, die zur Auswahl stehen, entscheidet in der Regel die Gruppe im mehrheitlichen Auswahlverfahren.

Der/die LeiterIn ist für das Zustandekommen und den Verlauf der Psychodramasitzung verantwortlich. Er/sie ist der/die BegleiterIn des/der ProtagonistIn. Seine/ihre Stellung ist mit der eines/r RegisseurIn zu vergleichen.

Begleitung heisst auch Da-Sein für den/die ProtagonistIn, fürsorgend, annehmend-akzeptierend und auch fordernd und aufzeigend. Die Leitung schafft Sicherheit und Schutz für den/die ProtagonistIn, so dass sich das Spiel frei entfalten kann.

Zwischen Protagonistin und LeiterIn entsteht eine Beziehung, die von beiden gestaltet wird. Moreno spricht hier auch von einer Tele-Beziehung zwischen den beiden, das heisst einer Beziehung ohne Übertragung, die reinste Form eines Energieaustausches. An diesem Punkt streiten sich die Geister. Meines Ermessens ist jegliche Beziehung gekoppelt an Elemente der Übertragung. Die Ausnahme ist der Zustand des Eins-Sein mit einer anderen Person, aber das ist auch schon die Auflösung einer Ich-Du-Beziehung.

In manchen Augenblicken erlebe ich dieses Eins-Sein mit meinem Protagonisten, und vielleicht bezeichnet Moreno diesen Zustand als Tele-Beziehung. Wie dem auch sei, ein wichtiger Prozess in der Ausbildung zum/ zur PsychodramatikerIn ist die Entwicklung einer variablen Beziehungsgestaltung, die geprägt ist von einem Spiel zwischen Nähe und Distanz.

Weiterhin ist die Begleitung verantwortlich für Rahmenbedingungen, wie Zeit u.ä., für die Einhaltung von Formen und allgemeinen Regeln auch beim Einsatz von Mitspielern.

Die Hilfs-Iche sind die MitspielerInnen des/der ProtagonistIn. Sie verkörpern seine/ihre Vorstellungen von Personen und Gegenständen und helfen ihm/ihr, seine/ihre inneren Konflikte auf der Bühne darzustellen und auszuspielen.

Wenn der/die ProtagonistIn eine Szene mit Mutter und Bruder spielt, wählt er/sie aus der Gruppe hierfür Hilfs-Iche aus (ein Hilfs-Ich ist eine Person, die dem Ich hilft). In der Regel stellt er diese Personen durch einen Rollentausch vor, so dass die Hilfs-Iche sich in ihre Rollen einfinden können.

Sie sind auch therapeutische Hilfskräfte, wenn sie zum Beispiel als Doppelgänger des/der ProtagonistIn auf die Bühne kommen.

Wie diese Hilfs-Iche genau eingesetzt werden, ist immer abhängig von der jeweiligen Situation, der Gruppendynamik und auch vom psychodramatischen Stil, der vertreten wird.

Die Gruppe bildet den Resonanzbogen für das Geschehen. Ihre Reaktion, ihr Feedback und ihre emotionale Unterstützung sind wichtige Hilfe für den therapeutischen Prozess und den/die ProtagonistIn.

Die Gruppe ist energetisch am Geschehen beteiligt. Wenn sie dem Spiel Aufmerksamkeit schenkt, also mitgeht, mitschwingt, gewinnt das Spiel an Energie. Alles fließt, die Handlungen und Emotionen haben Kraft und auf allen Ebenen findet ein Energieaustausch statt.

Die Gruppe ist hier ein wichtiges Element. Der/die LeiterIn, der/die ProtagonistIn profitiert von der Gruppe und jeder aufmerksame Teilnehmer profitiert vom Spiel, da sich hier auch immer ein Stück von ihm/ihr auf der Bühne befindet.

Diese fünf Bedingungen eines Psychodramas finden in der folgenden Beschreibung ihre Bestätigung:

Wir befinden uns in einem recht großen Raum eine Gruppe Menschen, die TeilnehmerInnen und der/die TherapeutInnen. Ein oder mehrere Personen wollen ihr Thema, ihre Geschichte auf der Bühne ausspielen, um in ihrem Leben, ihrem Verhalten oder Erleben etwas zu verändern. Aus dieser Gruppe wird ein/e ProtagonistIn gewählt oder bestimmt.

Im Raum ist eine bestimmte Fläche – die sogenannte Bühne – auf der unser/e ProtagonistIn ihre/seine Dinge darbringt. Die anderen TeilnehmerInnen sitzen im Halbkreis vor der Bühne. Der/die ProtagonistIn geht auf die Bühne zum/r PsychodramatherapeutIn (auch zum/r BegleiterIn).

Der/die ProtagonistIn erzählt der Begleitung, was sie/ihn bewegt, mit welchen Personen und Gegebenheiten das Thema verbunden ist. Der/die BegleiterIn forscht nach ursprünglichen Zusammenhängen und/oder inneren Anteilen des Spielers.

Jetzt werden Szenen oder Bilder auf der Bühne aufgebaut, dargestellt und ausgespielt. Hierzu kommen andere TeilnehmerInnen als Hilfs-Ichs auf die Bühne, die die Rolle von vorgestellten Personen oder Anteilen übernehmen. Es können auch TeilnehmerInnen als DoppelgängerInnen auf die Bühne kommen, sich hinter den/die SpielerIn stellen und als innere Stimme Dinge aussprechen, die dem/der ProtagonistIn nicht bewusst sind.

Es ist wie eine Theaterinszenierung, aus der heraus das Psychodrama entstand. Im Unterschied zum Theater spielt der/die ProtagonistIn beim Psychodrama sein eigenes Lebensschauspiel, er ist Hauptdarsteller, Autor und Skriptverantwortlicher.

Die/der TherapeutIn ist RegisseurIn, verantwortlich für Rahmenbedingungen und Begleitung für den/die HauptdarstellerIn.

Die Zuschauer sind gleichzeitig MitspielerInnen und das gesamte Geschehen entsteht im Moment der Handlung in spontanen Aktionen, hier ist der Mensch homo creatir, er ist der kreative Schöpfer seiner eigenen Welt.

Diese Vorgehensweise wird auch in den hier enthaltenen Grafiken deutlich. Ihr, die LeserInnen, müsst sie euch als Draufsicht von oben vorstellen, es sind räumliche Bühnenbilder. Die Kreise mit Armen sind Personen oder Anteile aus den Lebensgeschichten der ProtagonistInnen, die mit einem Kreuz gekennzeichnet sind. Die Arme geben die

Blickrichtung (also vorne, hinten und seitlich) an.

Die Pfeile zeigen Bewegungsrichtung auf.

Hier ein Bild mit Gruppe, ProtagonistIn, BegleiterIn, MitspielerInnen (auch Hilfs-Ich und Doppelgänger) und Bühne:

Gruppe

Bühne   Hilfs-Ich

ProtagonistIn

⊗ — Begleitung

Doppel

Die Grundstruktur eines Psychodramas

Bisher haben wir uns mit der Basis, mit den Grundlagen des Psychodramas befasst. Jetzt kommen wir zur Struktur und zum praktischen Ablauf eines psychodramatisch gestalteten Prozesses mit Methoden, Bestandteilen und Wirkungsweisen.

Die Gestaltung eines Psychodramas in seiner vollendeten Form stellt ein äußerst komplexes System dar mit unterschiedlichen parallel ablaufenden Handlungs- und Bewusstseinsebenen, die bei einem unbedarften LeserInnen oder BetrachterInnen viele Fragen aufkommen lassen.

Der nachfolgende Text erläutert viele Aspekte, er kann aber nicht darüber hinwegtäuschen, dass ein Prozess, wie er hier beschrieben wird, nur durch eigenes Erfahren wirklich begriffen wird. Greifen (von begreifen) ist eine Bewegung des Zusichnehmens, also eine Handlungsaktion. Psychodrama heißt auch „Psyche in Aktion setzen", es dreht sich hier also um eine handlungsorientierte Methode und sie ist auch nur als solche zu erfassen. Dieser Text hat also nicht den Anspruch eines Durchdringens, sondern eher den eines Ordnens und intellektuellen Bewusstmachens der Prozesse und der Wirkungsweisen.

Zu Beginn die Grundstruktur des protagonistzentrierten Psychodramas. Die einzelnen Aspekte werden im Text erläutert.

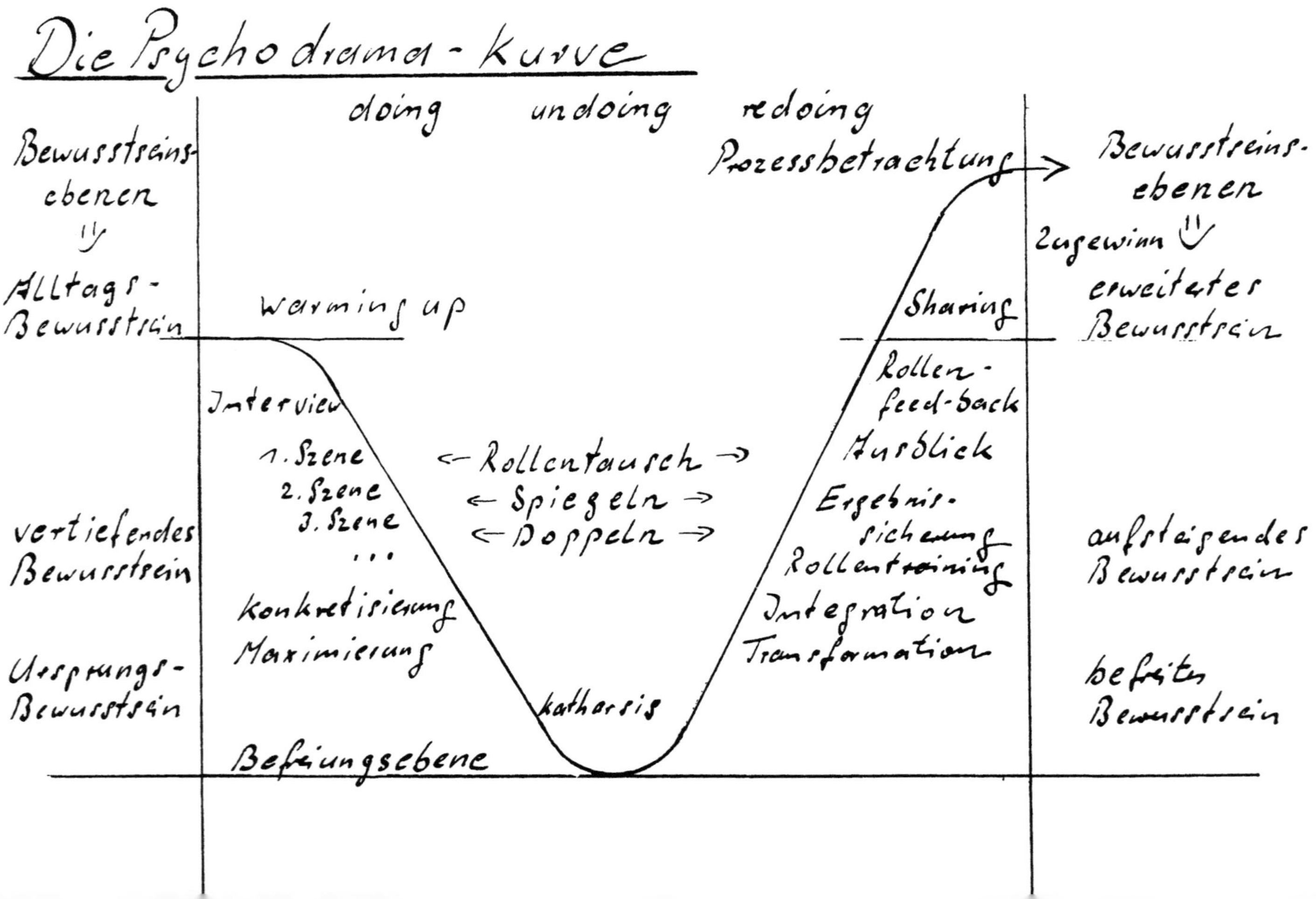

Die Psychodrama - Kurve

36

doing   undoing   redoing
Prozessbetrachtung →

Bewusstseins-ebenen ↑
Alltags-Bewusstsein

Warming up

Interview

1. Szene
2. Szene
3. Szene
...

← Rollentausch →
← Spiegeln →
← Doppeln →

vertiefendes Bewusstsein

Konkretisierung
Maximierung

Ursprungs-Bewusstsein

Katharsis

Befreiungsebene

Sharing

Rollen-feed-back
Ausblick

Ergebnis-sicherung
Rollentraining
Integration
Transformation

Bewusstseins-ebenen ↑
Zugewinn (!)
erweitertes Bewusstsein

aufsteigendes Bewusstsein

bereits Bewusstsein

Ich habe lange überlegt, wie ich die Gesamtstruktur eines Psychodramas auf einer Seite darstellen kann. Horizontal, vertikal, diagonal, im Kreis? Oder letztendlich in einer Kurve, die wir auch wiederfinden bei der Darstellung eines Trainingsprozesses mit Auswirkungen auf Körper und Geist mit den entsprechenden Funktionen.

In unserem Bild beginnen wir im *Alltagsbewusstsein* des/der Protagonistin mit dem psychodramatischen Prozess.

Durch Erwärmung, Erstinterview und dem Ausspielen einiger Szenen steigen wir in tiefere Bewusstseinsschichten ein.

Ich nenne diesen Prozess *vertiefendes Bewusstsein*. Durch zunehmende Konkretisierung und Maximierung erreichen wir den Scheitelpunkt der Kurve, die „Katharsis". Hier ist das *Ursprungsbewusstsein* angesiedelt.

Diese Wortschöpfung bringt mehrere Aspekte zum Ausdruck..

Es ist im kognitiven Bereich und auf der Empfindungsebene die Bewusstheit über den Ursprung des Problems in der Ausgangslage.

Auf der intuitiven und spirituellen Ebene ist es der Punkt der Wahrheit; hier ist der Ursprung meines Menschseins, hier ist alles echt, alles authentisch, einfach wahrhaftig.

Oft ist es pure allgegenwärtige Liebe, die sich als Energie ausbreitet und alle Beteiligten erfasst.

Auf dieser Ebene findet auch die Befreiung von Ängsten und tiefgreifenden Mustern und Blockaden statt.

Wir haben Platz geschaffen, es ist die Ebene des *befreiten Bewusstseins*.

Durch Transformation, Integration, durch Rollentraining und Ausblick erreichen wir ein *aufsteigendes Bewusstsein*. Rollen-feed-back, Sharing und Prozessbetrachtung begleiten die Ebene des *erweiterten Bewusstseins*. Hier geht die Prozesslinie über die Ausgangslage hinaus, wir erhalten einen Zugewinn an Bewusstsein, Verhaltensoptionen, eine Erweiterung des Rollenrepertoires und des Empfindungsvermögens.

Wie können wir uns das Ganze in der Praxis vorstellen?

Die Praxis
Vor nicht allzu langer Zeit leitete ich ein Psychodrama, das der klassischen Form mit allen Elementen gut entsprach.

Ausgangssituation:
Ein Ausbildungswochenende einer Psychodrama-Fortgeschrittenengruppe: Themen sind tiefenpsychologische Aspekte des menschlichen Wesens orientiert an Riemann, Grundformen der Angst; also grundlegende Angstbewältigungsstrategieen der Menschen.

Warming up
Eine unserer Grundängste ist die Angst vor Vereinnahmung. An diesem Vormittag beschäftigen wir uns mit dieser Angst und ihren Auswirkungen. Menschen, bei denen diese Angst stark ausgeprägt ist, haben oft gleichzeitig eine große Sehnsucht nach Familie, nach Zugehörigkeit, nach innerer emotionaler Verbindung mit anderen Menschen.

Dieses Thema und ein aktuelles Ereignis in ihrem Leben löst bei Uschi eine starke Erwärmung aus. Ihr Beitrag in der Runde: „Meine Vergangenheit holt mich ein. Ich habe große Angst vor Vereinnahmung."

ProtagonistInnenauswahl
Von 5 TeilnehmerInnen, die spielen wollen, werden 2 (Personen/TN) von der Gruppe ausgewählt. Ich entscheide mich, da wir genügend Zeit hatten, für 2 Spiele und wir beginnen mit Uschi.

Protagonistzentriertes Psychodrama

Interview

Ich räume die Bühnenfläche frei und bitte Uschi zu mir. Wir gehen kreuz und quer über die Bühne und sie erzählt uns:

„Vor einigen Wochen tauchte Verena auf, ein Mensch aus meiner Vergangheit. Sie wohnt jetzt mit ihrer 7-jährigen Tochter in der Straße, in der sich danach das Dilemma abspielte.

Ich weiss nicht, was ich machen soll, sie will Kontakt zu mir, ich habe aber große Angst vor einer Wiederholung."

Was war damals geschehen?

„Vor 25 Jahren, ich war 17 Jahre alt, stand voll im Leben, ging zum Abendgymnasium, hatte einen guten Job und lebte mit meinem Freund zusammen. Eines Tages kommt mein Freund nach Hause mit seiner 3-jährigen Tochter Verena. Ihre Mutter

begab sich in eine Langzeittherapie, die Kleine sollte jetzt bei uns bleiben. Schock! –
Verantwortung, Klotz am Bein, alles ändert sich."

Ich bitte sie, diese Situation auf die Bühne zu bringen, da es sich hier
wohl um eine Schlüsselszene handelt. Es folgt . . .

das Ausspielen relevanter Szenen mit Rollentausch, Spiegeln und Doppeln

1. Szene

Ihr Freund mit der Tochter an der Hand steht im Wohnungseingang ihr gegenüber.
Er erzählt ihr, was los ist.

Puh, sie muss das erst einmal verdauen, nimmt das Kind aber zu sich, schließt es in
ihre Arme, nimmt es an.

Sie einigen sich darauf, dass sie sich um das Kind kümmert, also alles andere aufgibt
und er erst einmal sein Studium abschließt.

Das Leben nahm seinen Lauf, dann 3 Jahre später . . .

2. Szene

Es klingelt, die leibliche Mutter steht vor der Tür, rennt hinein, schnappt sich das
Kind, läuft wieder raus, steigt in ein Auto und fährt weg.

Wie vom Donner gerührt steht Uschi da und begreift die Welt nicht mehr. Sie will
ohne das Kind nicht mehr leben.

Zwischeninterview

„Ich bekam dann selbst einen Sohn, mein Leben war schrecklich, alles ist eng, stickig,
unfrei, mein Freund ein lebloses Bündel, der diesen Akt nie verkraftet hat. So ging es
nicht weiter", das führte zu . . .

3. Szene

Uschis 25. Geburtstag; volles Haus. Ihre Freundin sagt: „Komm wir gehen, jetzt
gleich und Schluss!" Ich ging mit, und trat damit wieder ein ins Reich des Lebens.

Um die Szene zu spielen, wählt die Protagonistin MitspielerInnen aus, die die vorgegebenen Rollen besetzten.

Die Protagonistin vollzieht mit allen Beteiligten einen Rollentausch und stellt die von
ihr vorgegebenen Personen in ihren Rollen vor, so dass die Gruppe, die MitspielerInnen und LeiterIn die Personen aus der Sicht der Protagonistin kennenlernen. Wir
lernen hier die Personen, z.B. den Freund oder Ehemann natürlich nur aus der Sicht
der Protagonistin kennen. Das ist hinreichend und okay, da es primär um das Leiden,
den Konflikt, die Lebensumstände und die entsprechenden inneren Abbildern der
Protagonistin geht. (Weitere Ausführungen beim Thema Rollentausch.)

4. Szene

„Heute lebe ich mit meinem zweiten Mann und meinen beiden Söhnen zusammen. Die Söhne lösen sich allmählich ab und gehen ihren Weg. Die Beziehungen in unserer Familie sind geprägt von Freiheit und Akzeptanz.

Genau da, in diesem Lebensabschnitt, taucht plötzlich Verena auf, zieht in mein Viertel, wendet sich an meine Mutter, an meinen Sohn und dann auch an mich um Hilfe.“

Zunehmende Konkretisierung

Rollentausch

Die Protagonistin im Rollentausch mit Verena fleht um Hilfe:

„Ich will Kontakt zu dir, ich bin so allein, ich brauche dich. Vielleicht kannst du auch mal abends auf meine Tochter aufpassen, damit ich ausgehen kann. Ich komme sonst nie aus dem Haus.“

Und Uschis Mutter:

„Ich helfe der Verena wo ich kann, sie ist ja wie meine Enkeltochter, ich kann aber nicht mehr so viel machen, ich bin krank und alt. Hilf' du ihr, Uschi!“

Und Uschis Sohn:

„Ja, das ist meine Halbschwester, ich weiss nicht, was ich machen soll, Mutti, mach' du mal.“

Doppeln

Jetzt kommt eine Teilnehmerin auf die Bühne und doppelt die Protagonistin. Sie stellt sich hinter Uschi und spricht in der Ich-Form:

„Ich, Uschi, will das so nicht mehr, ich will keine Verantwortung für Verena, sie soll weggehen."

Zunehmende Konkretisierung und Maximierung

Die Protagonistin:

„Ich habe Angst, alles wird eng, es schnürt mir die Kehle zu. Ich habe Angst, in einen Sumpf zu geraten."

Sie (Uschi) wählt zwei Mitspielerinnen aus, für Angst und Enge. Folgendes Bild entsteht auf der Bühne:

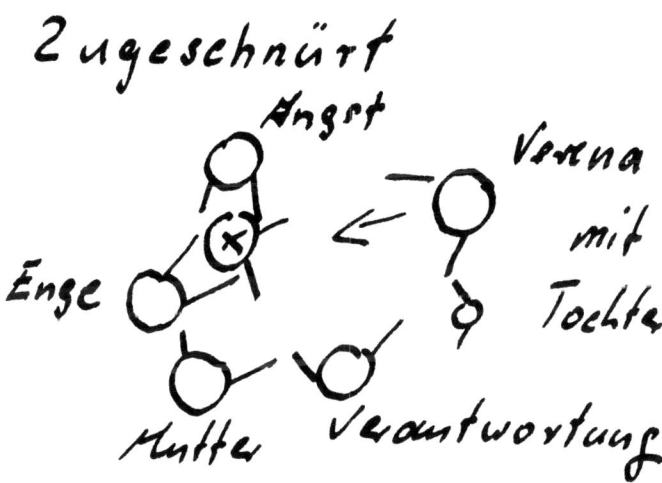

Konkretisierung heißt hier: was spielt sich konkret (tatsächlich) ab, wie agieren die einzelnen Beteiligten und in welche konkrete Situation mit allen vorhandenen Gefühlen und Empfindungen gerät die Protagonistin?

Es folgt die Maximierung, die Hilferufe werden direkter, fordernder und lauter; Verena und ihre Tochter rücken näher heran. (Evtl. auch als Intervention des/der Leiters/in.)

Es findet ein Wechselspiel von Konkretisierung und Maximierung statt.

Angst und Enge greifen nach Uschi, bis sie atemlos wird und fest zugeschnürt da steht. Diese Maximierung veranlasst, die Protagonistin aus sich heraus im Rollentausch mit der Enge.

Uschi wehrt sich gegen Angst und Enge, jedoch ohne Erfolg. „Ich brauche Kraft!" ruft sie.

Ein Mitspieler kommt als ihr Kraftanteil auf die Bühne und unterstützt sie bei ihren Befreiungsversuchen.

Katharsis

In diesem Moment erschallt Uschis Stimme durch den Raum: „Ich will euch nicht mehr, ich brauche Luft, ich brauche Freiheit, ich will atmen und leben!"

Sie befreit sich mit Vehemenz. Sie verschafft sich Freiraum und flieht in die äußerste Ecke des Raumes.

Angst und Enge schrecken zurück, wollen wieder näher kommen und bleiben dann aber auf Distanz, da ihnen Uschi mit deutlichen Worten und Gebärden Einhalt gebietet.

Hier fand eine Befreiung in Verbindung mit einem starken Gefühlsausbruch statt, also eine Katharsis im ursprünglichen Sinn des Wortes (Katharsis = Gefühlsentladung).

Spiegeln

Die Protagonistin wählt sich aus der Gruppe eine Mitspielerin aus, ein Hilfs-Ich, das ihre eigene Rolle übernimmt, so dass sie sich ihr Spiel, ihre Szene, von außen betrachten kann.

Die letzte Szene, der Akt der Befreiung, wird wiederholt und Uschi schaut zu.

Mit den Worten: „Ja, so ist es richtig, ich bin wieder frei, kann atmen und handeln," begleitet sie das Spiel.

Dann sieht sie sich weglaufen.

„Nein, so geht das nicht!" ruft sie aus und fordert sich selbst auf, am Ort des Geschehens zu bleiben und Stellung zu beziehen.

Die Protagonistin hat hier eine sogenannte „Einsichtskatharsis", eine Eingebung, wie es für sie richtig und stimmig ist.

An dieser Stelle geht es über in die

Abschlussphase, Ergebnissicherung, Rollentraining, Ausblick
Transformation, Integration

Uschi vollzieht mit sich selbst einen Rollentausch, rennt nicht weg, sondern befreit sich von Enge und Angst, bleibt aber stehen und wendet sich Verena zu. Sie meint: „Hier steht eine Auseinandersetzung an", zu Verena: „Du sollst dein Leben leben, die Verantwortung für dich und dein Kind nehmen, die Konsequenzen dieser Aktionen tragen. Ich nehme für dich und dein Kind keine Verantwortung (auf mich). Ich bin nicht deine Mutter, deine Versorgerin oder Freundin. Ich muss mit meinem eigenen Leben klarkommen" und zum Leiter: „Puh, das ist hart, schwer und unbequem, aber ich habe Luft zum Atmen, Klarheit und Freiheit. Ich werde genau diesen Weg gehen."

Uschi probiert hier also ihre nächsten Schritte, ihre Zukunftsoptionen aus und stellt dabei fest, welche Empfindungen und Konsequenzen an ihre vorgestellten Handlungsweisen gekoppelt sind, also eine realitätsgerechte Überprüfung.

Alle MitspielerInnen werden verabschiedet und verlassen die Bühne. In einem Abschlussinterview mache ich darauf aufmerksam, dass sie ihren Kraft-Anteil bewahren soll, um die nachfolgenden Schritte abzusichern.

Sie nimmt sich dann vor, mit diesem Anteil öfter einen Dialog zu führen, um ihn bewusst wahrzunehmen und Hilfe abzufordern.

Rollenfeedback

Sharing

Wir setzen uns im Kreis zusammen und die MitspielerInnen teilen mit, wie es ihnen in ihren Rollen ergangen ist. Dieses Feedback entlastet die Hilfs-Ich's und bringt oft noch zusätzliche Erkenntnisse. So sagt z.B. die Mitspielerin, welche Verena gespielt hat: „Anfangs dachte ich, die kriege ich rum, die wird mir bei der Erziehung meiner Tochter helfen und sie versorgen. Dann aber, als sie nicht weglief, sondern stehen blieb, sich aufrichtete und mir klar in die Augen schaute, wurde mir deutlich, dass ich für mich und meine Tochter selber sorgen muss. Ich hatte eine große Hochachtung vor ihr."

Danach folgt das Sharing, bei dem alle GruppenteilnehmerInnen berichten, wie es ihnen bei dem Spiel ergangen ist, wo sie emotional stark beteiligt waren und ob sie ähnliche Situationen kennen.

In dieser Runde erfährt die ProtagonistIn, dass sie mit ihrem Problem nicht allein auf der Welt ist und viele an ihren Erlebnissen teilgenommen haben. Sie hat viel für sich getan, aber auch ein Stück für die Anderen.

Prozessbetrachtung

Am darauffolgenden Tag findet die Prozessbetrachtung statt, bei der wir das gesamte Spiel nachstellen und die einzelnen Aspekte differenziert betrachten und erläutern. Hier werden auch Fachfragen beantwortet oder diskutiert und die einzelnen Abläufe theoretisch untermauert.

Die Methoden und Bestandteile des Psychodramas im Einzelnen: Doppeln, Rollentausch, Spiegeln

Wir kommen zu den Hauptmethoden des Psychodramas, dem Doppeln (auch Doppelgängermethode), Rollentausch und Spiegeln. Diese Methoden sind dem Rollenkonzept Morenos, der zugrunde liegenden Theorie zugeordnet. Inwieweit sie den Entwicklungsphasen der menschlichen Existenz entsprechen und demnach auch diagnostischen Charakter haben, wird später unter „Rollenkonzept" behandelt.

Wann und wie die einzelnen Methoden zur Anwendung kommen, ist abhängig von vielen Variablen. Jedes Psychodrama hat seinen speziellen Charakter, so dass die Methodenanwendung sich immer auch dem individuellen Geschehen angleicht.

Mehr hierzu im folgenden Text.

Laufe einige Meilen in den Mokkasins eines anderen Menschen und du lernst ihn wirklich kennen.

(indianische Weissheit)

Doppeln

Das Doppeln kann von GruppenmitgliederInnen, den LeiterInnen oder Co-LeiterInnen durchgeführt werden. Es ist einen Identifikation mit dem/der ProtagonistIn. Das Doppel (oder der Doppelgänger bei Moreno) steht seitlich oder hinter dem/der ProtagonistIn und spricht aus eigener Perspektive vermutete Anteile, Gefühle, Ansichten u.v.m. des/der ProtagonistIn in der „Ich"-Form aus.

Zur Anwendung kommt die Methode des Doppelns, um unbewusste oder blockierte Gefühle und/oder Einsichten zu formulieren, quasi als Erweiterung der bewussten Anteile. Hierdurch erhält der/die ProtagonistIn eine emotionale und kognitive Unterstützung sowie Ausweitung der eigenen Gefühls- und Gedankenwelt.

Kommt ein/e MitspielerIn auf die Bühne, nimmt Kontakt zum/zur Protagonist/in auf und doppelt ihn, so übernimmt er/sie eine wesentliche Rolle im Psychodrama. Ein Doppel ist um so wirkungsvoller, je besser seine Fähigkeit ist, sich einzufühlen und mit dem Energiefluss der/des ProtagonistIn miteinfließen. Mit einem guten Doppel zur Seite kann der/die ProtagonistIn neue Risiken eingehen und sich mit seiner Angst auseinandersetzen, die ihn, wenn er/sie alleine wäre, blockieren würde. Das Doppel gibt ihm Vertrauen und Sicherheit; es erweitert sein Selbst.

Hierbei befürchten einige MitspielerInnen und auch LeiterInnen, dass sie Dinge verbalisieren, die nicht zutreffen, so dass der/die Protagonist/in womöglich in die „falsche" Richtung gedoppelt wird. Sie befürchten Manipulation oder Fremdsteuerung.

Diejenigen, die das Doppeln im Psychodrama schon erlebt haben, wissen um die Stimmigkeit dieser Methode. Wenn ein/e Protagonist/in eine Äußerung als nicht zutreffend empfindet, kommt reflexartig eine Verneinung. Diese Ablehnung führt nicht zum Kampf, zur Auseinandersetzung bzw. zu einer Blockade; die Äußerung prallt einfach ab. Wenn eine aggressive Ablehnung folgt, ist die Äußerung zutreffend, aber zum falschen Zeitpunkt.

Das Doppeln kann eine spontane oder auch angeleitete Handlung sein. Ich kann als LeiterIn die TeilnehmerInnen bitten, als Doppel auf die Bühne zu kommen oder sie kommen (im Regelfall) spontan auf die Bühne mit dem inneren Antrieb, ihre Gefühle und/oder Erkenntnisse mitzuteilen, um den Prozess voran zu bringen.

Am deutlichsten wird dieses Geschehen bei offensichtlichen, jedoch von der Protagonistin unterdrückten oder abgespaltenen Gefühlen.

Die Praxis
Lisa, Teilnehmerin einer Ausbildungsgruppe war eine eher unscheinbare Person, eine von denen, die nicht wahrgenommen wird, wenn sie da ist, deren Fehlen jedoch bemerkt wird.

Sie wurde erwärmt durch ein Spiel vom Vortag „Die wilden Männer", wobei Beate ihren frechen lebendigen Persönlichkeitsanteil (auch Teil oder Anteil genannt) entdeckte und auf der Bühne auslebte, die „wilden" Männer in ihre Schranken verwies und für sich Zeit, Raum und Aufmerksamkeit einforderte und in Anspruch nahm.

Lisa meldete an, dass sie auf die Bühne wolle, um ein Thema zu bearbeiten.

Diese Gelegenheit griff ich auf und bat sie auf die Bühne.

Lisa: ich weiss nicht so recht, bei anderen ist es doch dringender und wichtiger, dass sie arbeiten. Ich fragte „die Anderen", alle meinten, Lisa gehört jetzt auf die Bühne.

Lisa: „Entschuldigt bitte, dass ich so frech bin, mir die Bühne zu nehmen, aber da ich nun schon mal da bin ..."

„Warum entschuldigst du dich? fragte ich sie. „Der Raum steht dir doch zu."

Marga, eine Teilnehmerin, kommt als *Doppel* auf die Bühne, stellt sich hinter Lisa und meint: „Ich bin ein kleines graues Mäuschen, bin ganz unwichtig, es ist mir peinlich, hier auf der Bühne im Mittelpunkt zu sein".

„Ja, so ist es", bestätigt Lisa, „so war das schon immer, alle anderen sind wichtig, nur ich nicht." Ich frage sie nach ihrer Familie und wir stellen ein Bild von früher:

„Der Vater starb als ich ein Kind war, ich hatte ein ganz besonderes Verhältnis zu ihm, ich war sein ein und alles.

Nach seinem Tod hatte ich niemanden mehr. Meine beiden Brüder waren immer wichtiger als ich, meine Mutter war immer für sie da, nie für mich." Im Rollentausch mit der Mutter und den Brüdern, sagten die zu ihr: „Du bist hier *nur* das Mädchen, die Kleine, du taugst nur zum Arbeiten; halt den Mund, mach sauber; bring' mir was zu essen, zu trinken." Wenn sie sich zu sehr vorwagte, kriegte sie auch mal eine gelangt.

Bei diesen wüsten Beschimpfungen sackte Lisa immer mehr in sich zusammen, wurde immer unsichtbarer.

Einige Gruppenteilnehmerinnen konnten sie kaum noch aushalten, waren voller Wut über das Geschehen. Bianca eilte auf die Bühne, stellte sich als Doppel neben Lisa und sprach: „Eigentlich will ich nicht so klein werden, es gibt da auch einen Teil in mir, der will schreien, kreischen, um sich schlagen, da sitzt aber eine gehörige Portion Wut im Bauch!"

„Ja ..."‚ Lisa atmet heftig und schwer, richtet sich etwas auf, dreht sich zu den Brüdern mit Mutter und starrt sie mit schmalen Augen und zusammengebissenen Zähnen an. Das Doppel macht alle Bewegungen mit und ruft: „Macht euch vom Acker!"

Lisa: „Ich könnte sie erwürgen, in der Luft zerfetzen, aber ... sie sind so übermächtig."

Mutter und Brüder wiederholen: „Du bist nur ein Mädchen, du bist nicht wichtig, geh Bier holen!" Lisa weint verzweifelt und ballt ihre Fäuste. Das Doppel: „Ich kann mich jetzt nicht klein machen, ich muss was tun, ich muss mich jetzt behaupten."

„Ja", ruft Lisa „ich will frei sein". Zu den Dreien: „Du kannst dir dein Bier sonst wo hinstecken". Sie richtet sich vollständig auf: „Ich bin wichtig! Und ich bin nicht mehr eure Dienstmagd, geht, verlasst diesen Ort!"

Sie weist deutlich mit einer Gebärde nach draußen. Bei soviel Kraft und Deutlichkeit weichen „die Drei" zurück und verlassen den Bühnenraum. „Puh, das wäre geschafft," atmet das Doppel auf. „Oh ja", bestätigt Lisa, „aber was fange ich jetzt mit mir an?" „Vielleicht kann ich jetzt erforschen, was ich wirklich will, was mir gut tut, was meine Wege sind", überlegt das Doppel. Das wird nicht einfach sein, ich spüre aber die neu gewonnene Freiheit, diesen Geschmack werde ich nicht wieder vergessen, auch wenn ich Rückschläge erleide," meint Lisa zum Abschluss.

In diesem Spiel wird deutlich, das Bianca – die zweite Doppelgängerin – auf die Bühne kommt, mit dem Antrieb den Prozess mit ihrer Energie zu begleiten, den Prozess voranzutreiben mit Power und Selbstbehauptung.

Marga – die erste Doppelgängerin – doppelt ein inneres Gefühl was dazu führt, dass Lisa diese „Peinlichkeit" zulassen kann und sich an ihre Familiengeschichte erinnert. Hier geht der Prozess in die Tiefe zum Kern, bzw. zur Ursprungsgeschichte ihres Lebensstils als „kleine graue Maus".

Das zweite Doppel leitet eine Veränderung ein durch das Verstärken eines energetischen Kraftimpulses. Bianca bleibt jetzt auch bis zum Schluss als Doppel auf der Bühne, so dass die Verstärkung der Kraft präsent bleibt.

Nun könnten wir annehmen, dass die Kraft wieder verloren geht, wenn das Doppel die Bühne verlässt. In habe in meiner Praxis bei der Beobachtung von Nach- und Langzeitwirkungen (eine vollständige Ausbildung dauert 4-5 Jahre) festgestellt, dass eine „erwachte Energie" nicht mehr verloren geht; sie ist mal mehr, mal weniger präsent, sie wird oft transformiert, aber der qualitative Gewinn, die Erweiterung bleibt erhalten.

Dieses Erhalten kann ich durch Sichern und Verankern der Ergebnisse noch deutlicher markieren (mehr hierzu unter Abschlussgestaltung).

Bei Lisa drückt sich das aus mit den Worten: „Diesen 'Geschmack´ werde ich nicht vergessen."

Das *Doppeln* lässt sich in dieser Weise bei allen Gefühlen anwenden, die eventuell blockiert sind, hier noch ein Beispiel in eine andere Richtung:

In einer Fortgeschrittenengruppe leiteten sich die TeilnehmerInnen untereinander selbst. Carola hatte ein Anliegen: Sie wollte Kontakt zu ihren Geschwistern, aber nicht zu ihrem Vater. Seit Jahren hatte sie keine Begegnung mehr mit ihrer Familie, sie hasste ihren Vater und wollte nie wieder etwas von ihm hören, geschweige denn ihn sehen oder ihm begegnen. Da in ihrer Familie alle immer irgendwie zusammen hockten, ergab sich für sie also eine generelle Kontaktsperre, die sie zum jetzigen Zeitpunkt so nicht mehr wollte.

Die Geschwister wurden auf die Bühne geholt und es wurde deutlich, sie sind nicht das Problem. Carola sollte ihren Vater auf die Bühne holen. Sie wiederholt mehrmals verzweifelt: „Ich kann nicht, ich kann nicht, ich kann nicht".

„Okay", sagte die Leiterin, „dann nicht". Eine Teilnehmerin kommt als Doppel auf die Bühne, stellt sich seitlich hinter Carola und meint: „Wenn ich jetzt wieder ausweiche, habe ich erneut eine Gelegenheit verpasst. Ich nutze die Chance und hole ihn (den Vater) auf die Bühne."

„Ich muss wohl doch", seufzt Carola und holt sich ein Hilfs-Ich für den Vater.

Zehn Meter Abstand nimmt sie ein und schaut vor sich auf den Boden. Das Doppel: „Ich habe Angst ihn anzusehen, er hat mir so viel Schlimmes angetan, er ist ein Miststück!" „Richtig, er ist eine große Sau", sagt Carola, schaut jetzt auf, ihm ins Gesicht: „Ich werde dir nie, niemals verzeihen, du hast Scheiße gemacht, es gibt nichts zu entschuldigen!" Das Doppel: „Das Schlimme daran ist, ich liebe dich trotzdem, ja ich liebe dich du Scheißkerl!" Carola leise: „Ja, so ist es."

Sie macht einen Rollentausch mit den Vater: „Ich weiss was ich dir angetan habe, ich kann mich nicht davon freisprechen, aber ich möchte mit dir über alles reden. Ich möchte mit dir reden bevor ich sterbe, und das ist bald."

Carola: „Ich will auch, aber nicht sofort, ich brauche Zeit. Ich weiss, dass du bald sterben wirst, ich werde vorher da sein." Sie dreht sich langsam um und verlässt den Bühnenraum.

In diesem Spiel wird vom Doppel erst die Angst, dann ein aggressives Gefühl benannt. Das Eingeständnis der Angst und der Wut ermöglicht der Protagonistin einen Blickkontakt mit ihrem Vater. Dieser Blickkontakt eröffnet eine Begegnung. Aufgrund eigener Erlebnisse und eines intensiven Einfühlens erfasst die Doppelgängerin die vorhandene Ambivalenz.

„Ich liebe dich", doppelt sie. Jetzt ist es raus, in dieser Ambivalenz steckt das Problem der Protagonistin. Sie kann ihren Vater für das was er ihr angetan hat nicht *nur* bzw. vollständig verfluchen, nein, da ist ja auch noch die Liebe zu ihm.

In einem Nachgespräch stellt sich heraus, dass sie sich hin- und hergerissen und auch schuldig fühlt. Sie nimmt an, dass sie diese Gefühle nicht aushalten kann, so kam es zu einer jahrelangen Kontaktsperre.

Hier wird die Funktion und Wichtigkeit eines Doppels sehr deutlich, vor allem die klärende und heilsame Wirkung der angesprochenen blokkierten Gefühle.

Heilung hier im Sinne von: sich die eigene innere Wahrheit eingestehen, zulassen, um wieder handlungs- und liebesfähig zu werden.

In den vergangenen Jahren hat Carola sich immer wieder Männer gesucht, die sie stellvertretend hassen konnte, vor allem ihre Chefs.

In diesem Psychodrama unter Mitwirkung einer Doppelgängerin brach ihre harte Schale etwas auf und sie erhielt wieder Zugang zu ihrem Liebesgefühl.

Dieses zweite Spiel habe ich aufgeführt, um zu verdeutlichen, dass ein Doppel in jegliche Gefühlszustände möglich ist und dass hinter der Wut oft ein Liebesgefühl zutage tritt.

Das Spiel von Carola ist ein Plädoyer für Achtsamkeit.

Wir sind als LeiterInnen oft in der Gefahr, 'zu sehr´ parteilich für unsere ProtagonistInnen zu sein, und wir werden dann blind für weiterführende Wege, ambivatente Gefühle und paradoxe Lösungen.

Die Äußerung von Wut und aggressives Agieren bringt Energie ins Spiel, schafft Befreiung und ist durchaus lustvoll. Vor allem bei Menschen, die kaum Zugang zu ihrer Wut haben, wie bei Lisa, ist die Äußerung von aggressiven Impulsen notwendig für die Öffnung neuer Wege. Ich selbst habe häufig erlebt, wie lustvoll es ist, auf dieser Welle mitzureiten.

Jetzt auch noch im Auge bzw. im Bewusstsein zu haben, dass hier wahrscheinlich noch mehr ist, vielleicht widersinnige vermeintlich unlogische Richtungen eingeschlagen werden, ist nicht immer einfach. Meiner Erfahrung nach ist es einfach wichtig, für alle Richtungen offen zu bleiben und nicht nur Wut und auch nicht nur Liebe zu propagieren bzw. zu forcieren. (Hierzu auch Erläuterungen unter „Maximierung".)

Wir haben in beiden Spielen ein Doppeln erlebt, das verschiedenartige blockierte oder abgespaltene Gefühle äußert und ins Bewusstsein hebt, damit handhabbar macht, also eine Erweiterung ermöglicht.

Die Einsatzmöglichkeiten dieser Methode gehen weit über diese beiden Bespiele hinaus. In den Beispielen erleben wir spontanes Doppeln von TeilnehmerInnen, einmal kurzzeitig und im anderen Beispiel über einen längeren Zeitraum.

Hier einige andere Möglichkeiten:

Wenn der/die LeiterIn mal nicht weiter weiss, da er/sie sich nicht in der momentane Gefühlslage des/der ProtagonistIn einleben kann, ist es ihm/ihr möglich, TeilnehmerInnen oder Co-LeiterInnen zum Doppeln auf die Bühne zu bitten.

Neben dem „einfühlenden" Doppeln ist auch ein provozierendes Doppeln möglich z.B. um den/der ProtagonistIn aus der Reserve zu locken. Die verschiedensten Persönlichkeitsanteile können zur „Sprache" gelangen, wie der innere Antreiber, die Hure, Mutter und Vater, Tod, Teufel, das innere Kind, die alte Frau, der Weise u.v.m.

Einige dieser Anteile oder auch polare bzw. ambivalente Gefühle, könnten gleichzeitig auf der Bühne sein und sich äußern. Hier können wir vom multiplen Doppeln sprechen. Auch eine gezielte Anwendung des multiplen Doppelns bei Entscheidungsfragen ist hilfreich.

Hierbei holen wir die Hauptaspekte der Fragestellung als Doppel auf die Bühne, so dass der/die ProtagonistIn sich anhört, wie sich diese Aussagen anfühlen und natürlich ergänzen kann.

Ein/e geübte/r LeiterIn kann auch selbst als „Doppel" agieren um z.B. die Gefühle der/des ProtagonistIn zu vertiefen oder zu erweitern.

Manche LeiterInnen leiten ganze Psychodramen als „Doppel". Im Gegensatz zum Interview bleiben die Protagonisten dann bei ihren Gefühlen aus einer Innerlichkeit heraus. Beim Interview erfahren sie die/der LeiterIn als Gegenüber.

Das Doppeln kann in vielfältigen Formen auftreten oder auch speziell in Selbsterfahrungs- und Ausbildungsgruppen geübt werden.

Zum Beispiel:

- Jemand hält einen Monolog zu einem bestimmten Thema, andere doppeln.

- Das Doppeln verschiedener Persönlichkeitsanteile wird vorher festgelegt.

- Für und Wider einer Fragestellung streiten sich als Doppel hinter der/dem ProtagonistIn.

- Ein Langzeitdoppel wird als Unterstützung eines bestimmten Gefühls eingesetzt.

- Der/die ProtagonistIn erzählt nonverbal mit Mimik/Körpersprache über Empfindungen; ein Doppel verbalisiert.

- Im Dialog/Streitgespräch zweier ProtagonistInnen mischen jeweils ein Doppel mit.

In Ausbildungsgruppen sind diese und andere Übungen sehr hilfreich, da sie die Hemmschwelle abbauen und so die positiven Wirkungen des Doppelns erfahren werden.

Ein gutes Training für das Doppeln ist Achtsamkeit und detaillierte Beobachtung anderer Menschen und seiner selbst bei Alltagsverrichtungen, in besonderen Gefühlslagen, im Umgang mit sich, anderen Menschen und auch Tieren.

Allem Doppeln gemeinsam ist, wie das Wort sagt, eine Verdopplung, eine Erweiterung der Ich-Person, im Idealfall die „innere Stimme" der/des ProtagonistIn. Um diese Kunst – die Kunst der „inneren Stimme sein" – zu vervollkommnen sind Erfahrungen, Training und Achtsamkeit erforderlich.

Ein besonderes Hilfsmittel ist die Übernahme der Körperhaltung und -bewegung der/des Probanten, da sie wie nichts anderes die Innerlichkeit zum „Ausdruck" bringen.

Achtsamkeit nicht nur mit den ProtagonistInnen, sondern auch mit sich selbst als LeiterIn, hier im wahrsten Sinne des Wortes BegleiterIn. Ich kann als BegleiterIn auch in die Rolle eines Doppels gehen und so den/die ProtagonistIn begleiten. In dieser Rolle als Doppel ist es möglich, bestimmte Gefühle, Empfindungen u.a. zu vertiefen, indem ich das Doppel verstärke, bestätige, erweitere. Ich stelle mich dann auch hinter den/die ProtagonistIn und spreche in der Ich-Form. Dieses Leiter-Doppeln empfehle ich vor allem in der psychodramatischen Arbeit mit Einzelklienten, aber auch in der Gruppentherapie mit ungeübten Gruppen, in denen die TeilnehmerInnen noch nicht doppeln. Es kommt häufig vor, dass zurückhaltende Menschen auf den Bühnen plötzlich einen Funken ihrer aggressiven Energie herauslassen, sich dann aber schnell wieder zurücknehmen. Wenn ich es als förderlich empfinde, gerade diese Energie zu verstärken, so dass sie richtig zum Tragen kommt, kann ich mich hinter den/die ProtagonistIn begeben und in Ich-Form diesen Funken aufgreifen: „Genau, ich habe ein Recht auf meine eigenen Gefühle, ich darf etwas für mich einfordern!" Je nach Energieniveau und -ausrichtung greift der/die ProtagonistIn die Aussagen auf und lässt (vielleicht erstmals in seinem Erwachsenenleben) seine/ihre Aggression auflodern und befreit sich von Enge und Kleinheit; oder er/sie wird richtig traurig, da er/sie spürt, wie wenig Platz er/sie im Leben bisher eingenommen hat.

Hier wird sehr deutlich, dass wir als TherapeutInnen immer mit verschiedenartigen Wirkungsweisen bzw. Energieausrichtungen rechnen müssen, wobei es wichtig ist, sich für alle Richtungen offen zu halten, sonst laufe ich Gefahr, nur in meine vermutete Arbeitshypothese zu begleiten und bei unvorhergesehenen Veränderungen nicht mehr mithalten zu können.

Auch die Gefahr des distanzlosen Mitschweigens in tiefen Gefühlen der Protagonisten ist gegeben, wenn ich als LeiterIn viel „in die Tiefe" doppel.

In meinen Anfangsjahren habe ich mehrmals die Grenze meiner Handlungsfähigkeit überschritten. Ein Spiel werde ich in diesem Zusammenhang nie vergessen. In einer Ausbildungsgruppe der Sucht-Sozialtherapie meldete sich eine Frau mit dem Thema „Isolation". Auf der Bühne erzählte mir Birgitt von ihren Gefühlen isoliert zu sein. „Auch wenn ich eine Fremdheit, ein Alleinsein, als ob alle eine Glaswand um sich herum gebaut haben."

Nur wenn sich mir jemand öffnet, mir seinen inneren Schmerz zeigt, seine Einsamkeit und Sehnsucht nach Berührung kann ich in Kontakt gehen und Nähe empfinden." Mit diesen Aussagen weckte Birgitt auch bei mir die Sehnsucht nach Nähe und Verständnis. Ich dachte noch, hier liegt der Grund, warum sie Suchttherapeutin werden will.

Ich wollte jetzt ihr Gefühl der Einsamkeit verstärken, um herauszufinden, woher es stammt.

Ich nicht dumm, doppelte also wie ein Weltmeister in die Einsamkeit, so in der Art: „Ich bin so hilflos und so abgeschottet von allem Lebendigen". „Ja", haucht sie, „es wird immer dunkler und so schwer." Ich wieder: „ Es zieht mich runter, immer tiefer in den Keller."

Wir saßen dann gemeinsam allein in einer Bühnenecke, beide in einer Art dumpfer Depression. Die anderen GruppenteilnehmerInnen wurden zum Teil auch hiervon erfasst, saßen auf ihren Stühlen und dösten dahin. Andere dachten, ich wüsste, was ich da tue und blieben sitzen. Nach einiger Zeit schliefen einige ein, andere standen auf, gingen leise hinaus. Eine beherzte Teilnehmerin kam auf die Bühne und stubste mich an. Ich schreckte auf, blickte neben mich, dann im Raum umher und erfasste, was geschehen war. Ich bat die Teilnehmerin die Gruppe wieder zusammenzuholen und motivierte meine Protagonistin mit mir gemeinsam aufzustehen und Stufe für Stufe aus dem Keller aufzusteigen und ans Licht zu den anderen Menschen zu gehen.

Birgitt erschien mir beinahe glücklich und folgte meinen Interventionen. Ich erfuhr, dass wir über eine Stunde bewegungslos in der Ecke gesessen hatten.

Das Ganze war mir sehr peinlich und ich hatte auch keine Erklärung parat. Aber auch das Ende lief anders als ich erwartet hatte. Birgitt und auch alle TeilnehmerInnen (bis auf eine Ausnahme) waren gelöst und in gelockerter, etwas trauriger Stimmung und nicht in Schwere, wie ich vermutet habe.

Heute vermute ich, dass es gut war, die Depression zuzulassen und zu zweit eine Zeitlang zu leben, sicher bin ich mir nicht.

Es ist sicherlich gut bei tiefen Gefühlen mitzuschwingen, aber immer im Rahmen der eigenen Handlungsfähigkeit, ansonsten ist es (glaube ich) besser, sich zu schützen, wenn ein Abrutschen ohne Halt spürbar wird. Um ein austariertes Nähe-Distanz-Begleiten zu erreichen, ist viel Übung – sprich: Praxis – erforderlich.

Doppeln geht in die Tiefe, bringt Gefühle aus der Tiefe an die Oberfläche. Diese Gefühle wollen vor allem mit Akzeptanz, Annahme und Achtsamkeit behandelt werden. Viele brauchen auch Schutz und liebevollen Umgang.

Zur Gewährleistung dieser Grundhaltung zum Abschluss einige Regeln für gutes Doppeln:

1. Versuche, dich in die Gefühlswelt des Anderen hineinzuversetzen. Stell dir vor, was er denken könnte, aber nicht sagt. Werde ein guter Beobachter. Versuche, das zu fühlen, was der Andere fühlt. Nimm Kontakt zu seiner „inneren Stimme" auf. Erinnere dich an deine eigenen Gefühle in einer ähnlichen Situation.

2. Mache deine Aussagen so, das sie der/die ProtagonistIn als seine/ihre eigenen annehmen kann. Dazu ist es nötig, deine Rolle zu verlassen und in seine/ihre zu schlüpfen. Achte auf den Augenblick.

3. Empfinde die Körpersprache des/der ProtagonistIn nach. Nimm seinen/ ihren Rhythmus auf. Es wird dann einfacher, die richtigen Worte zu finden.
   Wenn du den Fluss seiner/ihrer Bewegungen angenommen hast, übersetze sie in Aussagen.

4. Erweitere das Doppeln auf der psychosomatischen Ebene: „Ich bin so nervös, ich kann kaum das Zittern meiner Hände verbergen, etc."

5. Sprich nur dann, wenn der/die ProtagonistIn blockiert ist und sich nicht selbst ausdrücken kann. Unterbrich´ ihn/sie nicht.

6. Beobachte dich selbst und sei dir eines „Rutsches" in eigene Gefühle bewusst. Merke, wenn du dich durch eigene Gefühle vom/von ProtagonistInnen entfernst.

7. Achte auf die Anweisungen der/des LeitersIn. Er/sie gibt die Informationen, die nötig sind, um seinem/ihrem „Roten Faden" sowie dem Gefühlsfluss des/der ProtagonistenIn zu folgen.

8. Sollte der/die ProtagonistIn nicht mit deinen Aussagen einverstanden sein, so insistiere nicht, selbst wenn du der Meinung bist, recht zu haben.

9. Erwärme dich zum/zur ProtagonistIn hin. Sei taktvoll und vorsichtig, wähle beruhigende Aussagen, bevor du provokatorische machst.

10. Spiele deine Vermutungen über das Problem des/der ProtagonistIn aus. Trainiere deine Beobachtungsfähigkeit und prüfe, ob der/die ProtagonistIn deine Ansicht annimmt oder abweist.

Rollentausch

Einleitung

„Die Dinge, die Menschen und die materielle Welt so erleben, wie sie wirklich sind und nicht wie sie unseren Wünschen entsprechen."[7]

In den letzten Jahren beschäftigte ich mich zunehmend mit buddhistischen Texten und Grundhaltungen des Zen-Buddhismus, daher auch die einleitenden Worte.

Folgt man weiteren Gedankenaussagen des Buddhismus, so besteht alles Leiden der Menschen durch menschliche Begierde[7]. Dementsprechend soll alles in der Welt, mir – dem Individuum – dem Zentrum alles Seins, Nutzen bringen. Wenn sich herausstellt, dass meine Erwartungen nicht erfüllt werden, also ein Gegenüber mir vermeintlich keinen Nutzen bringt, leide ich; das führt zu Wut, Ärger und Missgunst.

Anders ausgedrückt: Die Ursache allen Leidens ist der Widerspruch zwischen meinen (Wunsch-)Vorstellungen und der gegebenen Realität. Daraus folgt: Entspreche der Wirklichkeit, der Wirklichkeit deines Seins in Wechselwirkung mit allem vorhandenen Sein – und du wirst seligen Frieden finden.

Dieser Weisheit zu folgen ist keine einfache Sache; es ist die hohe Kunst des Sich-bewusst-seienden Menschen, in Achtsamkeit und Liebe lebend; so wie ich die Empfehlungen der buddhistischen Lehre verstehe.

Der Rollentausch ist eine Möglichkeit, sich der Wirklichkeit, dem wahren Sein anzunähern und seine eigene Wunschwelt zu verlassen. Ich tausche die Rolle mit einer anderen Person, einem Gefühl, einem Gegenstand, einer Idee o. ä. und lerne sie aus genau ihrer Perspektive kennen.

So mancher Streit verpufft ins Leere, wenn ich bereit bin, die Position, die Perspektive meines Gegenüber anzunehmen, um sie erst dann mit meiner zu vergleichen.

Diese allgemeinen Aussagen zur psychodramatischen Methode des Rollentausches zeigen auf, dass sie aus dem Einfachen, dem Alltäglichen, aber dennoch Grundsätzlichen des menschlichen Lebens abgeleitet ist.

Beim Rollentausch werden Rollen getauscht bzw. gewechselt (auch Rollenwechsel genannt) und zwar die Rollen, die für das gegenwärtige Psychodrama oder auch therapeutische Arbeiten relevant sind. Eine Frau will sich z.B. den Konflikt mit ihrem Chef näher betrachten. Die Frau übernimmt dann seine Rolle, wird also zu ihrem Chef. Im klassischen Psychodrama macht sich der/die ProtagonistIn eine/n MitspielerIn aus der Gruppe für die genannte Person aus. Der/die MitspielerIn betritt jetzt als Hilfs-Ich die Bühne.

Der/die ProtagonistIn weist ihn/ihr einen Platz zu.

Jetzt fordert der/die TherapeutIn den/die ProtagonistIn zum Rollentausch auf. ProtagonistIn und Hilfs-Ich tauschen die Plätze und damit auch die Rolle.

Der/die TherapeutIn befragt die Protagonistin jetzt in der Rolle des Chefs. „Wie heißen Sie?" „Wie sehen Sie aus?" „Was für ein Mensch sind Sie?"

Die Protagonistin wird durch diese Fragestellungen in die Rolle des Chefs eingeführt, so dass sie selbst zu diesem Chef wird.

Dann folgen Fragen, die die Beziehungsebene und den Konflikt betreffen.

Durch diesen Dialog erhält der/die TherapeutIn, das Hilfs-Ich und die GruppenteilnehmerInnen Informationen über die Person des Chefs und über das Problem. Der/die Therapeutin ordnet erneut einen Rollentausch an. Jetzt befindet sich das Hilfs-Ich in der Rolle des Chefs, die Protagonistin in ihrer eigenen Rolle. Das Hilfs-Ich wiederholt die Worte des Chefs – die Protagonistin hört und sieht ihren Chef und kann jetzt gefühlsmäßig und verbal reagieren. An diesem Punkt ist die Szene in Gang gesetzt, die nach Bedarf rekonstruiert, erweitert oder ausgespielt wird.

Hierzu ein klassisches Beispiel mit der entsprechenden Wirkung:

Sabine war zu Besuch bei ihren Eltern und fuhr mit einem tieftraurigen Grundgefühl wieder nach Hause. Mit diesem Gefühl saß sie in unserer Runde, erzählte uns von ihrem Besuch und weinte. „Meiner Mutter geht es ja so schlecht, sie muss so sehr unter Vater – dem Tyrannen – leiden.

Wenn ich mit ihm über die Probleme reden will, weicht er aus, er ist nicht greifbar. Er zieht einfach seinen Streifen durch. Er kann lautlos aggressiv sein, er ist unberechenbar, nach außen zahm – innen ganz wild." Ein Doppel betritt die Bühne und meint: „Ich habe Angst vor ihm, er ist eine Bedrohung." „Ja", bestätigt Sabine, „wenn er mal loslegt haut er alles kurz und klein!"

Sie stellt dann ein Bild ihrer Familie aus früherer Zeit, im Alter von 12 Jahren.

Alle Rollen wurden von Sabine mit Hilfs-Ichs besetzt. Interessanterweise erhielt Andrea, die vorher gedoppelt hatte, die Rolle der Mutter. Mit ihr wollte Sabine beginnen, das heißt, den ersten Rollentausch machen. Sie begab sich an den Platz der Mutter, nahm die kleine Schwester an die Hand und legte sofort los: „Ich halte hier alles zusammen, gehe halbtags arbeiten und bin für alles in der Familie zuständig, ob Krankheit oder Schule, die Pflege der Oma und die Erziehung der 3 Mädchen, ich mach alles.

Die Große, die Sabine hilft mir schon manchmal, aber sie hat ja auch Schule und ab und zu spielen." Ich frage sie nach ihrem Mann.

„Der? Ja der muss viel arbeiten, er hat es schwer in der Firma. Er ist viel unterwegs, auch oft in der Kneipe. Er trinkt manchmal zu viel, aber ich pass da schon auf, an die Mädchen traut er sich nicht ran!" Ich frage, wie sie das meint." „Ich meine ja nur so, ich will ja nicht sagen, ich pass halt auf, nicht dass sie denken, es wäre was passiert, nein, nein; wir Frauen haben schon alles im Griff."

Rollentausch zurück. Das Hilfs-Ich, in der Rolle der Mutter, wiederholt die Worte. Danach Sabine: „Wir bilden hier eine Gemeinschaft, wenn wir Frauen zusammenhalten, kann uns niemand was anhaben." Ein Doppel stellt sich hinter Sabine. „Ich will aber was ganz anderes, ich will Kontakt zu meinem Vater, will dass er mich lieb hat, mich in den Arm nimmt und mich beschützt." Sabine steht ganz sprachlos da, dreht sich langsam zu ihrem Vater hin und weint, beide Hände vorm Gesicht haltend. Nach einer Weile nimmt sie die Hände vom Gesicht und blickt ihn an.

Ich fordere sie zu einem Rollentausch mit ihrem Vater auf.

Als Vater schaut sie in die Runde, schüttelt leicht den Kopf. „Diese Weiber, die können einem das Leben schon ganz schön schwer machen. Die immer mir ihrer Psyche, ich weiss gar nicht, was die immer von mir wollen. Ich schaff' das Geld ran, bin da, wenn ich gebraucht werde, kann alles reparieren und habe meine Kinder und meine Frau noch nie geschlagen. Natürlich liebe ich sie alle, ich kann das nur nicht zeigen." Jetzt macht er einen verlegenen und linkischen Eindruck. Ich frage ihn nach seiner Kindheit. „Na, sie wissen schon, Nachkriegskind, Mutter war nie da, mein Vater starb in den letzten Kriegstagen. Ich hätte ihn so sehr gebraucht, ich war so allein auf der Welt." Er wird ganz traurig und einige Tränen laufen ihm die Wange herunter. Er erzählt uns dann, dass er immer einsam war und auch noch ist, es gibt die Familie, die Frauen und ihn, den Außenstehenden. Ja, er vergräbt viel in seinem Inneren. Er schützt sich auch vor der Übermacht der Frauen, ja, und er ist stolz auf seine Älteste – die Sabine – eine schöne Frau, „die was auf dem Kasten hat".

Rollentausch return, Sabine in ihrer eigenen Rolle hört sich an, was das Hilfs-Ich in der Rolle ihres Vaters wiederholt.

Sie ist voller liebevoller Gefühle für ihren Vater und meint: „So habe ich dich noch nie erlebt. Ich hätte mir das früher so sehr gewünscht, dass du dich derart öffnest, dich mir zuwendest, mich beachtest, stolz auf mich bist und mich ganz doll lieb hast."

Sie geht langsam auf ihn zu und berührt ihn ganz leicht am Arm. „Dich jetzt in den Arm zu nehmen wäre zu früh, das braucht noch Zeit."

Rollentausch: Sabine als ihr Vater: „Auch ich habe mir das schon immer so gewünscht, aber ich habe mich auch nicht getraut, im Grunde hatte ich Angst vor euch Frauen. Vielleicht können wir jetzt einiges nachholen, miteinander reden, ich würde auch gern mehr über dein Leben erfahren."

Rollentausch return: Sabine: „Ja, Vati, lass uns mal zusammen spazieren gehen," sie verabschiedet ihn von der Bühne. Ich mache sie darauf aufmerksam, dass noch andere Personen auf der Bühne sind. Sie wendet sich ihrer Mutter zu: „Du, Mutti, hast viel dafür getan, dass ich keinen Kontakt zu Vati hatte. Ich habe von dir gelernt, dass Männer Feinde sind. Ich glaube, ich muss ein bisschen umlernen. Männer haben auch ihre weichen liebevollen Seiten, man muss sie nur sehen wollen."

Jetzt kann sie die anderen Hilfs-Iche auch von der Bühne verabschieden.

Im Abschlussinterview teilt sie mir mit, dass ihr bisheriges Beziehungsleben von dieser elterlichen Normierung geprägt ist und sie jetzt eine Chance sieht, das ein klein wenig zu verändern; wieviel ... ? Das wird die Zukunft zeigen.

Bei allen TeilnehmerInnen wurden durch dieses Spiel große Gefühle freigesetzt. Das Verständnis füreinander, das Aufbrechen der Schutzpanzerung und die Versöhnung bewirkte dieses überschwappende Gefühl.

Es ist immer wieder schön, hieran teilzuhaben, mit eintauchen zu können in diese gefühlvolle Gruppenstimmung. Ausgelöst wurde all das durch die psychodramatische Methode des Rollentausches, die es Sabine (und uns) ermöglicht hat, aus ihrem System (Frauenrunde) heraus zu treten, wirklich Kontakt zu ihrem Vater und zu ihren Schnsüchten zu haben, die Lebenseinstellung und Grundempfindungen ihres Vaters zu hören und zu spüren und so eine Begegnung herbei zu führen, die auch in ihrer realen Konsequenz sehr stimmig war.

Der Rollentausch mit ihrer Mutter bewirkte eine Bewußtseinserweiterung, Sabine stellt fest, dass sie bis heute der Norm, dem Wertemassstab ihrer Mutter entspricht. Dieses Bewusstsein schafft für sie neue Wahlmöglichkeiten und eine Veränderungsoption ihrer Beziehungsmuster.

In diesem Spiel erlebten wir den klassischen Einsatz eines Rollentausches. Darüber hinaus sind die Einsatzmöglichkeiten dieser Methode äußerst vielseitig und in allen pädagogischen, therapeutischen und sozialen wie auch kommunikativen Arbeitsfeldern durchführbar.

Hier einige Beispiele:

In Gruppen, Klassenverbänden, Familien, Teams u.ä. kann der Rollentausch immer auch zur Schlichtung von Streitigkeiten eingesetzt werden; oder zum Verdeutlichen von vorgefassten Annahmen, die man Anderen unterschiebt, wie ich denke, dass der Andere denkt; Rollentausch zwischen Kindern und Eltern/Lehrern um die unterschiedlichen Wahrnehmungsweisen zu erfassen. ...

Also, überall wo Begegnungen stattfinden, ein miteinander Arbeiten bzw. Kommunizieren, ist ein Rollentausch möglich zur Aufhellung aller unbewussten oder verheimlichten Anschauungen. So führt ein Rollentausch zu Klärungen, Reinigungen und letztendlich zu Akzeptanz, toleranterem Umgehen und besserem Verständnis miteinander.

Frieden schaffen in Beziehungen zwischen Menschen, eine der großen Visionen des Begründers J. L. Moreno.

Im therapeutischen Setting ist eine vielseitige Anwendung möglich. Hier müssen wir auch die Verschiedenartigkeit der Wirkungsweisen beachten. In unserem Spiel diente der Rollentausch mit der Mutter zur Erkenntnisgewinnung über das Familiensystem, der Rollentausch mit dem Vater eröffnete eine Begegnung, deshalb ging der Rollentausch mit dem Vater auch über einen langen Zeitraum, damit sich die Protagonistin tief in die Rolle einleben konnte.

Um z.B. ein Familiensystem, eine Gruppen- oder Teamkonstellation in allen Bezügen näher kennenzulernen, kann ich die ProtagonistInnen veranlassen, mit allen beteiligten Personen einen Rollentausch zu vollziehen. Danach wiederholen alle MitspielerInnen nacheinander die im Rollentausch gemachten Aussagen. So erhalten wir einen Überblick des Gesamtsystems.

An dieser Stelle kommen wir zu einigen grundsätzlichen Überlegungen: wir erhalten eine Übersicht, oder wie im Spiel vorher das Bild einer vom Protagonisten vorgestellten Person. Ist das eine objektive Darstellung der auf die Bühne gestellten Person? Hier scheint ja eher die subjektive Wahrnehmung des ProtagonistInnen im Spiel zu sein. Auf diese Fragen habe ich bisher keine eindeutigen Antworten gefunden. Im Laufe der Zeit, durch meine Beobachtungen, Studien und Wahrnehmungen haben sich meine Gedanken und Anschauungen geöffnet und erweitert, statt festgelegt.

Die Menschen leben dem psychodramatischen Ansatz zufolge in und durch Beziehungen miteinander. Jedoch lebt jeder Mensch auch sein ureigenes Sein ganz für sich alleine.

Alle Beziehungen wirken auf dieses Sein ein. Besondere Wirkungen erzielen die Eltern und Familienangehörigen in der Säuglings- und Kinderzeit. Hier werden Grundmuster für Anschauungen und Rollenverhalten in Beziehungen geprägt. Diese Grunderfahrungen als „äußeres" System nehmen wir auf in unser „inneres" System. Neben einer qualitativen Wirkung äußerer Einflüsse sind auch überlappende Wirkungen gegeben. So kann eine starke Verletzung, z.B. Verlassenwerden, eine vorher vorhandene Liebesbeziehung überdecken, so dass auch die Erinnerung verblasst. Unser/e ProtagonistIn ist dennoch ein Mensch mit einem sehr komplexen verinnerlichten System, Abbildern von Beziehungen in einer ganz spezifischen eigenen Struktur. Die psychodramatische Ausgangssituation ermöglicht diesem Menschen, Teile dieses Systems auf die Bühne zu bringen. Der/die ProtagonistIn erzählt uns von seinem/ihrem Vater, wie er/sie ihn aufgrund seiner/ihrer inneren Abbilder erlebt und bewertet. Es ist das systemimmanente Bild des/der ProtagonistIn und nicht der Vater an sich. Der/die ProtagonistIn vollzieht jetzt mit dem Vater einen Rollentausch. Was passiert hier? Das „innere" Bild wird nach „außen" verlagert, die Perspektiven, der Ausgangspunkt verändert sich. Jetzt empfindet unser/e KlientIn seinen/ihren Vater aus der Perspektive bzw. der Position des Vaters heraus. Er/sie sieht jetzt sich selbst und andere beteiligte Personen, wie z.B. die Mutter aus einem anderen Blickwinkel. Es findet eine Erweiterung der vorher engeren Sichtweise statt.

Da sich jetzt auch der Ausgangspunkt der persönlichen Wertbemessung verändert, beurteilt ProtagonistIn sich als sein/ihr Vater anders als vorher, wo er/sie nur auf sich selbst bezogen urteilen konnte, es lösen sich „Vor"-Urteile auf (durch das innere System festgelegte und ständig bestätigte Urteile).

Als dritte Komponente spürt ProtagonistIn in der Rolle seines/ihres „Gegenüber" das Andersartige und das Gemeinsame, auch das gemeinsame Unbewusste, sowie codierte genetische Ursprünge.

Zu weit hergeholt? Ich glaube nicht. Ich gehe eher davon aus, dass in Beziehungen gemeinsame Lebensaufgaben, Herausforderungen, Entwicklungs- bzw. Wachstumsschritte enthalten sind und diese durch einen Rollentausch zutage treten, immer mehr oder weniger bewusst.

In unserem Spiel mit Sabine haben wir erlebt, dass Sabine in der Rolle ihres Vaters, also als ihr Vater, geweint hat. Das scheint mir ein Zeichen dafür zu sein, dass sie seine Trauer mitträgt, dass diese Trauer zum gemeinsamen Potential gehört, beide in einem Teil ihres Wesens symbiotisch miteinander verbunden sind. Und dieses Erbe ist eine an Sabine gestellte Herausforderung. Mit Sicht auf Heilung haben die geflossenen

Tränen an sich schon eine große Wirkung (vielleicht auch für den Vater als Person?). Und wer zweifelt an der Wirkung einer Versöhnung, eine heilende Energie für alle Beteiligten. Diese heilsame Energie breitet sich aus am Ort des Geschehens und alle Beteiligten tragen diese Energie weiter in die Welt zu ihren Beziehungen, in ihre Lebensbereiche. Eine solch weitreichende Konsequenz bewirkt durch ein an sich einfaches methodisches Werkzeug.

Wir kennen aus der Psychoanalyse das Phänomen der Projektion oder Übertragung.

Vereinfacht ausgedrückt projiziert der Mensch hierbei eigene Anteile auf andere Personen und spaltet sie so von sich selbst ab. Oder er überträgt alte, vergangene Erfahrungen auf aktuelle Personen, wie z.B. die Erfahrung, dass Tante Ilse ihn ständig abgewertet hat, wird übertragen auf Erna, die eine ähnliche Ausstrahlung hat wie Tante Ilse.

Besonders die negativ belegten Eigenschaften, sogenannte Schattenseiten, werden auf andere Personen übertragen bzw. projiziert.

Hier ist die Methode des Rollentausches ein effektives Mittel zur Klärung und Richtigstellung.

Die Möglichkeiten eines Rollentausches beschränken sich nicht auf Personen. Er wird auch eingesetzt bei Persönlichkeitsanteilen, verschiedenen Empfindungen, Gefühlszuständen, Körpersymptomen, Körperteilen, Energieformen, Ideen, Gedanken, Bildern, Farben, Märchenfiguren, Archetypen und auch materiellen Gegenständen.

In meinen Ausbildungsgruppen arbeite ich viel mit Persönlichkeitsanteilen und Symbolen. Mit Symbolen auch deshalb, weil viele Menschen sich leichter als Symbol beschreiben können. Ein Symbol ist etwas vermeintlich außerhalb von mir existierendes und ich nehme es mit meinen geübten, trainierten Sinnen wahr. Eine einfache Übung hierzu ist die, dass ich einen Gegenstand wähle, z.B. einen Stuhl oder meine Uhr und diesen Gegenstand in der Ich-Form beschreibe, also im Rollentausch. Ich bin immer wieder überrascht, wie viel „innere" Information über die Person dabei zutage tritt.

Die Qualität und die Herkunft eines Gefühls, einer Empfindung lässt sich durch einen Rollentausch schnell herausfinden.

Die eigentliche Bedeutung eines körperlichen Symptoms kann ich durch Rollentausch mit den Symptomen und einem Dialog mit ihnen erforschen.

Ein Rollentausch mit Märchenfiguren oder Tieren bringt meist Energien ins Geschehen, Lebendigkeit und Lust am Spiel, auch sehr gut für die therapeutische und pädagogische Arbeit mit Kindern geeignet.

Psychodrama ist ein ressourcenorientiertes Arbeiten, soll heißen: die TeilnehmerInnen/KlientInnen werden angehalten, ihre stärkenden, schützenden, lebendigen, auch energiegeladenen Anteile/Kompetenzen zu sehen, sich ihrer bewusst zu werden und auszubauen, so dass eine Grundlage für konfliktgeladenes, auch tiefes therapeutisches Arbeiten gegeben ist.

Um diese Ressourcen zu sichern, kann ich zu Beginn eines Spiels (besonders dann, wenn die Arbeit mit tiefem schmerzhaftem Material bzw. Geschehen angekündigt wurde, ist diese Art der Verankerung hilfreich) den/die ProtagonistIn nach stützenden, stärkenden, wohltuenden Eigenschaften, Anteilen, Erfahrungen o.ä befragen. Er/sie sucht sich dann Hilfs-Iche aus dem Kreis der TeilnehmerInnen aus und ordnet sie so an, wie es hilfreich erscheint. Jetzt vollzieht der/die ProtagonistIn mit diesen Anteilen einen Rollentausch und spürt auf diese Weise die inneren eigenen Kräfte, so dass an dieser Stelle schon der Selbstheilungsprozess initiiert wird.

Dieses Verfahren gilt für große komplexe Spiele, aber auch für kleine alltägliche Geschichten wie Rosi´s Begegnung mit ihrem Chef.

Die Praxis
Rosi: „Ich bin unzufrieden mit meiner Arbeitssituation, mit Gehalt, mit Bedingungen und Kompetenzen.

Es ist nur so, immer wenn ich mit meinem Chef darüber sprechen will, werde ich ganz klein, leise und schwach. Hinterher ärgere ich mich über mich selbst und ich bin noch unzufriedener. Wenn das so weitergeht, muss ich kündigen."

„Okay", sagt die Leiterin, „was brauchst du, um deinem Chef anders zu begegnen, wie willst du ihm begegnen?"

„Mit Kraft, Aufrechtsein, Klarheit und deutlicher Stimme", antwortet Rosi. Kraft, Aufrechtsein, Klarheit und deutliche Stimme kommen auf die Bühne. Rosi tauscht mit allen die Rolle, nimmt die entsprechende Körperhaltung ein und formuliert Aussagen zur Rolle. Diese Anteile gruppieren sich neben und hinter Rosi und wiederholen die Aussagen. Jetzt ist Rosi in der Lage, ihre Forderungen klar und deutlich zu benennen und hiermit dem Chef zu begegnen.

Die Leiterin lässt den Chef auf den Schreibtisch steigen und er soll ihr sagen, dass sie ganz klein sei. Rosi wird nicht klein, sie meint dann im Rollentausch mit ihrem Chef: „Das imponiert mir, jetzt können wir auch ihren Aufgabenbereich erweitern."

Die Umsetzung des Bühnengeschehens in den Alltag dauerte noch ca. 6 Monate auch mit vergeblichen Anläufen. Doch dann gelang es ihr, sich ganz konkret ein Herz zu fassen, das notwendige Gespräch zu führen mit klopfendem Herzen und Erfolg. Ihr Selbstbewusstsein stieg an und zur Zeit sucht sie nach größeren Herausforderungen.

Dieses Beispiel zeigt eine praktische Möglichkeit einer Bearbeitung des allseits beliebten „Chef-Themas" auf. Doch seien wir uns gewiss, dass dieses Thema noch längst nicht erschöpft ist, denn dieses „sich selbst kleinmachen" hat seinen Ursprung in einer anderen Zeit; in einer Zeit, in der wir tatsächlich noch kleine Menschen, sprich': Kinder waren. Vorerst sind effektive Ressourcen gesichert; sie sind ihr bewusst und stehen zur Verfügung; sie erweitern Handlungsspielräume und verändern Lebenskonzepte.

In unseren Ausbildungsgruppen trainieren wir den Rollentausch von der einfachsten Ausführung bis zu sehr komplexen Formen.

Die einfache Ausführung ist der Rollentausch mit einer Person bzw. einem Element mit mehrmaligen Wiederholungen, also hin und wieder zurück, ein- mehrmals.

Als nächster Schritt kommt eine Person/ein Element hinzu, also ein zweifacher Rollentausch usw.

Je komplexer die Form wird, desto wichtiger wird ein sauberes technisches Vorgehen. Jeder Rollentausch, der vollzogen wird, wird erst wieder zurück getauscht – dann folgt der nächste usw.

Mit viel Übung und Erfahrung kann ich später diese wie auch andere Regeln weiter auslegen und variieren. Wenn ich z.B. sehr viel Schnelligkeit in einer Sequenz brauche, um Energie zu halten oder zu forcieren, kann ich auch einen direkten Übergang zu anderen Personen/Elementen anordnen.

Der einfache Rollentausch

Der komplexe Rollentausch mit sauberer Technik

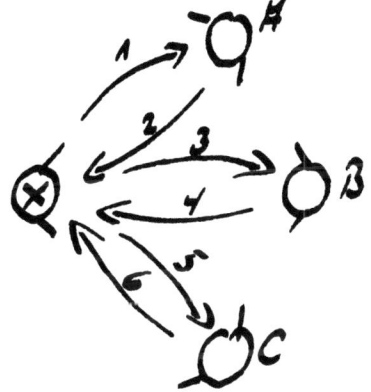

mit direktem Übergang

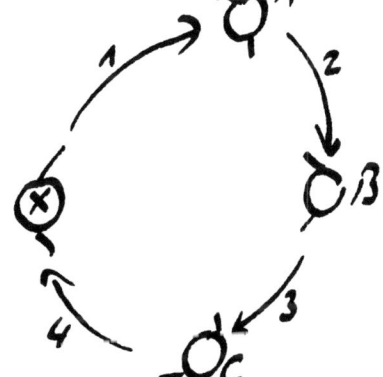

Die Hilfs-Iche am Platz der/der ProtagonistIn müssen hierbei zwischendrin ausgetauscht werden, damit sie zum Schluss wieder auf ihren alten Positionen stehen.

Im herkömmlichen Psychodrama wiederholen die Hilfs-Iche nach dem Rollentausch die Worte, die der/die ProtagonistIn in dieser Rolle geäußert hat mit möglichst genauer Wiedergabe, Einnehmen der Körperhaltung, der entsprechenden Mimik und des Tonfalls.

In einigen Schulen werden die Mitspieler angehalten, ihre Rollen selbstständig zu erweitern, auszubauen, d.h. ohne Vorgaben nach eigenem Gutdünken auszuspielen.

Dieses Ausspielen kann eine effektive Bereicherung darstellen, aber auch Störungen verursachen, in eine nicht intendierte Richtung laufen oder dazu führen, dass ein Hilfs-Ich eigene Themen ausspielt und damit auch zum/zur ProtagonistIn wird.

Das Ausspielen der Hilfs-Iche bringt auf jeden Fall viel Energie und auch eine Steigerung der Spiellust.

Eine weitere komplexe Form des Rollentausches ist dann gegeben, wenn wir 2 oder mehr ProtagonistInnen auf der Bühne haben, wie z.B. beim Konflikt zweier GruppenteilnehmerInnen, der auf der Bühne ausgetragen wird.

Die Praxis
Uwe und Anja sind zerstritten. Beide haben Brass aufeinander und wollen nicht mehr miteinander in einer Kleingruppe arbeiten. Sie werfen sich gegenseitig Fehlverhalten vor.

Beide sind bereit, mit ihrem Streit auf die Bühne zu gehen. Hier stehen sie sich nun gegenüber, also 2 ProtagonistInnen gleichzeitig.

Anja erzählt ihre Sicht der Beziehungsgeschichte. Der Leiter befragt sie dann, was die jeweilige Situation bei ihr an Gefühlen und Empfindungen ausgelöst haben, die dann von Hilfs-Ichen dargestellt und zwischen den Protagonisten plaziert werden.

Dann der Rollentausch. Sie erlebt sich als gegenüberstehenden Uwe; Uwe erlebt sich in ihrer Welt.

Danach die ganze Geschichte aus Uwes Sicht mit nachfolgendem Rollentausch.

Als dritten Schritt fordert der Leiter beide auf, ihre Verletzungen, Schutzwälle und Rechtfertigungen für einen Moment beiseite zu stellen.

Ohne das ganze Brimbaborium lächeln die Beiden sich schon an, wissen jetzt einiges von der Welt des Anderen und können sich mit Vorsicht begegnen und miteinander arbeiten.

Zu einem späteren Zeitpunkt wurden die gegenseitigen Projektionen deutlich, so dass eine grundlegende Beziehungsklärung möglich wurde.

Wie beschrieben ist die Anwendungsvielfalt eines Rollentausches unerschöpflich. Ein kreativer Geist schafft im spontanen Geschehen adäquate, immer neue Variationen. Solange wir unser Tun ständig überprüfen und an unserer eigenen Ethik messen, sind dem Handeln keine Grenzen gesetzt.

Wie schon beim Doppeln, so sind auch beim Rollentausch einige Regeln hilfreich, um mit einer klaren Struktur zu arbeiten.

Einige Regeln für den Rollentausch:

1. Die Standortfrage eines Hilfs-Ichs auf der Bühne ist möglichst genau gemeinsam mit dem/der ProtagonistIn zu bestimmen und beim Rollentausch räumlich einzuhalten.

2. Es ist wesentlich, den/die ProtagonistIn in die Rolle des Gegenübers hineinzubringen, die Stimmungslage herzustellen; der/die ProtagonistIn soll die Körperhaltung, die Gefühle, den Gang, die Eingenheiten im Benehmen, die Stimmlage und die Sprechweise annehmen. In der Rolle des Anderen soll der/die ProtagonistIn häufig mit dem Namen des Anderen angesprochen werden, um die Rollenübernahme zu erleichtern.

3. Das Hilfs-Ich kopiert möglichst exakt die Vorgabe der/des ProtagonistIn mit Inhalt, Tonfall und Gestik.

4. Die MitspielerInnen erweitern häufig den vorgegebenen Dialog durch eigene Darstellung. Hier ist genau darauf zu achten, welche Wirkungen beim/bei der ProtagonistIn erzielt werden, und ob diese Erweiterung noch stimmig ist. Bei noch nicht geübten Hilfs-Ichs sollten diese sich an die Vorgaben des/der ProtogonistIn halten.

5. Falls eine Kleiderkiste vorhanden ist, macht es Sinn, die zu besetzenden Rollen mit symbolischen Kleidungsstücken auszustatten. Hiermit wird die eingenommene Rolle deutlicher. Beim Verlassen der Rolle wird das Kleidungsstück abgelegt.

6. Übende sollten erst den einfachen Rollentausch beherrschen, bevor sie zu komplexen übergehen.

7. Das Entlassen aus einer Rolle ist ebenso wichtig wie das Einführen, da sonst die/der ProtagonistIn und auch die MitspielerInnen in den Rollen über das Spiel hinaus „hocken" bleiben.
8. Der Rollentausch muss deutlich von dem/der LeiterIn angesagt werden und *nicht* „möchtest du jetzt vielleicht mal, eventuell . . .".
9. Ein Hilfs-Ich wird im Rollentausch nicht gedoppelt.
10. Schnelle Wechsel beim Rollentausch bringen Dynamik.
Rollentausch und Doppeln sind Methoden, die in einem klassischen Psychodrama einzeln an bestimmten Stellen vorkommen. Wir können diese Methoden aber auch als eigenständige Techniken in pädagogischen Arbeitsfeldern, in der Personalentwicklung von Organisationen, im Sport und natürlich anderen therapeutischen Ausrichtungen, z.B. in der systemischen Familientherapie, der Gestalttherapie, im Rahmen der körperorientierten Methoden usw. einsetzen.

Ich habe häufig erlebt, dass eine gesamte therapeutische Sequenz mit einer dieser Methoden durchgeführt wird. Natürlich trifft dies gerade auf das Psychodrama in der Einzeltherapie zu.

Spiegeln

Wir befassen uns jetzt mit der dritten Hauptmethode des Psychodramas, dem Spiegeln. Wie das Wort ausdrückt, handelt es sich um eine Spiegelung, einer Spiegelung des Bühnengeschehens.

Bei dieser Methode wählt der/die ProtagonistIn ein Hilfs-Ich für sich selber aus, das dann als stand-in für den/die ProtagonistIn auf der Bühne agiert. Der/die ProtagonistIn schaut sich das Spiel/die Szene von außen an und kann das Geschehen kommentieren, verändernd eingreifen oder mit sich (dem stand-in) oder Anderen einen Rollentausch vollziehen.

Der/die Psychodrama-TherapeutIn steht mit dem/der ProtagonistIn außen vor, eventuell im Dialog mit ihm/ihr, oder steuernd bei etwaigen Aktionen.

Der/die ProtagonistIn kann hier auch gedoppelt werden.

Ursprünglich war diese Methode gedacht als reine Spiegelung des/der ProtagonistIn selbst, mit den dazugehörigen Gebärden, Worte, Verhalten. So sieht der/die ProtagonistIn sich selbst wie ein/eine Andere/r. So wie ein Kind erstmalig sein Spiegelbild als sich selbst erkennend wahrnimmt. [2+5]

Meine Vorstellung dieser Methode geht weit darüber hinaus. Das Spiegeln wird an unserem Institut als Aufzeigen des Systems einer Szene, Familie, eines Teams, des Bühnengeschehens verstanden.

Der/die ProtagonistIn steht außerhalb der zentralen Bühne und beobachtet:

- das eigene Agieren im System oder

- den Verlauf eines Geschehens

- das Verhalten in einem Beziehungsdialog

- das Bild/die Struktur eines Sozialgefüges z.b. seiner/ihrer Familie

- die Unterschiedlichkeit/Gleichheit zweier Bilder, z.b. vorher – nachher/als Kind mit Vater – als Erwachsene/r mit PartnerIn

- den Einfluss anderer auf sich selbst

- und hört sich im eigenen Monolog

Mit folgendem Satz, gerichtet an den/die ProtagonistIn leite ich das Spiegeln ein:

„Wir schauen uns jetzt gemeinsam einen Film an, einen Film, in dem du der/die Hauptdarsteller/in bist – und action."

Ich stehe mit ihm/ihr am Rand des Geschehens und kann mich mit ihm/ihr über die Szene unterhalten, kann ihn/sie zur Handlung, zum Eingreifen in das Geschehen auffordern, kann Fragen stellen und auch Doppeln (z.B. „Wenn ich mir das so anschaue wird mir ganz mulmig." Oder: „Ich will ihm was mitteilen.")

Ich habe hier als BegleiterIn viele Möglichkeiten, den ablaufenden Prozess zu erforschen. Ich kann diese Möglichkeiten also auch nutzen, wenn ich in einer Spielszene gemeinsam mit dem/der ProtagonistIn festgefahren bin.

Ich fordere sie/ihn einfach auf, ein Hilfs-Ich als stand-in auszuwählen, wir verlassen den Aktionsraum und schauen uns das Geschehen von allen Seiten an. So erhalte ich bei etwaigen Blockierungen wieder Zugang, die Energie fließt wieder und der Handlungsspielraum öffnet sich.

Wir können diese Methode auch einsetzen, wenn der/die ProtagonistIn selber eine bestimmte Szene nicht spielen will, aus welchem Grund auch immer, jedoch bereit ist, sich die Szene von einem stand-in vorspielen zu lassen. So geschehen mit Beatrice, die eine Szene aus ihrer Kindheit nicht selber spielen wollte.

Ihr war die Erinnerung so existentiell bedrohlich, dass sie eine Vernichtung ihrer Person befürchtete.

Die Praxis

Sie erinnert sich: „Ich habe als Kind in unserem Haus in einem abgelegenen Zimmer geschlafen. Fast jeden Abend hatte ich Angst einzuschlafen, Angst vor dem Alleinsein. Manchmal gingen meine Eltern nachts noch weg ohne mir davon zu erzählen und so achtete ich immer gespannt auf alle Geräusche im Haus.

Eines Abends, ich weiss noch, es war sehr dunkel, lag ich wieder in meinem Bett und konnte vor Angst nicht einschlafen; ich hörte die Haustür – klack – dann das Anspringen des Autos und wie es davonfuhr.

Jetzt war alles absolut still, ich verkroch mich ganz unter meine Decke und zitternd vor Angst schlief ich ein und träumte:

Ich liege im Bett und höre die Stimmen meiner Eltern neben vielen andere Geräusche von draußen. Ich lege noch eine Geschichtenkassette in meinen Recorder und höre zu. Allmählich werde ich schläfrig, die Geräusche und Stimmen werden leiser. Ich will mich gerade auf die andere Seite drehen, da tönt eine Stimme unter dem Bett hervor: „Bewege dich nicht, sonst beiß' ich dich."

Im Traum sehe ich so von außen: da liegt ein Fuchs unter meinem Bett mit rotem Fell und funkelnden Augen.

Ich habe schreckliche Angst und bleibe still, wie erstarrt auf dem Rücken liegen. Ich höre absolut keine Geräusche mehr, ich weiss jedoch, dass jemand die Treppe zu meinem Zimmer hochkommt. Ich will aufspringen und weglaufen, geht nicht, da ist der Fuchs, der mich dann beißt.

Das Zimmer ist stockdunkel, ich halte den Atem an, die Tür geht geräuschlos auf – und im durchscheinenden Licht steht eine riesengroße schwarze Gestalt mit Hut und langem Mantel.

Meine Angst wächst ins Unermessliche, gleich bleibt mein Herz stehen, ich kann mich nicht rühren, will schreien – kein Ton kommt heraus – der Tod wäre eine Erleichterung, ich wache auf, blicke wild umher, springe aus meinem Bett, knipse das Licht an – kein Fuchs unterm Bett, kein Mensch im Haus; leise weinend liege ich bei Licht zusammengerollt in meinem Bett.

Beatrice erzählt uns diesen Traum, den sie psychodramatisch bearbeiten will, um zu wissen, welche Bedeutung er hat.

Wir holen eine Matratze und legen diese als ihr Bett auf die Bühne. In diesem Moment springt diese „Kindheitsangst" auf Beatrice über und sie will sich auf keinen Fall in „ihr Bett" legen.

Sie erzählt mir dann, dass sie auch heute noch Angst hat, sich alleine ins Bett zu legen und wenn es dann unbedingt sein musste, kontrolliert sie vorher die gesamte Wohnung und schließt die Tür dreifach ab. Jetzt wird auch deutlich, warum sie sich als Protagonistin gemeldet hat. Eben diese „Kindheitsangst" steckt ihr noch heute in den Knochen.

Jetzt hat sich diese Angst derart aktualisiert, dass sie nicht spielfähig ist. Was tun?

Wir könnten mit vertrauensbildenden Maßnahmen Sicherheit gewährleisten und dann neu starten ... oder die Protagonistin sucht sich ein Hilfs-Ich für sich selbst aus, das dann die Rolle bzw. den Traum auf der Bühne ausspielt. Die Protagonistin bleibt derweil außerhalb der Szene, schaut sich ihr Spiel an und dann sehen wir weiter.

Ich greife diese Möglichkeit auf und betrachte mir mit Beatrice ihren Traum auf der Bühne. Da sie jetzt nicht selbst in der Szene steckt, wird sie nicht durch die Angst beherrscht und ist handlungsfähig. Sie greift korrigierend ein, damit alles so ist wie im Traum.

Sie möchte gern wissen, welche Bedeutung der Fuchs in ihrem Traum hat. Ich sage: „Frag' ihn". „Fuchs, wer bist du, woher kommst du, bist du gefährlich?"

Rollentausch mit dem Fuchs; Beatrice als Fuchs: „Oh ja, ich bin der Tod, ich bin das große Geheimnis, ich lauere unter deinem Bett, wenn du dich bewegst, beiss' ich dich tot."

Das Hilfs-Ich in der Rolle der Beatrice geht auf den Fuchs zu. „Komm nicht näher, ich bin gefährlich, bleib' stehen, ich habe Angst" sagt der Fuchs mit leiser Stimme. Die Mitspielerin geht noch näher heran. Der Fuchs weint und lässt sich in den Arm nehmen. Er weint leise befreiend vor sich hin und erzählt von seiner Angst alleine zu sein, unbeschützt dem Bösen ausgeliefert.

Es wird klar, dass sie selbst, die „kleine Beatrice in Angst" dieser Fuchs ist und sich nach Schutz und Geborgenheit sehnt.

Nach einem erneuten Rollentausch legt Beatrice den Fuchs zu sich ins Bett und stellt sich an den Rand des Geschehens.

Jetzt taucht die schwarze Gestalt im Türrahmen auf. Rollentausch. Beatrice als die schwarze Gestalt: „Ich bin Onkel Hans, wenn du jemals jemandem erzählst, dass ich dich berührt und mit dir Vater-Mutter gespielt habe, zerschmettere ich dich!" Rollentausch retour. Das Hilfs-Ich in der Rolle von Hans wiederholt die Worte. Das stand-in für Beatrice im Bett duckt sich vor Angst. Beatrice von außen: „Sie soll sich nicht ducken, sie braucht keine Angst zu haben, das sind leere Drohungen."

Ich fordere sie auf: „Gut, geh zur kleinen Beatrice, beschütze sie und begegnet gemeinsam dem Onkel."

Das war so recht in ihrem Sinn, sie eilt zur Kleinen, nimmt sie in den Arm, wischt ihr die Tränen weg und wendet sich dem Onkel zu. „Du kannst mir nicht mehr drohen, ich werde jetzt alles öffentlich machen, das schlimme Geheimnis offenbaren, alle Welt soll erfahren, was für ein Mensch du bist. So, jetzt verschwinde, hau ab!"

Ihre Kleine neben sich, geht sie aufrecht und klar – ihm in die Augen schauend – auf ihn zu; Onkel Hans dreht sich um und geht.

In einer Prozessanalyse sind später alle Details erläutert worden, so dass Beatrice und die Anderen das Geschehen nachvollziehen konnten. In diesem Spiel wird deutlich, wie vielschichtig die Spiegelmethode sein kann und auch wie wirkungsvoll. Die hier beobachtete Handlungsfähigkeit von außen habe ich schon häufig erlebt, da im Geschehen selbst die Handlung oft durch beherrschende Gefühle blockiert ist. Das Spiegeln eignet sich hervorragend, um Bewusstseinsprozesse zu initiieren. Der/die ProtagonistIn erkennt durch Selbstbeobachtung Zusammenhänge, Unterschiede, Ähnlichkeiten u.v.m. aus einer Außenperspektive, also mit Abstand von sich selbst und der jeweiligen Situation. Er/sie erhält eine Übersicht. Das führt in den meisten Fällen zu einem „Aha-Erlebnis", also einem Erkenntnisgewinn.

Ich setze das Spiegeln manchmal auch nach einem Spiel ein, um die intellektuelle Bewusstseinsebene mit einzubeziehen, so dass ein gefühls- *und* verstandsmäßiges Erfassen erfolgt.

Dem/der Psychodrama-BeginnerIn sei an dieser Stelle gesagt, dass die Vermengung der in diesem Spiel enthaltenen Methoden wie: Spiegeln – Rollentausch; Wechseln von der „Außen- zur Innenrolle" ein hohes Mass an Können, also Erfahrung und Übung, voraussetzt. Es ist auch hier anzumerken: jede komplexe Vorgehensweise beginnt mit einfachen, kleinen und überschaubaren Schritten; also nur Mut!

Hieran orientiert, einige *Leitgedanken* zum Spiegeln:

1. Beginne einfach – mit kleinen, überschaubaren Schritten. Begleite den/die ProtagonistIn mit Fragestellungen (Interview) oder Doppeln.

2. Achte auf Genauigkeit des Nachstellens der MitspielerInnen; halte dich an die Vorgaben der/des ProtagonistIn.

3. Sei wirklich mit dem/der ProtagonistIn „draußen". Nehme einen Ort für dich und der/die ProtagonistIn, wo du als ZuschauerIn außerhalb des Geschehens bist.

4. Folge den Handlungsimpulsen und Anweisungen der/des ProtagonistIn.

5. Sichere die Situation ab, wenn aggressive Handlungen anstehen (z.B. mit Matratzen, Schaumstoffschlägern u.ä.).

Exkurs: Die Rollentheorie Morenos – Abriss und Diskussion -[8]

Moreno geht von dem Grundverständnis aus, dass menschliches Leben und Entwicklung durch Rollen geprägt ist. Die verschiedenen Entwicklungsstufen des Menschen sind an Rollen gebunden. Rollen sind in seinem Verständnis nicht fest gefügte, zementierte Verhaltensmuster, wie die Rolle eines Schauspielers nach Drehbuch. „Rolle" beschreibt eine Grundkonstitution, die x-fach variierbar und erweiterungsfähig ist.

Die Rollenentwicklung entspricht der von Moreno vorgestellten Entwicklungspsychologie des Menschen, wobei auch Moreno, wie Freud u.a. davon ausgehen, dass die prägende Zeit die der frühen Kindheit ist.

Die Rollenentwicklung bis hin zur ausdifferenzierten sozialen Rolle vollzieht sich nach Moreno in fünf Schritten:

1. Das Kind erlebt einen anderen ihn umgebenden Menschen – die Mutter – als Teil seiner selbst.

2. Das Kind konzentriert seine Aufmerksamkeit auf diesen besonderen fremden Teil seiner selbst (die Mutter).

Diesen beiden Schritten sind zwei Entwicklungsstadien des menschlichen Wachstums zugeordnet:

Das Embryonalstadium
Es ist die Zeit, in der Mutter und Kind eine organische Einheit bilden.

Diese Zeit entspricht einer nur somatischen Rolle des Menschen, da er von der Placenta im Leib der Mutter ernährt wird.

Das Stadium der All-Identität

Das Entwicklungsstadium nach der Geburt; der Mensch ist in der somatischen Rolle des Neugeborenen, die sich zunehmend zur psychosomatischen Rolle entwickelt.

Das Kind erlebt sich mit der Mutter und mit der Welt identisch. In dieser Zeit werden auch die Grundlagen für späteres Rollenverhalten, für Rollenerwartungen, für die Interaktionsmuster des Erwachsenen gebildet. Das Kind in der Rolle eines völlig hilflosen Wesens, absolut abhängig von der versorgenden Mutter. Beide, Kind und Mutter, agieren in komplementären Rollen, z.b. das Kind als Trinkendes – die Mutter als Stillende; so bilden sie in ihren Rollen eine Aktionseinheit, in der das Kind auf einer unbewussten aber dennoch sehr direkten Weise eine existenzielle Rolleninteraktion erfährt.

Es folgen die nächsten Schritte der Rollenentwicklung:

3 Die Mutter erhält eine Sonderstellung im Leben des Kindes und wird als „anderer Teil" wahrgenommen.

4 Ein Kind kann sich jetzt in die Mutter hineinversetzen und sie spielen (vgl. „wir spielen Eltern").

5 Es ist in der Lage, sich in der Rolle der Mutter „von außen" zu erleben, sich also mit Distanz in der Rolle zu beobachten.

Diesen Schritten ist das *Stadium der All-Realität* zugeordnet.

Es setzt ein, wenn sich die erlebte Welt in Realitätserfahrung und Phantasie teilt. Im Verlaufe dieser Entwicklung treten die psychischen und sozialen Rollen in den Vordergrund.

Abstrahierendes Denken und differenzierte Wahrnehmung bewirken planvolles, gedanklich vorstrukturiertes Handeln bzw. eine Rollenübernahme; eine Voraussetzung für die Entwicklung sozialer Rollen.

Darüber hinausgehend gehört zum Mensch-Sein die Entwicklung einer sogenannten überindividuellen Rolle.

Hier findet ein Identitätserleben mit dem transpersonalen Sein statt, eine Verbindung mit dem Kosmos oder auch Gott. Es ist die Entwicklung zu einer transzendenten Rolle, zum Bewusstsein eines spirituellen Daseins.

Störungen und außergewöhnliche Abweichungen in der Entwicklung somatischer, psycho-somatischer, psychischer und sozialer Rollen führen meist zu Konflikten im Beziehungsgeflecht der erwachsenen Menschen.

Hier setzen die Methoden des Psychodramas mit ihrer heilenden Wirkung an.

Die Methoden können bestimmten Entwicklungsstufen des menschlichen Wachstums zugeordnet werden.

Nach Moreno ist das *Doppeln* dem Stadium der All-Identität zugeordnet, dem 1. und 2. Schritt der Rollenentwicklung. Der/die DoppelgängerIn verlässt sich bei der Anwendung dieser Methode auf seine Intuition, spricht in der Ich-Form, ist einfühlend ein Teil der/des ProtagonistIn, also für den/die ProtagonistIn ein Zustand des Eins-Sein mit ihm/ihr, der All-Identität.

Konfliktpotential, das in dieser Phase entstanden ist, lässt sich insbesondere durch das Doppeln hervorheben und auch bearbeiten.

Die Methode des *Spiegelns* ist laut Moreno dem Beginn des Stadium der All-Realität zugeordnet. Das Kind entwickelt ein Ich-Bewusstsein; Bewusstsein seiner selbst, als schaut es sich im Spiegel an und erkennt sich dort.

Das Spiegeln im Psychodrama verschafft den ProtagonistInnen ein Bild von sich selbst. Es ist hiermit dem 3. Schritt der Rollenentwicklung zugeordnet.

Dem 4. und 5. Schritt der Rollenentwicklung, dem Stadium der All-Realität entspricht die dritte Hauptmethode: der *Rollentausch*.

Das Kind ist in der Lage, sich in die Rolle eines anderen Menschen zu versetzen und sich in dieser Rolle als Subjekt wahrzunehmen und zu agieren.

So auch beim Rollentausch im Psychodrama, wobei sich die ProtagonistInnen als diese andere Person erlebt, was sich heilend auf jegliche Beziehung auswirkt.

Kommentar zum Abriss:

Die vorliegenden Kapitel in diesem Buch sind ein „Leitfaden für die Praxis", sie sollen also Hilfestellungen für die Anwendung des Psychodramas sein. Welchen Stellenwert hat darum dieser theoretische Abriss?

Zum Einen ist es das Aufzeigen einer zugrundeliegenden Theorie des Psychodramas. Wer sich hier tiefer einarbeiten will, dem empfehle ich die Lektüre von G. Leutz und Moreno.

Der andere Aspekt ist die direkte Ableitung der psychodramatischen Methoden von frühkindlichen Entwicklungsschritten. Die Methoden entsprechen demnach den Lernerfahrungen des Kindes, das hieran reift und seine Lebenskonzepte schafft. Die Methoden wirken somit nachreifend bzw. heilend, indem ich den/die jugendliche/n oder erwachsene/n KlientIn in die Ursprungssituation versetze und dort emotionale und kognitive Blockierungen auflöse.

Als ich mir im Verlaufe meiner Ausbildung hierüber klar wurde, hat mich dieser Zusammenhang sehr fasziniert. Vor allem konnte ich auf der Bühne immer wieder die Stimmigkeit erkennen und am eigenen Leib wahrnehmen und die Heilkraft dieser Methoden direkt spüren.

Die Betrachtungen verschiedener Bewusstseinsebenen im Psychodramaspiel hat eine ausschlaggebende Bedeutung.

Zu diesen verschiedenen Ebenen:

Die Praxis
In meiner Ausbildung lernte ich Josef Kramer kennen, einen Meister des Doppelns. Eine Situation mit ihm ist mir in allen Details in Erinnerung geblieben.

Der Protagonist Karl litt an Rheuma und machte seine Kontaktarmut dafür verantwortlich. Er stellt eine Szene dar, in seinem Zimmer. Er sitzt auf einem einfachen Küchenstuhl und sagt, dass er sich sehr einsam fühlt. Josef, der Leiter des Psychodramas, setzt sich mit einem Stuhl schräg hinter ihn und doppelt: „Nie ist jemand für mich da, kein Mensch kümmert sich um mich." Karl: „Immer ergreife ich die Initiative, ich bin für alle da, wenn ich jemanden brauche, ist niemand da." Josef als Doppel: „Auch hier, in dieser Gruppe, bin ich alleine, keiner nimmt mich wahr." Karl: „Ja, alle kommen mit ihren Problemen zu mir, wenn ich was habe, hört mir keiner zu."

Josef als Doppel: „Ich habe Angst mein Herz zu öffnen, dann bin ich so verletzlich."

Karl, weinend: „Ich bin immer so allein." Josef als Doppel: „Er wäre gut, wenn ich einfach nur da sein dürfte und geliebt werde, ohne dass ich was dafür tun muss." Karl weint heftiger. Josef holt eine Teilnehmerin auf die Bühne, die auf der Bühne als stützendes Hilfs-Ich für Karl da sein soll. Verena kommt auf die Bühne und nimmt Karl in den Arm. Verena sitzt auf einer Matratze an der Wand angelehnt und Karl liegt zusammengekuschelt in ihren Armen.

Josef doppelt weiter: „Ich bin jetzt ein kleiner Junge und fühle mich geborgen und gut aufgehoben."

Karl, ganz zart und leise: „Das tut so gut, so könnte ich für immer liegenbleiben", zu Verena hochblickend: „Geh nie mehr weg, verlass mich nicht."

Josef als Doppel: „Das ist gut, die Mutter so bei sich zu haben, jetzt kann ich alles erzählen, wie es mir als Kind sonst so ergeht."

Karl erzählt jetzt, unterstützt von Josef (als Doppel) was ihm Schlimmes als Kind widerfahren ist. Immer musste er für die Mutter da sein, sie war für ihn nie so richtig da.

Nach einiger Zeit leitete Josef die Abschlussphase des Psychodramas ein, mit den Worten als Doppel: „Jetzt schaue ich mich hier mal um und entdecke die anderen Menschen im Raum." Karl richtet seine Aufmerksamkeit nach außen, nimmt alles wahr und ist wieder im gegenwärtigen Bewusstsein. Josef als Doppel: „Ich bin ganz unsicher und verletzlich, was denken jetzt wohl die Anderen von mir?" Karl lächelt ganz leicht: „Stimmt."

Die Anderen, einschließlich Verena, äußern, dass sie sehr angerührt seinen und es sehr schön finden, ihn so zu erleben.

Wir erlebten ein Spiel mit durchgängigem Doppeln des Leiters auf verschiedenen Ebenen. Von der gegenwärtigen Bewusstseins- auf die Kindebene und wieder zurück in die Gegenwart.

Die Methode des Doppelns dient dazu, 1. Zugang zum inneren Empfinden des Protagonisten zu schaffen; 2. den Protagonisten in die Rolle des Annehmenden zu bringen; 3. ihn in Kindheitssituationen zu versetzen und 4. wieder in die gegenwärtige Realität zu bringen mit neuen Erfahrungen und Optionen. Gut nachvollziehbar ist die Anwendung und Wirkung der Doppel-Methode im Kindbewusstseins-Zustand des Protagonisten. Seine Erfahrungen und Schmerzen sind in diesem Stadium entstanden und auf der Bühne erleben wir Wiederholungen mit neuen Optionen, so dass dann der erwachsene Karl erkennt, dass sich dieses Verlassenwerden und dieser Schmerz nicht zwangsläufig wiederholt.

Aber wie ist die Wirkung des Doppelns auf Karl im Erwachsenenbewusstsein zu sehen? Wir beobachteten, wie Karl als Erwachsener ins Kindbewusstsein gleitet, obwohl er nicht mehr das Kind ist. Das ist nur dann möglich, wenn im Erwachsenen das Kind noch erhalten bzw. präsent ist. So ist die Wirkung auf den großen Karl nicht verwunderlich, da wir mit dem Doppeln das Kind in ihm ansprechen, somit an die Oberfläche heben bis Karl selbst dieses innere Kind ist.

Ich habe in sehr vielen Psychodramen erlebt, wie Menschen sich in sogenannte innere Anteile verwandeln bis hin zum Neugeborenen, dem wir in Geburtspsychodramen (ein Psychodrama der eigenen Geburt) begegnen. Bewusstsein, Ausdrucksform, Körpergebaren gleichen sich den jeweiligen Rollen an und sie sind in diesen Momenten wirklich so da. Hierin liegt ein gewichtiger Grund für die große Faszination des Psychodramas. Wir erleben, wie innere Gestalten, wie Vergangenheit und Zukunft, Vorstellungen, Ahnungen und auch spirituelle Momente auf der Psychodramabühne Wirklichkeit werden.

Wo der/die SchauspielerIn ein vorgegebenes Muster wiederholt, eine sogenannte Fremdrolle übernimmt, da spielt der/die ProtagonistIn beim Psychodrama das eigene Sein und Aspekte seiner Person, seines Wesens aus; er/sie ist Drehbuchautor, Skriptverantwortliche/r und Hauptdarsteller/in zugleich mit kreativen Gestaltungsmöglichkeiten, die sich spontan aus den jeweiligen Situationen ergeben.

Und gerade die Methode des Doppelns kann insbesondere bei Anteilen aus früheren Jahren sehr stark fördernd und unterstützend wirken.

Bei der Methode des Spiegelns, so wie ich sie anwende und wie sie an unserem Institut praktiziert wird, ist die Zuordnung von J. L. Moreno und G. Leutz, dem 3. Schritt der Rollenentwicklung nicht zutreffend.

Das Spiegeln versetzt ProtagonistInnen in die Lage, sich und sein/ihr Handeln in einer Interaktion zu beobachten. Er/sie selbst befindet sich außen vor, als die gegenwärtige Person im Erwachsenenbewusstsein. Er/sie wird nicht in andere Bewusstseinszustände geleitet, die Intention zum Einsatz dieser Methode ist Erkenntnisgewinn, eine Bewusstseinserweiterung mit kognitivem, intellektuellem Anspruch. Hier finden die „Aha-Erlebnisse" statt. Das Verhalten im Interaktionssystem wird erkannt, bewertet und ggf. verändert, also eine Leistung mit hohem Anspruchsniveau.

Ich setze diese Methode immer dann ein, wenn ich nicht „tiefen" (mit Gefühlstiefe arbeiten) möchte, wenn ich im aktuellen Bewusstseinszustand einen Erkenntnisgewinn ermöglichen will.

Die Methode des Spiegelns setze ich auch häufig in der Supervision ein, da diese Methode mit meiner Intention von Supervision übereinstimmt.

Mit diesen Überlegungen komme ich zum Ergebnis, dass die Zuordnung des Spiegelns im Stadium der All-Realität, und zwar dem 4. und 5. Schritt der Rollenentwicklung angesiedelt ist, also nach dem Rollentausch, der einer Ich- und Du-Differenzierung des 3. und 4. Schrittes entspricht.

Die Zuordnung des *Rollentausches* in diesem Entwicklungsstadium ist meines Ermessens sehr deutlich gegeben.

Wenn der/die ProtagonistIn mit seinem/ihrem Gegenüber einen Rollentausch vollzieht, erkennt er/sie diese Person als andere, getrennt von sich selbst gegenüberstehende Person, als eigenständige Einheit. Es trifft genau den Prozess eines Kindes, das die Mutter als eigenständiges Wesen wahrnimmt und damit sich selbst als getrennt von Anderen entdeckt. Dieser Prozess kann als sehr schmerzhaft erlebt werden, so dass später einige Menschen genau diese Erfahrung vermeiden wollen, sich ergo nie als eigenständiges unabhängiges Wesen sehen. Hier ist ein wesentlicher Hinweis für eine unserer Grundängste, die Angst vor Unabhängigkeit, Eigenständigkeit, vor Alleinsein gegeben.

Das anfangs vollkommen abhängige Kind erfährt, dass die versorgende, symbiotisch verbundene Person – die Mutter – ein eigenständiger, also unabhängiger Mensch ist. Wenn diese Erfahrung verstärkt wird, durch Verlassen-werden – nicht kontinuierlich Versorgtwerden, wird eine existenzielle Verlassensangst geschürt, die häufig das gesamte Beziehungsleben dieses Menschen beeinflusst. Es sind die Menschen, die in ihrer Abhängigkeit verharren, da sie meinen, alleine nicht überleben zu können.

An dieser Stelle kann der Rollentausch beim erwachsenen Menschen diesen notwendigen Ablösungsprozess initiieren bzw. begünstigen. Im Psychodrama habe ich die Möglichkeit bis hin zur Ursprungssituation zu gehen, um diesen damals nicht bewältigten, mit Angst beladenen Entwicklungsschritt nach zu holen.

Wenn ich als Psychodrama-BegleiterIn um diese praktischen und theoretischen Zuordnungen weiss, gehe ich mit mehr Bewusstheit und Effektivität mit diesen psychodramatischen Methoden vor, so dass Heilungsprozesse und konstruktive Veränderungen besser greifen.

Es sind auch einige Gefahren in der Anwendung der hier vorgestellten Methode enthalten. So muss ich mit den Methoden bei bestimmten psychischen Bewusstseinszuständen von Menschen sehr achtsam umgehen. Doppeln kann ein als gefahrvoller, persönlicher Eingriff empfunden werden, oder ein Rollentausch ist, wie vorher beschrieben, zu sehr angstbesetzt.

Diese Gefahrenmomente sind nur dann relevant, wenn ich nicht auf den/die ProtagonistIn achte. Solange ich meine Aufmerksamkeit als LeiterIn auf den Prozess, die Äußerungen und Handlungen meines/r ProtagonistIn richte, laufe ich nicht Gefahr gegen ihn/sie zu agieren.

Natürlich wird hier jeder seine/jeder ihre eigene Erfahrungen machen und daran lernen.

Hierzu ein Beispiel aus „Der Yeti oder so geht Leben"[6], aus meinem Anfängerstadium.

Die Praxis
Gerds Geschichte: Nackt im Panzerspähwagen
An einem Soziometrieseminar kommt Gerd auf die Bühne. Sein Problem: Ich bin in der Gruppe isoliert, fühle mich wie in einem Schutzpanzer."

Ich schlage ihm vor: „Okay, stellen wir ein Bild zu deinem Panzer- und Verteidigungssystem, um zu schauen wie es konkret aussieht und wie es dann weitergehen kann."

Ich muss anmerken, dass Gerd sehr stark erwärmt (und hochmotiviert) war, bedingt durch das soziometrische Aufstellen der Gruppe, wo er seine Isoliertheit intensiv erlebt und gespürt hat. Hochmotiviert wollte er jetzt unbedingt seine Situation verändern und Kontakt haben.

Gerd baut sich sein Bild, er in der Mitte etwas erhöht, eine Kopflänge über allen anderen. Rund um ihn herum Panzerplatten, nach allen Seiten gerichtete Speere und viele lange Antennen, so dass er alles mitbekommt.

Er nannte das seinen Panzerspähwagen. Das war eindeutig, hier ist kein Kontakt möglich. Wir stellten ein stand-in ins Bild und er konnte von außen sein System inspizieren. Ich dachte, da er ja anscheinend so hoch motiviert war, dieses System zu öffnen, baut er jetzt einfach einige Teile ab, so dass andere zu ihm durchdringen können. Weit gefehlt, er baute sein System weiter aus. Er fügte noch einige verschließbare Öffnungen ein und nahm sich ein Teleskop zur Hilfe, damit er auch wenn er sich im Wageninneren befindet, eine Rundumsicht hat.

Das Schutz- und Kontrollsystem wurde immer ausgeklügelter.

Jetzt wurde ich es bald leid, was für ein Quatsch macht er da, statt sich zu öffnen, schließt er sich noch weiter ein. Ich war leicht verärgert und veranlasste ihn zu einem Rollentausch mit seinem stand-in. Er stand jetzt wieder selbst in seinem Panzerspähwagen und blickte sich lauernd nach allen Seiten um. Ich sage zu ihm: „Mensch Gerd, so hat doch niemand eine Chance sich dir zu nähern, was hältst du davon, wenn du dein Schutzsystem öffnest, so dass andere Zugang zu dir erhalten?" „Wie du willst", antwortet er und schiebt alles, sein gesamtes Konstrukt beiseite. Jetzt schaut er uns herausfordernd an, dann jedoch ändert sich seine Haltung, sein Blick wird unstet, wie gehetzt, sein Körper duckt sich nach unten weg, er streckt seine Arme und Finger abwehrend von sich. Gerd sieht aus wie Quasimodo, der sich vor der Menge zu Tode fürchtet. Ich habe Angst, was passiert hier, was kann ich tun? Ich gehe vorsichtig auf ihn zu, wobei er mich mit seinen Augen fixiert, in denen die nackte Angst funkelt. Ein halber Meter trennt uns noch, ich hebe meine Hand und berühre ihn an der Schulter – ohne vorherige Anzeichen explodiert er wie eine zusammengedrückte Stahlfeder, schleudert mich beiseite und schreit: „Komm mir ja nicht zu nahe, fass mich nicht an, bleib´ mir vom Leib, du schlägst mich nie mehr, hau ab!" Die ganze Gruppe erstarrt, niemand ist in der Lage sich zu bewegen. Ich richte mich schwer angeschlagen langsam auf und schaue zu Gerd hinüber. Er ist entsetzt, geht zu Boden, schlägt die Hände vors Gesicht und schluchzt unter Tränen. „Was habe ich getan, ich will doch nur geliebt werden." Ich raffe sein Schutzsystem zusammen und baue es um ihn auf, lasse eine Lücke und setze mich neben ihn. Er lehnt sich an, schließt die Augen und seine Atmung wird tief und ruhig, eine Hand von mir hält er fest umklammert.

Die anderen TeilnehmerInnen tauen allmählich wieder auf und ich bitte sie etwas näher zu rücken. Gerd öffnet seine Augen, kann den scheuen Blicken offen begegnen und lässt bei einigen ausgewählten Personen einen leichten Kontakt an der Hand zu.

Nach einiger Zeit setzt er sich aufrecht hin und erzählt uns, dass er immer schon Angst vor anderen Menschen hatte, insbesondere vor Männern. Er hatte einen unberechenbaren Vater, der hin und wieder ohne Vorwarnung einfach zugehauen oder getreten hat. Er erklärte immer erst hinterher den Grund für die Bestrafung. So lebte er mit einem permanent schlechtem Gewissen, immer mit Schlägen rechnend.

Als Jugendlicher schwor er sich, dass ihn niemand mehr schlägt und entwickelte als Schutzsystem seinen Panzerspähwagen, der mit den Jahren immer undurchlässiger wurde.

Zum Abschluss dieser Spielsequenz baut er seitlich ein Tor in diesen Wagen ein, so dass ein Kontakt nach außen und innen möglich ist.

Konkretisierung, Fokussierung und Maximierung

Konkretisierung

Konkretisieren, festlegen, verdeutlichen, ist ein meist unabdingbarer, wichtiger Schritt in einem Psychodrama.

Viele ProtagonistInnen (dazu zähle ich auch) schiffen gerne und ausgiebig um den heißen Brei herum, erzählen abstrakte Probleme, ohne sie konkret zu benennen, nach dem Motto: Wasch´ mich, aber mach´ mich nicht nass.

Die vielen Spiele, die es dazu gibt, kennen wir alle in der einen oder anderen Form. Bequemlichkeit und Angst sind hier wohl die entscheidenden Gründe.

Das Leben in dieser, unserer Welt ist jedoch so eingerichtet, dass Veränderungen, Lebendigkeit und Wachstum einhergehen mit Konkretisierungen. Es ist dann immer auch eine Auseinandersetzung mit Bequemlichkeit und/oder Angst.

Nach meiner Erfahrung trifft dies genau zu, jeder Wachstumsschritt ist eine Herausforderung, die es zu bewältigen gilt.

Ein anschauliches Beispiel für die Bedeutung des Konkretisierens liefert uns der wunschlos Leidende.

Stellt euch vor: ein Kleinkind schreit, es hat Hunger, will nuckeln und Zuwendung. Keiner kommt, es schreit und schreit, dann kommt eine Hand mit einem Schnuller, steckt diesen in den Mund des Kindes. Kind spuckt ihn aus und schreit. Nach einiger Zeit gibt es doch die Flasche. Dann will das Kind auf den Arm, streckt die Ärmchen aus und schreit.

Hierauf folgt ein lautes „Nein!" und das Kind erhält eine Rappel.

Später als Schulkind gelten die Wünsche und Bedürfnisse des Kindes nichts. Gültigkeit haben die Regeln und Bedürfnisse der Eltern, der Lehrer, der Gesellschaft. Dieses Kind lernt von klein auf, dass es besser keine eigenen Bedürfnisse hat bzw. äußert, denn dann folgen Frust und Ablehnung.

Wie mag dieser Mensch heute als Erwachsener leben?

Die Praxis
Vielleicht wie Frank, eine gut ausgeprägte Helferpersönlichkeit. Frauen können von ihm alles haben, von Männern hält er sich fern. Auch nachts

um 03:00 Uhr kann frau bei ihm anschellen und er ist für sie da. Ein wirklich guter Freund halt. Er selbst äußert nie eigene Wünsche, für ihn ist gut was die Anderen wollen. Er ist sehr korrekt und auf ihn ist immer Verlass.

Sein Problem: Eine schwelende Aggression, die sich in ihm breit macht und mit Gewalt, so auch Gewalttätigkeit, zum Ausbruch kommt, wenn er Alkohol trinkt. Dann verrückt er Möbel, zerschlägt Gegenstände und hat vor einiger Zeit seine Frau geschlagen. Hinterher weint er und baut sich so immer mehr Schuldgefühle auf.

Mit Frank arbeitete ich dann eine Zeitlang auf der Suche nach Lösungen. Seine Intention war es, noch weniger eigene Wünsche zu haben, sich vollkommen zurückzunehmen. Diese Kunst jedoch beherrschen nur wenige spirituelle Menschen, die eigenen Wünsche und Triebe ganz zurückzuschrauben und trotzdem lebendig zu sein. Bei hochspirituellen Menschen geht die Reduzierung der individuellen Bedürfnisse auch einher mit einem hohen Grad an Frieden und Freude.

So aber nicht bei Frank. Franks Thema ist Konkretisierung. Seine aggressiven Schübe zeigen auf, dass er latent unbefriedigt, bedürftig und gefrustet ist. Sein unermesslicher Hunger wird hier deutlich.

Der einzige Weg, diesen Hunger angemessen und konstruktiv zu stillen, war hier: sich seiner Bedürftigkeit bewusst werden, sie zu akzeptieren und dann Schritt für Schritt sich die eigenen Wünsche klarmachen, äußern und die Erfüllung annehmen lernen.

Keine einfache Aufgabe. Der Lernprozess ging über Bewusstwerdung bis zum Erkennen und Benutzen der eigenen Hände als Greifwerkzeuge mit produktivem Gebrauch.

Jeder einzelne kleine Schritt musste konkret erarbeitet werden, Bedürfnisse konkretisieren, konkret in Sprache fassen, konkret benennen, konkret in die Hand nehmen usw.

Es fand ein Prozess über einen längeren Zeitraum statt mit zunehmender Konkretisierung, mit wachsender Zufriedenheit und abnehmender destruktiver Aggression.

Ein sehr gutes Lehrstück für die Notwendigkeit einer Konkretisierung.

Wie sich dieses Element in einem Psychodrama ausdrückt, sei an folgendem Spiel verdeutlicht:

Die Praxis
Ein Spiel mit Maria – Das Leben einer Helferfrau

Thema: Ich will mein eigenes Leben leben, trau´ mich aber nicht, denke immer für den Anderen, mit den Anderen.

Situation: Ich lebe seit 7 Jahren mit Gernot zusammen. Ich habe noch nie über diese Beziehung geredet, es ist mir einerseits peinlich und ich weiss, wenn ich darüber rede, das Thema offenlege, hat das Handlungskonsequenzen.

Er kifft sich jeden Tag zu und will kein Kind mit mir.

Ich will so nicht mehr leben und will ein Kind. Ich bin zu meiner Schwester gezogen und suche mir eine eigene Wohnung. Ich habe Angst, dass alles wieder beim Alten bleibt, wenn ich in die gemeinsame Wohnung zurückgehe, ich wieder richtig drinhocke. Was will ich eigentlich wirklich und wie kann ich das erreichen?

So weit, so gut; wie kommen wir jedoch zu Antworten, zu Lösungswegen, zu einem Leben mit Lebendigkeit und Freude? Ganz einfach ausgedrückt: Wir schauen uns an, was Leid verursacht und wie wir uns hiervon trennen können. Dann vollziehen wir die Trennung von leidvollen Dingen, Situationen, Beziehungen und gehen neue lebendige Wege mit Lust und Freude. Bei Maria erlebten wir konkret, wie solch' ein Prozess aussieht:

Wir beginnen mit dem Beziehungsbild von Maria und Gernot.

Maria als Gernot im Rollentausch:

Ich rede nicht viel, alles soll so bleiben wie es ist, dann ist es gut.

Maria: Ich will was verändern, ich will dass du dich für mich interessierst oder einfach mal richtig zuhörst. Ich bin traurig, weil ich dich nicht erreichen kann.

Maria von außen: Seit 7 Jahren sind wir zusammen. Die letzten 4 Jahre habe ich immer wieder versucht etwas zu verändern um die Beziehung lebendiger zu gestalten; immer wieder Initiative ergriffen, gemacht und getan. Alle zwecklos, nichts ändert sich. Ich bin es leid, ich will nicht mehr. Wir haben zu unterschiedliche Lebenskonzepte.

Wir haben jetzt das Thema, die Zielstellung, die Ausgangslage und das Beziehungsbild.

Jetzt beginnt die zunehmende Konkretisierung ihrer Situation:

Leiter: Welche Gefühle hast du ihm gegenüber und wie sind sie angeordnet, wo ist hier ihr Platz?

Maria steht zwischen Trauer und Wut.

Rollentausch, die Trauer: Ich bin klein, hocke am Boden, Maria ist traurig, weil die Beziehung nicht klappt, traurig, weil sie das Leid von Gernot sieht und auch traurig, weil sie alleine ist.

Rollentausch, die Wut: Maria hat mich rausgeholt, um Distanz zu schaffen und aufrecht zu erhalten, damit sie nicht zu Gernot zurückläuft.

Sie betrachtet sich erneut das Bild von außen, „es fehlt noch etwas", meint sie. Hinzu kommen: 1. Das schlechte Gewissen und 2. die Relativierung.

Rollentausch, das schlechte Gewissen:

Ich bin da, weil Maria dem Gernot weh tut, sich von ihm trennt und ihre Wege gehen will. Ich bin überhaupt immer da, wenn Maria eigene Wünsche hat."

Rollentausch, die Relativierung: „Ist doch alles garnicht so schlimm." Sie legt die Hände auf Marias Schultern. „Der Gernot kann doch garnicht anders, so wie er aufgewachsen ist, er ist doch ein armer Kerl. Die Trauer und die Wut sind nicht so arg groß und ein schlechtes Gewissen wird auch nicht übermächtig. Das lässt sich alles leben, so wie es ist, halte aus und sei zufrieden."

3.

Trauer

Gernot

Relati-
vierung

⊗

Wut

schlechtes Gewissen

Hier sehen wir die Konkretisierung ihres Systems im Umgang mit sich selbst und ihren Beziehungspartnern. In dieser konkreten Art und Weise begegnet sie der Welt.

Maria schaut sich ihr System von außen an und – alles Lebendige, alle Energie weicht von ihr, sie kann gerade noch hauchen: „Es ist alles so starr, ich bin so leer, so ausgehöhlt."

Ich setze mich mit ihr in Bewegung, gehe mit ihr um das Bild herum und frage sie, ob sie diese Situation von früher aus ihrer Kindheit kennt.

„Ja klar", antwortet sie, „ich durfte nie eigene Wünsche, eigene Gefühle haben, alles drehte sich immer um meine Eltern, nie um mich. Ich lernte schon sehr früh meinem Vater zu entsprechen, seine Gedanken und Empfindungen zu erraten und mich darauf einzustellen, so dass er mich lieb hat. Ich konnte jedoch machen was ich wollte, es reichte nie."

Ich hätte jetzt in die Kindheitswelt mit ihr gehen können, das entsprach aber nicht unserer anfänglichen Vereinbarung und es erschien mir zu früh. Ein erstes Erkennen des Systems und die Wiederholung war für sie schon ein großer Schritt und wir hatten da noch am Rand der Bühne ein Hilfs-Ich stehen, das wir schon ganz zu Anfang für ihre „ganz eigenen Wünsche" auf die Bühne plaziert hatten.

Ich machte sie auf diesen Teil aufmerksam und bat sie um einen Rollentausch.

Rollentausch, Maria's Wünsche: (sprachlos), dann „ich weiss nicht so recht."

Mit diesem Teil, mit ihren sprachlosen, eigenen Wünschen, der am Rand der Bühne stand, war die Konkretisierung abgeschlossen, eine zunehmende Konkretisierung des Themas mit den wichtigen Elementen und Wirkungsweisen. Die nächsten Schritte stellen eine Erweiterung, einen Lösungsweg dar, ihrer konkretisierten Situation entsprechend.

Ein Doppel:

„Ich bin ganz klein, bescheiden, unscheinbar, mich darf es gar nicht geben."

Die Wünsche:

„Doch, mich gibt es, ich will eine gute Beziehung, wo alles stimmt, die Welten übereinstimmen, ich will dass mein Partner mich sieht, ich ihm wichtig bin.

Ich will „so sein dürfen", einfach sein, so sein wie ich bin, nicht wie mich jemand haben will."

An dieser Stelle des Spiels gerieten alle Energien wieder in Fluss; Körpergefühl und Bewegungen wurden weicher und leichter.

Die Wünsche näherten sich der sitzenden Maria (ein stand-in) in ihrem unlebendigem System. Sie schob die Realitivierung einfach beiseite, nahm Maria am Arm und führte sie weg von diesem System.

Rollentausch, Maria wieder in ihrer eigenen Rolle als Maria:

„Ich habe Angst, Angst vor der Freiheit, die vor mir liegt, ich will den freien Raum schnell wieder füllen; denn sonst kommt die große Traurigkeit."

Wir überprüften durch Rollentausch Angst und Trauer, die dann gar nicht mehr so groß waren, wie anfangs vermutet. Maria ging noch mal zurück in ihr altes System, stellte dann fest, dass dieser Schritt so nicht mehr möglich ist; das System war aufgeweicht, es zerbröckelte schon. Die Aussicht auf Freiheit, auf Erfüllung ihrer Wünsche, auf die Entdeckung ihres Weges berührte sie und es fühlte sich lust- und freudvoll an.

Ihr war auch bewusst, dass der folgende Prozess Zeit braucht, dass sie sich auch die Entstehungsgeschichte anschauen muss, um eine stabile Veränderung zu erreichen.

Aber die Landkarte war schon gezeichnet, der Weg abgesteckt, die Ausrüstung gepackt und die WeggefährtInnen schon da.

In der Schlusssequenz sagte sie noch: „Wenn ich mich von Gernot löse, wird ihm das auch gut tun." Wir mussten alle herzlich lachen.

Dieses Prinzip der Konkretisierung ist in jedem Psychodrama bzw. in jedem effektiven therapeutischen Prozess in der einen oder anderen Form enthalten.

Hier war es die Ausformung eines Bühnenbildes, an anderer Stelle ist es ein gemaltes Bild, eine erzählte Geschichte, ausgelebte Gefühle u.v.m.

Ich kann mich in diesem Zusammenhang noch deutlich an eine Kunsttherapeutin aus der USA erinnern, die in unserer Ausbildungsgruppe zu Gast war und mit einem Protagonisten gearbeitet hat, der keine Erinnerung mehr an seine Kindheit hatte.

Sie setzte sich mit ihm auf den Boden, mit einem großen Blatt Papier und Farbstiften.

Die beiden tauchten in eine Kinderwelt ein, bruchstückhafte Bilder entstanden auf dem Papier, dann ein Tor zu seiner Kindheit. Sie gingen durch das Tor, es entstanden Kindheitsszenen mit dem Opa im Garten auf einer Schaukel. Das Tor war ein rosenumranktes Gartentor bei seinen Großeltern, bei denen er aufgewachsen war. Als sie starben, löschte er alle Erinnerungen aus.

Er geriet gemeinsam mit der Therapeutin in einen tiefen, heilsamen Prozess, der Beginn einer langen, erlebnisreichen Reise.

Ich war fasziniert und erschüttert über die Möglichkeiten und Wirkungen einer solchen Konkretisierung.

Fokussierung

Eine besondere Form der Konkretisierung ist die Fokussierung: Ich greife einen Aspekt unter vielen heraus und betrachte ihn gesondert. Fokussierung bietet sich bei verschiedenen Gelegenheiten an:

- Ein/e ProtagonistIn kommt mit vielen Themen gleichzeitig auf die Bühne und weiss nicht, womit er/sie anfangen soll.
  Wir können jetzt alle Themen auf die Bühne stellen (anhand von Hilfs-Ich's oder Symbolen) und uns diese Themenvielfalt nach Zusammenhängen und Gewichtung anschauen. Oder

- das gesamte Beziehungssystem einer/s ProtagonistIn ist ein Konfliktfeld. Zuerst stellen wir wieder das gesamte System und der/die

ProtagonistIn vollzieht mit allen Beteiligten einen Rollentausch. Danach entscheidet er/sie sich für eine bestimmte Beziehung. Oder

- der/die ProtagonistIn sagt: „in meiner Familie gibt es Schwierigkeiten, Justus verweigert Nahrung, kommt seinen Pflichten nicht mehr nach usw."

Er/sie benennt seine/ihre Familie; im Fokus ist Justus. Hier ist Achtsamkeit geboten, denn wenn wir direkt auf Justus fokussieren, haben wir die Ursachen eventuell nicht auf der Bühne, da Kinder meist nur Systemträger einer Störung sind. Also, besser erst die ganze Familie auf die Bühne holen, dann fokussieren. Oder

- die/der ProtagonistIn schimpft auf ihre/seine Mutter und macht diese für ihr eigenes Leid verantwortlich. Wir beginnen mit diesem Thema als Ausgangslage und fokussieren dann zunehmend auf das Grund- oder Kernthema der/des ProtagonistIn, z.B. ihre/seine Sehnsucht nach Liebe, die sie/er sich selbst nicht erlaubt.

So gesehen ist in jeder Konkretisierung auch eine Fokussierung enthalten, wie vom Allgemeinen zum → Konkreten zum → Kern.

Ein anschauliches Beispiel für eine Fokussierung können wir in dem Spiel von Inge beobachten.

Die Praxis
Inge hat ein Problem. Es betrifft ihre ganze Männerwelt. Sie bringt sie alle auf die Bühne:

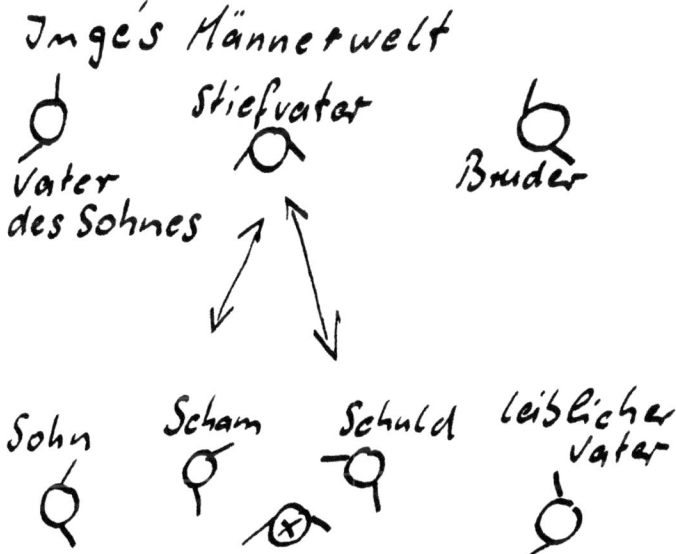

Prozessbetrachtung zu Inges Spiel
Thema: Peinlichkeit
Fokus: Struktur und Fokussierung

Inge betritt die Bühne und meint bei ihr sei ganz viel, ein Wust von Themen hochgekommen, es hat alles was mit Peinlichkeit und Sex und Scham zu tun.

Ich vereinbare mit ihr das Erstellen einer Themenstruktur, um Klarheit zu gewinnen. Das ist ihr sehr recht, da sie sehr verwirrt ist.

So entsteht das Bild: *Inges Männerwelt*

Der Auftrag ist erfüllt, um einen Ansatz für weitere Betrachtungen zu erhalten prüfen wir die einzelnen Verbindungen zu den Männern und gewichten sie.

„Es gibt einiges zu klären", meint sie, gravierend sind Scham und Schuld verbunden mit der Beziehung zum Stiefvater." Sich der Scham wirklich zuzuwenden, sich mit ihr auseinander zu setzen, sich ihr zu stellen ist nur möglich mit einem starken Anteil Kraft und Lebensfreude.

Ich bitte sie, sich diesen Teil als Abschlußbild auf die Bühne (Kraft und Lebensfreude) zu holen.

Das Hilfs-Ich, das sie sich hierfür aussucht, war dasselbe, das den leiblichen Vater dargestellt hat. In der Sehnsucht einen wirklichen Vater zu haben ohne Sex und Mißbrauch, scheint auch ihre Blockade zu sein, denn sie kann ihre Sexualität nicht leben, sagt sie.

Resümee

Das Hilfs-Ich die Scham sagte aus ihrer Rolle heraus zu Inge: „Nimm mich als Freund". Genau hier scheint mir ein Vorwärtskommen möglich, eine Heilung von tiefen Wunden. Sich dieser Scham zu stellen, sie sich anzuschauen und zuzugestehen. Viele Mädchen/Frauen, die mißbraucht wurden, schämen sich, weil sie zugelassen haben, sich nicht wehren konnten oder auch sich nicht wehren wollten, weil sie in dieser Form wenigstens ein klein wenig der Liebe erhalten haben, die sie dringend brauchten. Und heute schämen sie sich, da sie diese Form natürlich verabscheuen.

Da ich die Scham, genau wie Schuldgefühle nicht einfach wegradieren kann, muss ich dieses Gefühl erst einmal annehmen und vielleicht sogar als FreundIn betrachten, wie das Hilfs-Ich sagte.

Durch die Konkretisierung ihrer Gefühle: Schuld und Scham, geschieht eine Fokussierung auf ihren Stiefvater und in einem nächsten Schritt, auf ihre Scham, dem momentanen Kernthema.

Maximierung

Um einen Prozess zu beschleunigen, Energie zu erzeugen, eine Handlung zu initiieren und/oder eine Katharsis einzuleiten, haben wir die Möglichkeit der Maximierung einer Handlung oder Situation. Das Maximieren ist ein Verstärker, um eine größere Wirkung zu erzielen.

Sehen wir uns das in einem Psychodrama an:

In den bisher beschriebenen Psychodramen sind viele Beispiele einer Maximierung enthalten, exemplarisch sei hier das „Traktorspiel" von Max aufgeführt:

Die Praxis
Max geriet ständig mit Chefs und anderen Männern in Streit, so auch mit mir, dem Leiter der Gruppe. Diese Auseinandersetzungen mit mir dauerten über ein Jahr an. Im Tiefblock der Ausbildungsgruppe änderte sich alles. Meine Co-Leiterin begleitete Max bei seinem zentralen Spiel.

Ausgangslage: „Ich habe eine Frau kennengelernt. Sie sagt, sie liebt mich und will mit mir zusammenleben. Ich kann das gar nicht glauben. Ich werde doch nur gemocht, wenn mich die Anderen brauchen, wenn ich gute Leistungen bringe, wenn ich so bin, wie sie mich haben wollen", erzählt er der Leiterin zunehmend aufgebracht.

Die Leiterin: „Erinnert dich das an Personen oder Szenen deiner Kindheit?" „Oh, ja, da gibt es eine Situation mit meinem Vater, die ich nie vergessen konnte.

Weißt du, ich bin auf einem Bauernhof groß geworden und musste am Wochenende immer auf dem Hof mitarbeiten. An einem Sonntagmorgen reparierten wir, mein Vater und ich, den Trecker.

Mensch, was für ein Lärm, der Trecker dröhnt und mein Vater brüllt wie am Spieß."

Die Leiterin lässt ihn die Szene mit Hilfs-Ichen, Tischen und Stühlen aufbauen.

Max steht hinter dem Trecker und soll den Anhänger mit dem Trecker durch einen Splint verbinden. Vater fährt rückwärts an den Hänger heran, brüllt herum, ist ganz zappelig und schreit seinen Sohn an, dass er endlich zu Potte kommen soll: „Zu nichts bist du zu gebrauchen, alles muss ich selber machen!" Er steigt herunter vom Trecker, stößt seinen Sohn weg, zieht den Anhänger heran, schiebt den Splint in die Öffnung und schwingt sich wieder auf den Trecker. Max ist ganz bedeppert, steht da mit gesenktem Haupt und weint leise vor sich hin. Ich frage ihn als Doppel. „Was ist mit mir? Was würde ich jetzt am liebsten tun?"

Max: „Ich fühle mich so hilflos, so gedemütigt. So läuft das immer ab, ich habe einfach keine Chance. Am liebsten würde ich ihn da runter holen und verprügeln, aber ich trau mich nicht."

Jetzt beginnt die Leiterin mit einer Maximierung der Situation und gibt entsprechende Anweisungen:

Der Vater stellt sich aufrecht auf den Trecker, Hände in die Hüften gestemmt und ruft runter: „Du bist nichts wert, du Memme."

Max zittert am ganzen Körper. Ich bleibe als Unterstützung neben ihm stehen und doppel: „Es ist so schlimm, was kann ich nur tun?"

Vater: „Ha, du Heulsuse, lauf' zur Mama und heul' dich aus, ich kann dich eh nicht gebrauchen. Und er tritt ihn leicht mit dem Fuß gegen die Schulter.

Das gibt den Ausschlag, Max richtet sich auf und schreit: „Du Scheißkerl, halt endlich die Fresse, Alter!" Er springt auf den Trecker, schmeißt seinen Vater herunter, springt hinterher und ruft: „Du trittst mich nie wieder!" Er stößt seinen Vater vor sich her, bis dieser jammernd am Boden liegt.

„So ist das, jetzt jammerst du rum, erst den großen Mann markieren und dann das; ich verachte Dich!" meint Max lautstark.

Ich doppel: „Da ist noch mehr." „Ja", haucht Max, er setzt sich neben seinen Vater, schaut ihn an und spricht: „Ich hätte gern einen starken Vater, der mich lieb hat, zu dem ich aufsehen kann, der mich beschützt und mir alles in Ruhe erklärt, mir zeigt, wie die Welt beschaffen ist." Er legt dabei die Hand auf Vaters Schulter. „Früher gab's häufig diese Schreiereien und Demütigungen, heute ist er alt und krank und jammert über sein schweres Schicksal. Wenn ich mal Kinder habe, werde ich ihnen ein liebender Vater sein."

Im Rollentausch mit seinem Vater, richtet sich dieser auf und sagt: „Ich kann Dinge nicht ungeschehen machen, aber glaube mir, ich liebe dich, ich habe dich immer geliebt. Ich dachte, dass ich so einen ordentlichen Kerl aus dir machen könnte." Max: „Ach Papa". Beide liegen sich weinend in den Armen.

Einige Minuten später richtet sich Max auf und sagt: „Ich will die Verantwortung für dich jetzt nicht mehr, ich kann dich nicht rundum pflegen und versorgen, ich muss jetzt meinen eigenen Weg machen und gehen. Es ist nicht einfach, aber notwendig." Er dreht sich um und geht fort.

Später gründete er mit der Freundin eine Familie, sie sind verheiratet und haben ein Kind.

Die hier vorgestellte Maximierung führte zur körperlichen Auseinandersetzung mit Gewalt. Natürlich müssen diese Situationen abgesichert werden, hier mit Schaumstoffmatratzen und Teilnehmern neben Max und dem Vater. Wenn diese Gewaltausbrüche stimmig sind, also dem aktuellen, tatsächlichen Impuls entsprechen, haben sie eine starke befreiende Wirkung und es treten verschüttete Gefühle und Empfindungen zutage, die dem eigentlichen inneren Wesen des Protagonisten entsprechen. So gesehen ist die Maximierung eines der hilfreichsten Mittel des Psychodramas.

In den meisten Fällen ist eine gewaltsame Auseinandersetzung nicht erforderlich. Die Selbstbehauptung, die eigenen Impulse des/der ProtagonistIn drücken sich durch Stimme/Sprache, Augenkontakt und Körperhaltung aus.

Die AntagonistTnnen (= Gegenüberspielende) spüren immer deutlich die Ernsthaftigkeit dieser Ausdrucksformen.

Maximierungen bieten sich oft durch eine bestimmte Wortwahl an, durch Metaphern, die wir aufgreifen und umsetzen können, wie z.B. „Ich fühle mich gefesselt". Jetzt können wir nach Anweisung des/der ProtagonistIn dieses „Gefesseltsein" tatsächlich durchführen und mit Verstärkung den Impulsen des/der ProtagonistIn nachgeben.

An dieser Stelle sei angemerkt, dass die Impulse nicht nur *eine* Richtung haben, wie z.B. die der Befreiung.

Der/die ProtagonistIn kann auch den Wunsch haben, „in den Fesseln" zu bleiben, sich quasi „in den Schoß der Geborgenheit" begeben zu wollen. Beim Einsatz einer Maximierung müssen wir für alle Richtungen offen bleiben, um wirklich den Weg des/der ProtagonistIn und nicht nach unseren eigenen Vorstellungen zu gehen.

In der körperzentrierten Psychotherapie „Hakomi" fand ich diese Grundhaltung wieder und natürlich auch das Mittel der Maximierung, dass von Hakomi-TherapeutInnen mit viel Achtsamkeit angewandt wird.

Verstärken heisst dort, nicht immer kräftiger, sondern auch mal eine Bewegung in Zeitlupe vollziehen, oder eine bestimmte Bewegung nicht machen, Bewegungen übertreiben oder genau andersherum durchführen usw. Diese Übungen eignen sich auch sehr gut als einfache kleine Einlage oder für Erwärmungsprozesse. Versuche es selbst einmal, lese die nächsten Zeilen viel langsamer und achte darauf, was geschieht.

Mit Achtsamkeit arbeiten bringt nicht nur effektivere Wirkungen, sondern auch mehr Freude und Zugang zum/r KlientIn. Die Begegnung wird intensiver, Du erreichst das Wesen deines Gegenübers und damit ermöglichst du euch eine Herzensberührung, eine Begegnung, die von tiefer Güte, Wärme und Liebe geprägt ist.

Im Sinne einer *integrativen* Therapie wäre es möglich, diese gemeinsamen Prinzipien und zu erkunden, sie abzugleichen und in einen therapeutischen Prozesskontext zu stellen. Ich hätte dann einen gemeinsamen Prozessverlauf mit entsprechenden Phasen, Bewusstseinszuständen und Mitteln. In den einzelnen Phasen setze ich Methoden ein, die durchaus aus verschiedenen therapeutischen Schulen stammen. Die Auswahl geschieht nach Vorlieben, Effektivität, Zugang zum Klientel, Intention u.a.

Ich komme gerade an dieser Stelle darauf, weil ich erlebt habe, dass alle mir bekannten Therapiemethoden das Mittel der Maximierung in der einen oder anderen Form anwenden.

Unterschiede der methodischen Formen und Schulen finden wir in der Ausgestaltung und der therapeutischen Grundhaltung, in der sich das Menschenbild, die Ethik, also die spirituelle bzw. philosophische Grundhaltung widerspiegelt.

Hier sind die humanistischen Schulen eng beieinander und meines Ermessens lassen sich auch darüber hinaus integrative Formen kreieren, die die Psychoanalyse und verhaltenstherapeutische Ausrichtungen miteinbeziehen, was auch in einzelnen Instituten schon durchgeführt wird. So ist z.B. die Sozialtherapie eine dieser integrativen therapeutischen Ausprägung.

Nach diesem „Ausflug" kommen wir zu einem vieldiskutierten Element des Psychodramas, der Katharsis als Folge einer Maximierung.

Katharsis

Warum vieldiskutiert? Es ist das Element, in dem die Essenz des Psychodramas, die schöpferische Spontaneität deutlich ihre Ausdrucksform zeigt. Ein Element, das sprachlich intellektuell nicht vollständig erfassbar ist; es ist nur zu begreifen durch geistiges und körperliches Er-leben.

Die Katharsis ist das Verlassen festgefügter Strukturen und Systeme, eine Befreiung von Fesseln der Norm und Kontrolle, – alles geschieht einfach, es fließt.

Weißt du, wie das ist: bei Gott sein? Wenn deine Antwort nur ein Lächeln ist, hattest auch du schon ein kathartisches Erlebnis.

Ich habe schon viel über den Begriff „Eins-Sein" nachgedacht, die tatsächliche Bedeutung erlebte ich in meiner allerersten Psychodrama-Katharsis: ein unendliches Gefühl von Eins-Sein mit allem, – meinem Ursprung auf der Spur.

Katharsis = Reinigung, Läuterung; von alters her eine Gottesweihung, die Befreiung von Ich-Fixierung [5], einer Lebensart, die von Ego-Zentriertheit, Habsucht und Geiz geprägt ist. Hierdurch werden kreative, schöpferische, lebendige Energien festgehalten, die nur durch eine radikale Reinigung, durch eine Katharsis, befreit werden können.

Katharsis wird auch als Gefühlsentladung, -erschütterung und -ausbruch verstanden.

So gesehen ist Katharsis auch eine Reinigung von tiefliegenden, festgefahrenen Gefühlen, deren Loslassen eine Erschütterung des persönlichen Lebenskonzeptes nach sich zieht. Diese Erschütterung ist wie jede Krise auch eine Chance zur Erneuerung und zum Wachstum.

Moreno unterscheidet zwischen 1. Observationskatharsis nach Aristoteles, einer Wirkung auf den Zuschauer beim großen Drama, 2. der Aktionskatharsis, mit Wirkung auf den Protagonisten im Psychodramaspiel und der Gruppenkatharsis, wobei eine Gruppe ein gemeinsames kathartisches Erlebnis hat.

Im protagonistenzentrierten Psychodrama ist vor allem die Aktionskatharsis bei ProtagonistInnen und die Observationskatharsis bei ZuschauerInnen präsent.

Oft lässt sich zwischen Gruppen- und Observationskatharsis nicht unterscheiden. Ich habe schon viele, ich nenne sie „heilige Momente" im Psychodramaspiel in der Katharsisphase erlebt, wobei alle ZuschauerInnen von ihr ergriffen wurden. Die Gefühlsschwingung breitet sich im gesamten Raum aus und erfasst alle Anwesenden. Oft wird der Raum von gemeinsamen Leid, Freude, Erleichterung, Zorn und auch Liebe ausgefüllt; allen TeilnehmerInnen stehen Tränen in den Augen oder alle Augen leuchten, so dass der Raum erstrahlt. Wenn ich während eines Seminars den Aktionen und Gefühlen, den im Moment vorhandenen Energien freien Lauf lasse, dann wird ein/e ProtagonistIn gewählt, der/die stellvertretend das am stärksten vorhandene Gefühl bzw. Thema ausdrückt. Somit ist eine gemeinsame Schwingung gewährleistet und alle sind am kathartischen Erlebniss beteiligt.

Für mich ist die Katharsis im Psychodrama eine Aktionskatharsis, die sich mehr oder minder ausbreitet.

Die Praxis
Kim befindet sich in einer Ausbildungsgruppe, hat jedoch Angst vor Gruppen, Institutionen und überhaupt vor anderen Menschen. Sie ist latent aggressiv gegenüber allen TeilnehmerInnen – und alles ist sooo verdammt schwer.

Sie meint, diese Gefühle und Zustände stammen aus ihrer Internatszeit. „Okay", sag ich, „bringen wir das Internat auf die Bühne."

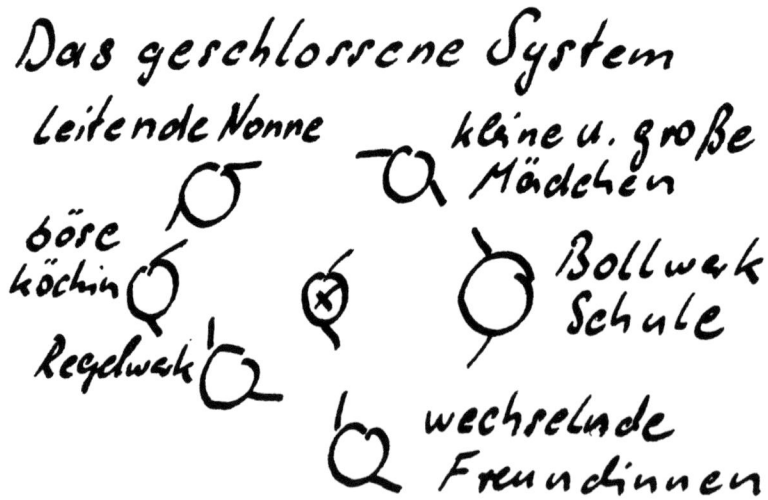

Sie steht mitten drin: „So ist es, alles ist so furchtbar schwer. Ich häng' voll drin, will mich freischlagen, brauche Luft zum Atmen."

Von außen betrachtet sagt sie, sie brauche Mut zum Klären. Sie will allen deutlich sagen, wie sie zu ihnen steht.

„Ich will endlich aufräumen mit dem ganzen alten Mist. Um klar zu sagen, was ich will, brauche ich Mut!"

Sie wählt eine Teilnehmerin für Mut, den sie sich zur Seite stellt.

Sie begibt sich wieder mit dem Mut an ihrer Seite ins Spielgeschehen, dreht sich halb herum zu den kleinen und großen Mädchen: „Lasst euch nicht einmachen von diesem System, seid achtsam, passt auf euch auf." Zu den Freundinnen: „Ich brauche euch nicht mehr, ihr wechselt zu oft und wir sind nur eine Zweckgemeinschaft, keine wirklichen Freundinnen, ich breche den Kontakt zu euch ab."

Die Mädchen und Freundinnen verlassen die Bühne. Die Protagonistin wirkt erleichtert, tiefes Durchatmen, und wendet sich dem Machttrio (Regelwerk, böse Köchin, leitende Nonne) zu.

„Zuerst trenne ich euch einmal", gesagt, getan. Sie richtet ihre Worte an die leitende Nonne: „Du bist hier die zentrale Figur, du hast hier die Verantwortung. Ich muss dir sagen, du hast deine Aufgabe hier im Internat schlecht erfüllt. Du hast mir große Schmerzen zugefügt. Wenn du so allein dastehst, kommst du mir klein und unbedeutend vor, ohne die Anderen bist du ganichts! Ich lass' euch hier einfach stehen und gehe meinen Weg."

Sie dreht sich um und will gehen. „Es hält mich etwas fest, ich kann nicht gehen", meint sie, „es ist als ob sich alles hinten an mich festkrallt." Ich weise das Trio an, die Protagonistin von hinten festzuhalten, wie Kim es empfindet und veranlasse sie, den Druck zu verstärken. „Nein!" ruft sie aus: ich brauche Luft, ich schlage euch kurz und klein, ich habe noch eine Menge Wut im Bauch, eine starke übergroße Wut auf das Internat, auf die Nonne, auf das ganze System!" Sie reißt sich los, rennt ein paar Schritte vor und wirbelt herum, die Nonne geht mit ihrer Krallenhand einen Schritt auf sie zu. Ich gebe Kim einen Schaumstoffschläger in die Hand und stelle einen Stuhl vor die Nonne. Ein Wut- und Zornesschrei bricht aus Kims Kehle hervor, sie stürmt vorwärts und schlägt auf den Stuhl ein, tritt dagegen und schreit sich die ganze aufgestaute Wut, den Zorn und Hass aus dem Leib: die Schleusen öffnen sich, alles Gift strömt heraus.

Als der Stuhl in der Ecke landet und die Bühne frei ist von altem Mist, lässt Kim ihre Arme sinken. Schwer atmend steht sie auf ihrer Bühne, ein heiteres Siegerlächeln umspielt ihren Mund, die Kampflust noch in den

Augen sagt sie: „Das tat so richtig gut, genau das wollte ich schon immer machen, jetzt ist alles gut".

Kim fühlt sich erleichtert, als wäre sie eine Feder, ist wohlig erschöpft und strahlt eine übergroße Freude aus. Sie kann zu allen Gruppenteilnehmerinnen Kontakt zulassen, lässt sich umarmen, küssen und teilt ihre Freude mit allen Anwesenden.

Ihren Mut, Mut zum Handeln, gibt sie nicht mehr her, der bleibt an ihrer Seite, ein bewusster Teil von ihr.

Später räumt sie real in ihrer Beziehungswelt auf und trennt sich von „altem Mist".

Solch' ein Psychodrama macht Mut, es ist ansteckend und motiviert zum Handeln.

Die Aktionskatharsis tritt sehr deutlich zum Vorschein, eine vehemente spontane Entladung von tiefsitzendem Schmerz, Wut und Zorn; ein Befreiungsakt von alten blockierenden Gefühlen. In diesem Spiel ist klar zu erkennen, dass ihr heutiges Verhaltensmuster Gruppen und Institutionen gegenüber geprägt ist von früheren Situationen.

Da sie ihre Empfindungen, ihre Impulse damals nicht leben konnte, blieben sie sozusagen stecken, wie Treibgut in einem Fluss an einer engen Stelle gestaut wird und den Flusslauf blockiert. Ihre latenten Aggressionen, wie Ärger, Unmut und ihre Empfindungen von Schwere in der heutigen Zeit sind zurückzuführen auf ihr Leben im Internat mit der Überschrift „Fest im Griff des Systems". Hier wurde ein Staudamm errichtet. Sie ist heute, hier und jetzt auf der Bühne zurückgegangen in dieses alte System und hat ihre festsitzenden Empfindungen befreit, rausgeschleudert, sich Luft verschafft. So kann die darunterliegende Freude, Lebenslust und das Licht (ihre jetzt strahlenden Augen) zum Vorschein kommen und uns alle bereichern.

Das faulige, abgestandene Wasser fließt aus, das hängengebliebene Treibgut wird befreit und in Kims heutigem Leben re-integriert.

In Kims Spiel sind gut die einzelnen Spielphasen erkennbar, die zur Katharsis führen.

Erst die Erwärmung durch Gruppe und Institution, die ihre Gefühle aktualisierten und die Erinnerung an das alte Internatssystem wachruft. Dann die Spielphase mit dem Stellen des Systems, also einer ersten Konkretisierung mit Spiegeln, Doppeln und einer Erweiterung durch den Faktor „Mut". Danach der erste Schritt des „Aufräumens", sie verabschiedet ihre sogenannten „Freundinnen", eine Erleichterung, eine Befreiung, also ein erstes kathartisches Erleben findet statt.

Durch zunehmende Konkretisierung und Fokussierung (Zuwenden, Handeln, Aussortieren) gelangen wir zum Kernthema (auch Kernbeziehung), zur Auseinandersetzung mit dem Machttrio, dann der Nonne.

Weitere Konkretisierung und Maximierung leitet die Haupt-Katharsis ein, die die gesamte Gruppe erfasst. Alle fieberten mit bei der letztendlichen Auseinandersetzung mit dem Machttrio. Die Siegesfreude über die Befreiung war in allen Gesichtern ablesbar und drückte sich in tumultartigen Umarmungsszenen aus. Diese Art der Katharsis, eine explosionsartige Entladung mit körperlich aggressiven Anteilen, Ausdruck von gewaltiger kraftvoller Wut, ist das, was viele Menschen gemeinhin unter einer Katharsis verstehen. Für Unbedarfte oft mit Angst oder Abneigung verbunden, es ist die Angst vor der spontanen Urgewalt, die nicht mehr zu kontrollieren ist. Auf das Bild unseres Flusses bezogen, bleibt anzumerken, dass es immer möglich ist, richtungsweisend einzugreifen; gib´ dem Fluss eine Bahn, ein Bett, in dem er fließen darf, befestige die Ufer und lass den Dingen ihren Lauf. Nichts ist schöner als der Frieden, die Stille nach der befreienden Wirkung der Stromschnellen.

Wenn die Protagonistin bereit ist, ihre Gefühle auszuagieren, biete ich ihr gesicherte Hilfsmittel, kontrollierte Möglichkeiten zum Schlagen, Treten, Würgen, Beißen, Stechen und Morden an. Schaumstoffschläger, Strohpuppen, Matratzen, Handtücher, Seile u.v.m. können hierbei behilflich sein.

In meiner Laufbahn als Therapeut und Ausbilder durfte ich viele dieser kathartischen Momente miterleben. Mit zunehmender Erfahrung und Eigenentwicklung nahm eine andere Form der Katharsis in den von mir geleiteten Spielen immer mehr Raum ein. Weniger spektakulär, aber hoch wirksam. Es ist die Katharsis mit weicher, schöner Trauer, eine Katharsis mit Liebe, eine Katharsis der sanften Art. Das erinnert mich wieder an das Bild unseres Flusses. Ich kann einen Damm mit Dynamit und Gewalt sprengen und er birst mit Gedonner und Getöse auseinander, was so manche Lebensgeister wieder weckt – oder ich arbeite sanft an ihm herum, schaffe kleine Durchflussmöglichkeiten, die sich durch den Druck des Wassers schnell von selbst vergrößern, so dass der gesamte Damm hinweggeschwemmt wird: eine sanfte Be-Reinigung.

Die Praxis

Während eines Spiels taucht bei der Zuschauerin Carla ein Bild aus der Kindheit auf. Ihre tiefe Betroffenheit war deutlich sichtbar, so dass sie mit großer Mehrheit zur nächsten Protagonistin gewählt wird.

Das Bild: Carla mit 7 Jahren allein in ihrem Zimmer, sitzt auf dem Bett und ist tieftraurig. Wir bringen das Bild auf die Bühne.

Carla: „Ich bin so allein, so schrecklich einsam. Wie wird Vater wohl drauf sein, wenn er nach Hause kommt? Ich habe immer angst, ich mache immer alles falsch.

Mein Vater sagt mir, was richtig und gut ist und was ich machen soll. Ich geb' mir so viel Mühe, aber ich kann nie was richtig machen. Ich mache alles falsch. Vati und Mutti streiten darum, ich habe Schuld." Sie sackt ganz in sich zusammen und weint leise vor sich hin.

Carla betrachtet sich dieses „Bild" von außen und ist erschüttert. „Ich kann mir das nicht ansehen, es ist so furchtbar."

Ich sage zu ihr: „Hier auf der Bühne ist alles möglich, du kannst real zur kleinen Carla gehen und schauen, was du als Große tun kannst." Vorsichtig nähert sie sich der „Kleinen" und setzt sich hinter sie. (In der folgenden Szene mehrmalige wechselnder Rollentausch zwischen der Großen und Kleinen.)

Die Große: „Ich habe Angst vor der großen Traurigkeit". Trotz ihrer Angst streichelt sie sanft den Rücken der Kleinen. „Wie schön", schluchzt die Kleine und schmiegt sich an. Behutsam nimmt die Große ihre kleine Carla in den Arm, die sich dann ganz in ihren Schoß kuschelt; die Große streicht ihr liebevoll übers Haar, beide weinen vor Trauer und Freude zugleich.

Die Kleine: „Das ist es, wonach ich mich immer gesehnt habe. Ich will Kind sein, Fehler machen dürfen, spielen, lachen, weinen – und dass jemand für mich da ist, so wie jetzt, der mich liebt wie ich bin, einfach so." Beide wiegen sich in ihrer gegenseitigen Vereinigung. Es ist ein Bild der Versöhnung, des Eins-Sein, des Friedens mit sich und der Welt. Alle Anwesenden, jetzt Beteiligten weinen mit, kein Auge bleibt trocken. Wie gesagt, eine Katharsis der sanften Art.

Die große, erwachsene Carla findet zurück zu ihrer Sehnsucht, zu ihrer großen Trauer, weil diese Sehnsucht nie erfüllt wurde und entdeckt, dass sie für sich selbst sorgen kann, sich lieben kann so wie sie ist. Die Angst vor der großen Traurigkeit ist reduziert, die vorher abgespaltene Kleine wieder integriert. Bisher war sie in vielen Handlungsvollzügen blockiert durch das „stehengebliebene" Kindheitsbild. Die Befreiung ist eine Befreiung von Angst, ein Zulassen der Sehnsüchte und Traurigkeit; eine innere Beziehung ist neu geknüpft, was mit Sicherheit Auswirkungen auf ihre „Außenbeziehungen" haben wird.

In den verschiedensten Spielen können wir unterschiedliche Arten einer Katharsis entdecken. Häufig erleben wir eine Einsichtskatharsis, die sich durch ein Aha-Erlebnis ausdrückt. Insbesondere beim Spiegeln taucht diese Bewusstseinserweiterung auf.

Die Praxis
Martin betrachtet sich mit seiner Angst im Nacken von außen und ruft: „Kerl dreh dich um, stell dich ihr, biete ihr die Stirn, das ist es was dir hilft! – Mensch", sagt er zu mir, „das ist meine Tante, die mich von klein auf kritisiert und malträtiert hat, die immer bestimmt hat, wo´s lang geht, mich nie in Ruhe gelassen hat. Der Martin soll ihr eine runterhauen und dann seiner Wege gehen."

Im Rollentausch dreht Martin sich um, schubst die Tante (vorher Angst) einfach beiseite und meint: „Davor hatte ich eine solche Angst? Vor dieser kleinen hilfsbedürftigen Frau. Ich habe nur noch Mitleid mit ihr", und ihr zugewandt: „Deine Macht über mich ist gebrochen, jetzt werde ich meinen Weg suchen." Er richtet sich auf und geht festen Schrittes von dannen.

Einsichtskatharsis als Betrachter, Befreiungskatharsis im Spiel selbst als Handelnder.

Beim Schreiben fällt mir auf, dass manche Szenen wie Filmszenen enden, so ganz unseren Vorstellungen entsprechend: festen Schrittes geht er von dannen, wie: er schwingt sich auf sein Ross und reitet der untergehenden Sonne entgegen. Vielleicht sind Filmemacher schlaue Menschen und kreieren das Archetypische, das was uns immer wieder elementar berührt, wie z.B. ganz bestimmte Versöhnungs-, Abschieds- oder Liebesszenen. Lucky Luke, Romeo und Julia, Faust, Mephisto und Gretchen tragen wir in uns; lasst sie uns entdecken und lebendig werden.

So oder ähnlich lässt sich wohl diese gleiche Schwingung von ProtagonistInnen und Film-/TheaterheldInnen erklären.

Zurück zum Thema:
Die Einsichtskatharsis wird heute immer noch häufig unterschätzt, es wird dabei übersehen, dass sich eine tiefe Einsicht stabilisierend auf Ver-

änderungsprozesse auswirkt. Eine Verbindung beider Formen ist anzustreben, da sie sich gegenseitig bedingen bzw. zu einem ganzheitlichen Prozess führen.

Wie wir im letzten Beispiel gesehen haben, entsteht aus der Einsicht die gefühlsgeladene Handlung. Umgekehrt kann nach einer Gefühlsentladung auch eine Einsicht folgen, in dem sich die Protagonistin z.B. die Katharsis-szene von außen betrachtet, sich an den Kopf fasst: „Na klar, jetzt hab ich's". Auch Carla hatte diese Aha-Erlebnis, als sie sich zum Abschluss ihres Spiels die Szene mit der Kleinen von außen anschaute. Hier, an dieser Stelle formulierte sie ein Bündnis zwischen sich und der Kleinen, da sie die Einsicht gewann, dass sie von der Kleinen viel zu lernen hatte, besonders das Spielen und die Belebung ihrer Spontaneität.

Fazit: Die Beachtung und Verknüpfung beider kathartischen Formen, der Entladung und der Einsicht sollte das Bestreben einer Psychodrama-Therapie sein, da sie zusammengenommen eine Einheit bilden und zu einem ganzheitlichen Heilungsprozess, bzw. zu den erwünschten stabilen Veränderungen führen.

Mental und körperlich, Gefühl und Verstand integrativ für den Wachstumsprozess einsetzen heißt auch, die Mittel zur Gestaltung unseres Seins effektiv formen und nutzen.

Da der Mensch ein lernender Organismus ist, lernt er, sich diese Integration anzueignen, wenn er ihre Effektivität im Psychodrama gespürt hat. So ist ein Psychodrama auch immer eine Hilfe zur Selbsthilfe.

Ich stelle hier nicht die Forderung auf, dass immer beide Formen in einem Psychodrama enthalten sein sollen. Jedes Psychodrama, auch eines ohne Katharsis (oder ohne sichtbare Katharsis) macht Sinn und hat einen der Situation entsprechenden Nutzen. Es kommt oft vor, dass ProtagonistInnen über längere Zeiträume zur Abreaktionskatharsis neigen und später (vielleicht nach Wochen, Monaten oder Jahren) die Einsichtskatharsis in den Vordergrund rückt.

Wie ich es bei mir und vielen anderen erlebt habe, muss erst einmal eine Menge Gift bzw. bislang festsitzende Schlacke entfernt werden, damit Platz für neue Optionen/Einsichten entsteht. Dieses Verfahren ist mit Sicherheit in dieser Form nicht zwingend notwendig, aber es hat gut getan und ich werde nie die kathartischen Momente vergessen, die ich auf der Psychodramabühnen erleben durfte.

Bei allen Bemühungen, den Vorgang der Katharsis zu erklären, bleibt immer ein Rest. Meine Versuche diesen „Rest" in Worte zu kleiden können nicht annähernd dieses unsagbare Erlebnis beschreiben. In der Meditationspraxis, gibt es ein ähnliches, nicht in Worte auszudrückendes Erlebnis, das „Satori" genannt wird, ein Art Erleuchtungszustand, der erlebbar, jedoch nicht erklärbar ist.

Zum Abschluss dieses Kapitels noch einige Worte zur Wertigkeit, zur Beurteilung unterschiedlicher Formen und Ausprägungen.

‚Ein Psychodrama ist nur gut, wenn da richtig die Post abgeht mit action und lautstarkem Getöse' ist eine oft vertretene Grundauffassung. Das ist meines Ermessens barer Unsinn, sogar grober Unfug, denn diese Haltung führt zum Puschen, zum Maximieren was das Zeug hält ohne die Belange des/der ProtagonistIn zu beachten.

Diese Psychodramen sind Show-Nummern, gemacht für die Unterhaltung des Zuschauers und das Ego des Leiters, der sich hiermit produzieren kann. Eigentlich gehört diese Art des Psychodramas ins Fernsehen, eine gute Abendshow, allemal besser als Chacka-Chacka oder so ähnlich. Ich spreche hier nicht gegen action oder Getöse; wenn es dem Prozess des Protagonisten dient und das Naturell der ProtagonistInnen und/oder Leiters/der Leiterin zulässt, kann das mal so richtig abgehen. Spontanes Ausagieren ist oft auch ein Zeichen für Stimmigkeit, wie auch Weinen, Lautstärke und Begegnungen in Liebe.

Wenn es aber nur für die ZuschauerInnen, den/die LeiterInnen oder um der action willen inszeniert wird, dann ist schon ein Hinterfragen des Geschehens angesagt.

Zur Überprüfung von Stimmigkeit und zur Verankerung/Sicherung der neuen Optionen, die sich im Psychodrama ergeben haben, erhält das Element „Klarheit" für mich eine besondere Gewichtung. Ein klares, auch geklärtes, Gesicht, klare offene Körpersprache, Klarheit im sprachlichen Ausdruck, sind für mich die wesentlichen Zeichen für ein gelungenes Psychodrama mit einer Katharsis im wahrsten Sinne des Wortes: Reinigung, Läuterung = Klärung oder auch Klarheit schaffen.

Manchmal erscheinen die ProtagonistInnen dann wie verzaubert, so als hätte der göttliche Funke sie berührt.

Diese göttlichen Augenblicke sind nicht alltäglich, es sind die Sternstunden im Verlauf längerer Prozesse. So gesehen sind wirklich alle Psychodramen gleichwertig; gleichwertig in Hinsicht auf den Gesamtkontext der

Situation. Auch abgebrochene Psychodramen, Bühnen-shows, blockierte LeiterInnen usw. haben ihren Wert. Bei umfassender Betrachtung geschieht zu jedem Zeitpunkt, an jedem gegebenen Ort das Richtige. Betrachten wir die angeblich missglückten Psychodramen als Lernherausforderung, dann gehören sie doch einfach dazu.

Abschlussphase
Transformation und Integration

Nach der Katharsis folgt im klassischen, protagonistzentrierten Psychodrama das sogenannte Rollentraining. Die neu erworbenen Rollen/Optionen/Veränderungen werden hier ausprobiert bzw. trainiert.

Je nach Art und Intensität der vorangegangenen Katharsis gestaltet sich der Übergang. Bei Versöhnungen, starken Liebesgefühlen, tiefer Ruhe und Frieden weite ich die Katharsisphase manchmal 30 Minuten und mehr aus, um das neu entdeckte oder wiederentdeckte Gefühl zu verankern.

Wenn das Gefühlsleben überwiegt und sein Ausleben sehr bedeutend für den/die ProtagonistIn ist, beende ich hier auch manchmal ein Spiel, indem alle Anwesende auf die Bühne kommen und am Gefühlsleben teilhaben durch gemeinsames Tanzen, Umarmen, einfach nur Dabeisein o.ä. Die Bühne löst sich als umgrenzter Ort auf und der/die ProtagonistIn bleibt abgesichert in seinem/ihrem Gefühl, so dass es noch lange nachschwingen kann.

In den meisten Fällen ist es wichtig, eine geordnete Abschlussphase einzuhalten, um die erreichte Erweiterung zu stabilisieren.

Ich bevorzuge für die Benennung dieser Phase die Begriffe „Transformation" und „Integration". Ich habe sie mir von den Hakomi-Körpertherapeuten[9] entliehen.

Die *Transformation* ist eine Umwandlung alter erstarrter Anschauungen.

Wenn wir in der Katharsis eine Reinigung, eine Einsicht oder Bewusstseinserweiterung erzielen, dann werden hier alte, unbefriedigende, auch „störende" Grundanschauungen verworfen oder zumindest in frage gestellt. Neue Optionen, Anschauungen und Verhaltensweisen können jetzt in Betracht gezogen und „ausprobiert" werden.

Die Praxis

In unserem Spiel mit Carla (Kapitel: Katharsis) setzt die Transformationsphase nach der Versöhnung mit em inneren Kind und einer Befreiung von blockierender Angst ein.

Als Ausgangspunkt sahen wir das „stehengebliebene" Bild aus Carlas Kindheit, ein Bild, das tiefe Schmerzen hervorruft. Wir fragen uns, was hat sich denn jetzt verändert? Meine Frage an die Protagonistin: „Carla, du erinnerst dich an dein Kindheitsbild, welche Empfindungen ruft diese Erinnerung jetzt nach der „Vereinigung" hervor?"

Carla: „Ich werde ihr helfen, sie unterstützen, dass sie ganz stark wird – und lebendig."

„Gut", sage ich, „schauen wir das einmal an, wie Carla danach im Leben stand, vor allem die Beziehung zu den Eltern."

Sie stellt ein Beziehungsbild.

Sie schaut sich das Bild von außen an. „Kann ich da jetzt einfach reingehen?" „Ja", antworte ich, „du bist hier, sie ist hier, du kannst was für sie tun."

„Sie ist so klein und hilflos, ich hole sie da einfach raus und wir gehen gemeinsam weiter." Sie geht zur Kleinen, nimmt sie an die Hand und entfernt sich einige Schritte, dreht sich um und sagt zum Vater: „Ich werde jetzt nicht mehr nach deiner Pfeife tanzen und deine Regeln befolgen. Ich gehe jetzt meinen eigenen Weg, mache meine Fehler, lebe mein Leben!" Sie schaut ihn eine Zeitlang an: „Bis heule wollte ich deine Liebe, deine Anerkennung, ich habe sogar die Kleine bei dir gelassen; ich habe jedoch nie bekommen, was ich so herbeigesehnt habe, jetzt reicht es, ich schaue nach vorn." Sie dreht sich um, sieht den freien Weg vor sich, nimmt die Kleine in den Arm und meint: „Ab jetzt bin ich für dich da, ich sorge für dich und bleibe bei dir, sei ruhig traurig, ich bin da."

Die Kleine lächelt sie verschmitzt an: „Und ich helfe dir Kind zu sein mit Farben und Lebendigkeit."

Eine gravierende Umwandlung hat stattgefunden: von Getrenntsein und tiefgreifendem Schmerz hin zur Vereinigung mit fließenden weichen Gefühlen. Durch das Wiederaufgreifen des Kindheitsbildes mit der Eltern-Erweiterung konnte Carla diesen Transfomationsprozess bewusst nachvollziehen, konkret gestalten und in ihr inneres psychisches System verankern. Durch das Nacherleben und Gestalten prägt sich die neue Option tief ein, so dass sie zu einem stabilen Faktor wird und als eine Stufe für darauf folgende Schritte gefestigt ist. Transformation: Umwandlung eines festen Stoffes in einen fließenden; von Wut zur Trauer zur Liebe, von der grauen Maus zur Springmaus, vom blinden Umherirren zum zielgerichten Handeln.

Es wird hier deutlich, dass die Transformation nicht erst in der Abschlussphase beginnt. Sie begleitet vielmehr den gesamten Prozess, denn schon die Themenbenennung ist Umwandlung, da es schon der erste Schritt zur Veränderung bedeutet.

Diese Phase nach der Katharsis ist also mehr eine Bewusstwerdung und Sicherung/Verankerung des Wandlungsprozesses. An dieser Stelle wird auch eine perspektivreiche Ausrichtung eingeleitet. Hier habe ich gute Erfahrungen mit Botschaften, Leitsätzen oder Vereinbarungen gemacht, die die/den ProtagonistIn für sich und ihre Anteile formuliert. Bei Carla waren das die Botschaften an den Vater gerichtet, dass sie jetzt ihr Leben lebt, nicht mehr seins, und die Vereinbarung mit ihrer Kleinen, die im Rollentausch erprobt und auf ihre Stimmigkeit hin überprüft werden. Falsche oder unklare Versprechungen fallen hier sofort durch; nur die „wirklichen" tatsächlich ernst gemeinten Worte kommen an.

Solch' eine Botschaft ist nicht selten einen Abkehr von bisher festsitzenden Elternbotschaften, nach denen ich mein Leben ausgerichtet habe. Diese „alten" Botschaften haben meine Vorstellungs- und Verhaltensrichtungen als Kind bestimmt und prägten somit den Verhaltenskodex unseres Erwachsenenlebens, ohne uns dessen bewusst zu sein. Aber wie wir bei Carla und anderen Protagonisten erfahren haben, gibt es Hoffnung auf tiefgreifende Tranformation.

Der Prozess der Sicherung und Zukunftsausrichtung wird durch eine *Integration* des Erreichten gefestigt und erweitert – eine Integration im Rahmen der Psyche und im Alltagsgeschehen des/der ProtagonistIn.

Die psychische Integration findet durch Vereinigung statt. Bislang getrennte bzw. abgespaltene Anteile der Psyche begegnen sich, kommunizieren miteinander, kooperieren und gestalten eine gemeinsame Beziehung. Bei Carla ist es das abgespaltene, innere, kleine Mädchen, dem die erwachsene Carla begegnet, es unterstützt und annimmt bis hin zur Versöhnung und Beziehungsgestaltung.

Die Integration ins Alltagsleben folgt im Alltagsleben selbst, kann aber auch im Psychodrama im Rahmen der Abschlussphase bewusst eingeleitet, unterstützt und ausprobiert werden.

Die Praxis
Nachdem Carla bewusst wurde, welch' gravierende Umwandlung stattgefunden hatte, mach ich sie darauf aufmerksam, dass noch andere reale Menschen im Raum anwesend sind. Sie blickt sich um, nimmt ihre Kleine an die Seite und geht auf die Zuschauer zu: „Schaut euch meine Kleine an, jahrelang habe ich sie vor der Welt versteckt, jetzt ist sie ganz hier, mit ihrer Traurigkeit, ihre Lebendigkeit und – ist sie nicht schön?" Die Kleine (Carla im Rollentausch): „Ich habe etwas Angst, ob die mich wohl mögen?" „Ja, sehr; Du bist wunderschön; ich möchte dich in den Arm nehmen, „ hört sie dann als Antworten. „Ich fühle mich gut", gesteht sie und lacht aus vollem Herzen.

Hier fand eine erste abgesicherte Realitätsprobe statt, eine neue Anschauung gewinnt Raum, Carla erlebt, dass die Außenwelt ihre „Kleine" gut annimmt. Das gibt ihr Mut, weitere Schritte auszuprobieren.

Im Abschlussinterview erörtern wir praktikable Schritte hierzu. Wie könnte die nächste Vaterbegegnung sein? In welcher Situation muss sie die „Kleine" auch noch schützen usw.

An dieser Stelle können auch Zukunftsvorstellungen ausgespielt werden, um die Vorstellungen zu überprüfen, um Variationen zu testen, sich selbst mit der neuen Option zu erleben.

Ein gutes Mittel zur Integration in das Alltagsleben sind festgelegte überprüfbare Aufgabenstellungen.

Für Carla z.B.: Beobachte dich beim nächsten Gespräch mit deinem Vater, sei in einem inneren Dialog mit deiner „Kleinen". Oder: Frage jeden Abend bevor du einschläfst deine Kleine, wie es ihr an diesem Tag ergangen ist.

Beim Thema „Transformation und Integration" kommen wir unweigerlich auf das Thema: Konsequenzen der Umwandlung.

Eine durch Psychodrama herbeigeführte und geprüfte Veränderung geht einher mit zunehmender Bewusstheit, mit Heilung, mit Wachstum. In diesem Prozess wird Neues geboren – aber auch Altes, Gewohntes zerschlagen, alte Muster werden zerstört. Auf der Bühne wird dieser Prozess als sehr befreiend und wohltuend, freudvoll – auch mit Liebe verbunden – erlebt.

Welche Konsequenzen zieht dieser Schritt für unser Alltagsleben in Beziehung, Arbeit und Freizeit nach sich?

Es vollzieht sich vor allem eine Desillusionierung, die auch Schmerzen verursacht.

Die Praxis
Als sich Carla mit ihrer Kleinen von ihrem Vater abwendet, hält sie einen Augenblick inne und erkennt: „Ich gebe jetzt die Illusionen auf, dass er sich ändert, dass er mir zeigt, dass er mich liebt. Ich gebe eine Hoffnung auf und weiss nicht, was ich gewinne." Sie schaut die „Kleine" an: „Ja, dich hab´ ich jetzt, wer weiss, was ich mir damit eingehandelt habe?"

Carla zahlt für ihre Wandlung einen Preis, den Verlust ihrer Hoffnung und ihrer Illusionen.

Sie wird jetzt noch bewusster mit ihrem Kindanteil in der Welt sein und ihr Verhalten in Beziehungen ändert sich. Ihre Mitmenschen werden unterschiedlich darauf reagieren. Diejenigen, die am alten Beziehungsmuster festhalten wollen, werden ihr entsprechend kritisch bis entwertend gegenübertreten, Andere werden neugierig und es finden neue Begegnungen statt, die der Wandlung entsprechen. Sie gerät also auch in durchaus unangenehme, aufreibende Situationen und sie wird die sich ergebenden Konflikte nicht immer gleich, geschweige denn auf einmal, lösen können. Notwendige Trennungen ergeben sich; unsichere, noch nicht erprobte Situationen entstehen. Ent-Täuschungen werden erlebt, eine fortwährende Auseinandersetzung im Spannungsfeld: „altes" System und/oder Wandlung setzt ein.

Wir können uns also auf eine unübersehbare Fülle von Konsequenzen einstellen, die jeweils spezifisch individuell gelagert sind.

Unser Organismus ist ein lernendes System, das sich der Wandlung anpasst und sie angemessen gestaltet. Die Umsetzung der gewonnenen Erkenntnisse im Alltag geht Schritt um Schritt vor sich, manchmal sogar so unmerklich, dass wir uns fragen, ob sich überhaupt etwas getan hat.

Wandlungs- und Reifeprozesse brauchen ihre Zeit. Wenn wir die Umwandlung im Psychodrama initiiert und gerichtet (ihr eine Ausrichtung geben) haben, wird sie sich auf jeden Fall umsetzen, wir können den Prozess unterstützen oder ängstlich abbremsen, jedoch nicht verhindern. Der nachfolgende Prozess wird zudem von weiteren Sitzungen oder Seminaren begleitet, so dass Unterstützung, Begleitung und auch Korrekturen gewährleistet sind.

Manchmal ist es wichtig, mit dem/der ProtagonistIn über die Tragweite einer Systemveränderung zu reden, ihm/ihr die Konsequenzen aufzuzeigen, damit er/sie sich mit etwas Mut wappnen kann, oder sich durch professionelle oder auch freundschaftliche Hilfe absichert.

Ich weise meine ProtagonistInnen häufig schon während des Spielgeschehens auf mögliche Konsequenzen hin, bevor sie einen beabsichtigten Schritt im Spiel vollziehen. Ich verdeutliche hiermit auch die Verantwortlichkeit des/der ProtagonistIn für die Inhalte des Prozesses.

Integrative Aspekte zum Ende eines Spiels können also konkret durch einen Dialog bzw. ein Abschlussinterview, durch Ausspielen von Zukunftsvorstellungen und Alltagssituationen und auch durch reales Feedback der anderen TeilnehmerInnen zur Geltung kommen. Natürlich können sich einzelne Elemente auf mehrere Psychodramen verteilen, die über einen längeren Zeitraum stattfinden. So kann die gesamte Integrationsphase auch ein nachfolgendes Psychodrama sein.

Just an dieser Stelle ist „Psychodrama – kreativ" gefragt Ob mit Körper-, Bewegungs-, Tanzarbeit mit Bildern, Skulpturen u.v.m. sind den kreativen Möglichkeiten einer integrativen Abschlussgestaltung bzw. eines neuen Psychodramas keine Grenzen gesetzt.

Zur Integration gehört auch, dass abgespaltene oder im Spiel getrennte Persönlichkeitsanteile zusammengeführt werden (was teilweise schon im Spiel geschieht).

Zum Ende des Spiels ist die Verabschiedung aller Hilfs-Iche und Mit-spielerInnen notwendig. Der/die ProtagonistIn verabschiedet sich vom Hilfs-Ich, entlässt die MitspielerInnen aus der Rolle und nimmt die durch die Rolle vertreten Anteile zu sich; eine Integration für den/die Protagoni-stIn und eine Rollenentlastung für die MitspielerInnen.

Rollen-Feedback, Sharing, Prozessbetrachtung

So wie zum Anfang das protagonistzentrierte Psychodrama aus dem Grup-pengeschehen entstand, so geht jetzt die Energie wieder zur Gruppe. Der Fokus richtet sich am Ende erneut auf die Gruppe, der Kreis schliesst sich.

Im *Rollen-Feedback* berichten die MitspielerInnen, wie es ihnen in der Rolle ergangen ist. Es ist zum einen eine Entlastung für die MitspielerIn-nen und es bringt zusätzliche Aspekte ans Licht, die für den/die Protago-nistIn hilfreich sind. So erzählte z.B. das Hilfs-Ich, das Carlas Vater ge-spielt hat: „Ich empfand etwas ähnliches wie Reue als dein Vater, ich war streng zu dir, weil ich wollte, dass aus dir etwas wird, aber das war wohl nicht so gut."

Hier erfuhr Carla eine Gefühlsvariante ihres Vaters, die sie bislang noch nicht vermutet hatte. Hieraus ergibt sich die Möglichkeit, an dieser Stelle nachzuforschen.

Ich erlebe sehr häufig, dass die MitspielerInnen aus ihren Rollen her-aus die wirklichen Empfindungen und Einstellungen der gespielten Per-son erfassen und benennen können.

Im anschließenden *Sharing* können alle Anwesenden (einschließlich der BegleiterInnen, TherapeutInnen und Co-TherapeutInnen) berichten, was sie stark berührt hat, an welchen Stellen sie mitschwingen konnten und ob sie Ähnliches auch schon erlebt haben.

Hier erfährt der/die ProtagonistIn, dass er/sie mit seinen/ihren Proble-men nicht allein auf der Welt ist, dass Andere ähnliche Dinge durchma-chen und sich mitfühlend mit ihm/ihr verbinden.

Nach großen gefühlsintensiven Spielen ist die Sharing-Runde ein sehr bewegendes Erlebnis.

Wir erleben dann Gefühlsausbrüche der Personen, bei denen Schmerz ausgelöst wurde, Berichte unter Tränen aus der eigenen Kindheit, Solida-ritäts- und Liebesbekundungen, spontanes Weinen, verbindendes Hände-halten, Umarmungen, tröstendes Streicheln u.v.m. Die Situation gleicht in manchen Fällen der erlebten protagonistzentrierten Katharsis und geht im Sharing über in eine Gruppenkatharsis.

Die Praxis

Vor einigen Jahren durfte ich an einer ganz besonderen, gemeinsamen Katharsis teilhaben. Es war in einer reinen Frauengruppe und ich leitete ein Spiel mit Valerie, die mehrfach missbraucht wurde, diese Situationen auf der Bühne darstellte und aufzeigte, wie sie ihre Kinderseele retten konnte. Die Katharsis war ein Wechselspiel zwischen unsagbarem Leid des kleinen Mädchens und einem gewaltigen Aufschrei der Kriegerin in Valerie. Diese konnte den Vergewaltiger in Stücke zerlegen. Das kleine Mädchen lag wimmernd zusammengekauert in der Ecke. Da tauchte die Kind-Fee auf, eine weise, schon immer und ewig existierende Zauberin, nahm die Kleine in den Arm, streichelte sie und versicherte ihr, dass die Kinderseele nicht zerstört ist, dass sie sich tief verkrochen hat, aber jetzt wieder zum Vorschein kommen kann. „Du darfst wieder leben, stärke deine Kindseele, verbinde dich mit der Kriegerin und geh zurück in die Welt", waren ihre Worte und „Wirf´ alle Schuldgefühle über Bord, du bist liebenswert, so wie du bist."

Die Zuseherinnen saßen auf ihren Stühlen und weinten, ich zog mich zum Rand des Geschehens zurück und liess den Dingen ihren Lauf. Die Frauen betraten nach und nach die Bühne, umarmten die Protagonistin, die Mitspielerinnen und sich gegenseitig. Alle Frauen verschmolzen zu einem gemeinsamen, fast symbiotischen Sein.

Ich als Person wurde schon im Verlauf des Spiels unwichtig, jetzt war es so, als gäbe es mich nicht. Später kam die Rückmeldung der Protagonistin und der Mitspielerinnen, dass sie mich tatsächlich nicht mehr wahrgenommen haben.

Am Rand des Geschehens konnte ich von außen in diesem Gefühlsbad mitschwingen. Mein Herz war weit offen und breitete sich in mir aus. In diesem Moment liebte ich die Kindseele, wie ich noch nie vorher geliebt habe. Nach einiger Zeit gesellte ich mich wieder zu den Anderen. Am Boden sitzend, an der Hand oder im Arm haltend, erzählten alle nacheinander von bewegenden schmerzhaften Erlebnissen, von Rettungen, Hilflosigkeit, ohnmächtiger Wut, von Mut und Selbstbehauptung, vom Leben in all seiner Tiefe.

Eine Sharing-Runde mit einer Gruppenkatharsis verstärkt die Gefühle der Einzelnen um ein Vielfaches. Daher auch mein unendlich tiefes Liebesgefühl, natürlich auch bedingt durch meine Identifikation mit dem Geschehen, dass an meine eigenen Erfahrungen anknüpft.

Moreno hierzu [2]: „Besonders in der Behandlung psychotischer Prozesse hat das Psychodrama erstaunliche Resultate erzielt durch eine Art „Liebeskatharsis", eine Katharsis, die von der Begegnung mit ähnlich leidenden Menschen stammt."

Zu einem Psychodrama-Spiel gehört auch eine *Prozessbetrachtung.* Vorallem in Ausbildungs- und ggf. Selbsterfahrungsgruppen führe ich gemeinsam mit allen TeilnehmerInnen eine Prozessbetrachtung (auch Prozessanalyse) durch. Um den ProtagonistInnen und allen Beteiligten eine Pause zukommen zu lassen, in der sich die Geschehnisse und vor allem die Gefühle setzen können, findet diese Reflexion erst am darauffolgenden Tag statt. (Zumindest sollten einige Stunden dazwischen liegen.)

Bei dieser Art von Betrachtung schalten wir hauptsächlich den Intellekt ein, wir erzielen Bewusstheit und methodisch-didaktisches Lernen.

Eine umfassende Prozessbetrachtung braucht Zeit, wir beschäftigen uns dann mehrere Stunden mit einem Spiel. Da jedes Spiel bestimmte Schwerpunkte aufweist, Besonderheiten beinhaltet oder außergewöhnliche Abweichungen vom Regelfall, setze ich meist einen entsprechenden Fokus. Das kann eine Betrachtung mit dem besonderen Aspekt des Rollentausches sein oder Hypothesenbildung oder welche Heilkräfte wirksam sind u.a. Die anderen Aspekte werden dann nur am Rande betrachtet.

Wir stellen das gesamte Spiel nach, schauen uns die einzelnen Szenen, die Methoden und Techniken, den Zusammenhang des Verlaufs, die einzelnen Phasen, die Inhalte und auch das TherapeutInnenverhalten je nach Schwerpunkt an, erörtern Fragen, stellen Vergleiche, Zusammenhänge und Verallgemeinerungen fest.

Die Praxis
Carlas Spiel betrachten wir uns unter dem besonderen Aspekt der Heilung, der vollzogenen Wandlung mit all ihrem Konsequenzen.

Darüber hinaus beschäftigten wir uns intensiver mit der Vaterbeziehung und entsprechender Auswirkungen auf Carlas Beziehungsleben mit Männern: Als Kind bezieht sich Carla sehr stark auf ihren Vater, sie will alles „richtig" machen, um von ihm geliebt zu werden. Da es ihr unmöglich ist, alles richtig zu machen (sie ist ein Kind), wird sie halt nicht geliebt. Da ihr Vater sie je nach Leistung lobt oder tadelt und sie immer wieder auf Fehler hinweist, also den Mangel in den Vordergrund schiebt, jagt sie deren Ausmerzung nach. Da Fehler (Fehler im Sinne ihres Vaters) jedoch naturgegeben sind, hört die Jagd nie auf. Wir erleben die Grundsteinlegung für ein durchaus übliches System. Das Heranwachsen einer stark leistungsorientierten jungen Frau auf der ständigen Suche nach Nähe bzw. Liebesbekundungen.

Sie verbringt ihr Dasein damit, für das männliche Gegenüber (Partner, Freunde, Chef) alles „richtig" machen zu wollen, denn erst dann folgt die Anerkennung, erst dann wird sie gemocht und geliebt, so wie es in ihrem Erfahrungshintergrund festgeschrieben ist. Sie erfährt natürlich immer wieder, dass sie nicht gut genug ist. Denn ihrem System entsprechend trifft sie in jedem Mann immer wieder auf ihren Vater.

Sie erlebt eine ständige Verstärkung des tiefen inneren Gefühls: Ich bin nicht liebenswert, so entstanden durch eine verinnerlichte angenommene, sich zu eigen gemachte Fremdbeurteilung des Vaters und seiner Nachfolger. Verstärkt wird ihre Jagd nach Anerkennung und Liebe natürlich auch durch eine verzweifelte Sehnsucht nach Angenommenwerden so wie sie ist, ohne Leistung.

Frage ist: wie geht hier Heilung, Wandlung, wie erhält sie Liebe?

Das Dilemma ist hier nicht die Fremdbeurteilung, es ist das ureigene Selbstwertgefühl, das wie ein Magnet seine eigene Entsprechung anzieht. Offensichtlich ist hier eine Richtungsänderung angezeigt. Solange sie ihr eigenes Wertgefühl von anderen Menschen abhängig macht, erlebt sie eine Bestätigung. Nur wenn es ihr gelingt, sich selbst als Wertbemesserin zu nehmen, sich selbst zur Zeugin und Richterin beruft, sich und ihr Wesen selbst begutachtet, kann sie dem entwertenden System entrinnen.

Erinnern wir uns an das Bild (S. 114):

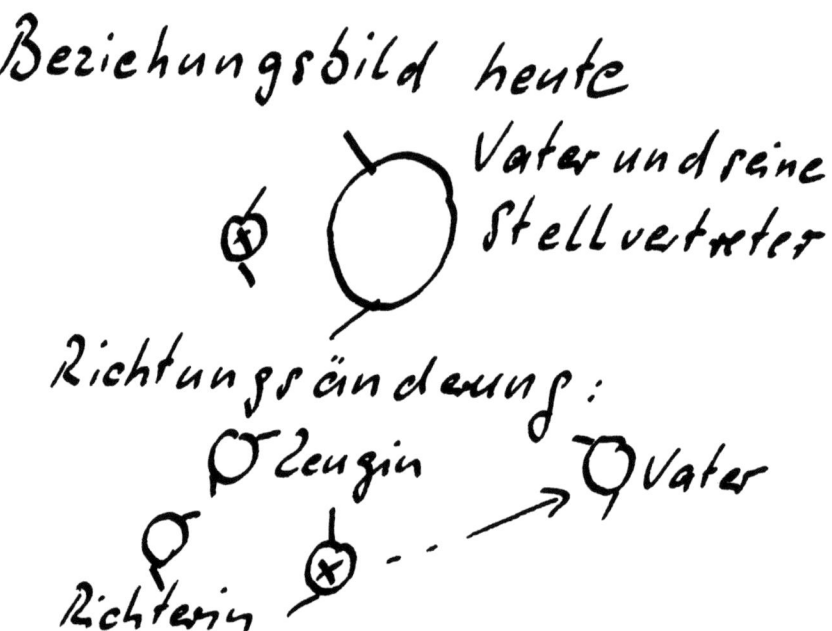

Da das Bild mit Vater ein verinnerlichtes Bild geworden ist, ein Abbild ihres inneren Systems, ist es für sie erforderlich, sich auf sich selbst, auf ihr „Inneres" zu beziehen, hier zu forschen, hier zu verändern, nun mit einer veränderten Kernüberzeugung der Welt und den Menschen zu begegnen. Diese „innere" Veränderung wird sich jetzt auch ihre Entsprechung im Außen suchen und ihr begegnen.

Diese Schritte bilden die Grundlage für Heilungsprozesse, was auch bedeutet, zur Entstehungsgeschichte zurückzugehen, um sich von der Ursprungssituation abzunabeln, denn nur das gewährleistet eine durchgreifende Wandlung.

Es ist schon bemerkenswert, wie wir uns im Rahmen unseres Systems auf ein Minimum aller gegebenen Möglichkeiten beschränken und uns dabei ständig im Kreise drehen.

So und ähnlich laufen Prozessbetrachtungen ab. Sie bewirken auch bei dem/der ProtagonistIn eine zusätzliche Bewusstheit, da er/sie in diesem Prozess Zeuge seiner selbst ist. Beim Nachstellen übernimmt ein anderer Mitspieler seine Rolle, so dass er/sie nur BeobachterIn ist. Sich aus dieser

114

Perspektive betrachten schafft neuen Zugang zur Selbstwahrnehmung und -beurteilung. Dieses Verhalten ist u.a. eine unserer Zielstellungen des Psychodramas, sich selbst reflektieren/wahrnehmen können, sein eigener Zeuge sein, sind unabdingbare Voraussetzungen für eine/n PsychodramatikerIn, der/die mit Bewusstheit und Achtsamkeit arbeiten will. Mit der Prozessbetrachtung ist unser protagonistzentriertes Psychodrama abgeschlossen, der Fokus richtet sich auf das Gesamtgeschehen, auf Gruppenaktionen, Übungen für alle oder auch auf die Erwärmung neuer ProtagonistInnen.

Tief durchatmen, sacken lassen, eine Pause einlegen, eine befreiende Meditation und wenn möglich eine Wanderung durch die Natur sind jetzt angesagt.

Einige zusätzliche Aspekte des Psychodramas

Doing-undoing-redoing

Roter Faden im therapeutischen Prozess des Psychodramas

Moreno bezeichnet in einem Vortrag in Beacon 1960 das Psychodrama als Prozess des TUNS, LÖSCHENS und NEUGESTALTENS (doing, undoing, redoing), also als

* Ausspielen der Szene, wie sie war,

* Löschens der Szene durch Konkretisierung, Maximierung und katharische Freisetzung bislang blockierter Energie sowie

* Neudarstellung der Szene und Ausspielen eines neuen Skripts.

Die bis hierher erläuterten Methoden und Bestandteile des Psychodramas waren aufeinanderfolgende Beschreibungen einzelner Elemente.

Der therapeutische Prozess verläuft, wie die Reihenfolge der Beschreibungen aufzeigt, in einer mehr oder weniger festgelegten Phasenstruktur, nach der sich der therapeutisch tätige Mensch ausrichtet. Die von Moreno benannten Phasen des doing-undoing-redoing sind eine sehr einfache und klare Art der Prozessbeschreibung.

Die Grundlage hierfür ist das durchaus menschliche Verhalten in Konfliktsituationen. Es gleicht einer wiederkehrenden Norm. Wir reagieren immer wieder gleich und schaffen uns exakt die gleichen Leidenssituationen wir vorher zigmal erlebt. Wir hängen sozusagen in einer Wiederholungsschleife fest. Nehmen wir das Beziehungsmuster Carla, die sich immer wieder einen ganz bestimmten Partner sucht, wo sie letztendlich um Liebe röchelt und unter unerfüllter Sehnsucht leidet. Anders ausgedrückt: wir sind verhaftet in einem ganz bestimmten System. Das heutige aktuelle System hat seinen Ursprung in Kindheitsgeschehnissen, die quasi „stehengeblieben" sind. Ich habe mir demnach als Kind bestimmte Konfliktbewältigungsstrategieen angeeignet, die ich immer noch meist wenig erfolgreich anwende. Ich habe mir damals Schuhe angepasst, die mir jetzt mehrere Nummern zu klein sind. Ich befinde mich im Kindheitssystem. Bei Carla erleben wir das durch eine sich wiederholende Vaterübertragung. Sie hat als Kind gelernt: „Ich muss Leistung bringen um Zuwendung vom Vater zu erhalten. Ich mache nichts richtig – ich bin nicht liebenswert, ich muss mehr leisten, um die Liebe doch noch zu bekommen."

Dies ist ein paradoxes, sich im Kreise drehendes Lebenskonzept, das sie sich als Kind aneignet, da sie keine anderen Möglichkeiten hatte; sie hatte damals keine Wahl. Heute hätte sie die Wahl, wenn es ihr bewusst wäre. Was geschieht: sie bleibt im System verhaftet und wählt immer wieder ihren Vater.

Um sich hieraus zu befreien (sich auch damit von einer speziellen Art des Leidens zu befreien) ist eine Loslösung vom System erforderlich. Wenn Carla also eine wirkliche Veränderung anstrebt, muss sie sich ihr altes System anschauen bzw. bewusst erleben, es zerschlagen und sich ein neues erschaffen. doing-undoing-redoing – so geschehen in ihrem Psychodrama.

Zerschlagen heißt nicht immer vollständige Zerstörung, das alte System kann auch aufgeweicht oder Stück um Stück abgebaut werden. Es können durchaus auch Teile erhalten bleiben. Vorsicht bei Varianten, sie sind meist doch wieder das Altbekannte.

Mit Joseph hatte ich ein Spiel, in dem dieses 3-Schritt-Verfahren in der Phasenstruktur sehr klar zum Ausdruck kommt.

Die Praxis
Joseph hat sehr starke Probleme mit seinen Augen, er kann nur eingeschränkt sehen und die Entwicklung seiner Krankheit ist ungewiss. Er kommt als Protagonist auf die Bühne mit dem Thema: Angst vor Blindheit.

„Ich habe eine unsagbare Angst ganz zu erblinden und abhängig zu sein", gesteht er, „ich kämpfe unentwegt gegen die Angst an."

1. Schritt:

1. Szene: *doing*

Joseph steht auf der Bühne, eine übergroße Angst steht hinter ihm. Joseph will etwas unternehmen, er plant ein Projekt und verabredet sich mit jemanden. Jetzt will er einen Schritt vorgehen – da schnappt die Angst von hinten zu und hält ihn fest. Vor ihm taucht die Blindheit auf und versperrt ihm den Weg. Er hält sich mit einer Hand die Augen zu und kämpft schwer atmend und ringend mit der Angst; er will sich freikämpfen und windet sich erfolglos in den Fängen der Angst. „So ist mein Leben, ich stecke fest", meint er.

2. Schritt: die gleiche Szene *undoing*

„Schau dir doch mal dein „Blindsein" genauer an", fordere ich ihn auf.

Er sieht mich verwundert an, blickt zur Blindheit, wird ganz traurig, geht auf sie zu, streichelt ihr über den Kopf und – weint. „Du bist meine Hilfsbedürftigkeit, mein Klein-sein, du bist ganz schwach und abhängig, Angst brauche ich vor dir nicht haben." Joseph ist jetzt ganz weich und sanft und traurig, „ich habe dich immer vernachlässigt, weil ich der Angst die Verantwortung für mich gegeben habe, mein Verhalten wurde durch die Angst bestimmt."

Die Angst schleicht sich hinten heran und will ihn in ihren Griff nehmen. Da dreht Joseph sich zu ihr um: „Bleib´ wo du bist, das ist nah genug." Die Angst verharrt mitten in der Bewegung und bleibt stehen.

3. Schritt, gleiche Szene *redoing*

Die Angst: „Ich bin doch deine Lebenskraft und wenn du die Schwäche davorne zulässt, bin ich gelähmt."

„Quatsch!" ruft Joseph, „ihr müsst miteinander auskommen, dafür werde ich jetzt sorgen".

Nach einem Hinweis von mir nimmt er sich die Angst/Lebenskraft an die rechte und die Blindheit/Schwäche an die linke Seite und zeigt sie den Zuschauern. „Seht her, das waren wohl Angst und Blindheit, ich war zwischen beiden eingekeilt, da ich ihnen die Kontrolle über mein Leben überlassen habe. Jetzt sind es meine Lebenskraft und meine schwachen, abhängigen Seiten. Sie gehören beide zu mir und sind ganz tolle Burschen." Alle lachen und stimmen ihm zu.

Wir erleben hier ein Lehrstück des Dreierrhythmuses:

- doing/tun, wie gehabt in der Ausgangsszene. „So ist mein Leben" ist sein eigener Kommentar zur Szenerie.

- undoing/löschen bzw. auflösen des alten Systems durch Hinsehen, Hinwenden, Kontakt machen ohne Kampf

- redoing/neugestalten und Neubenennung aller Elemente. Rechts und links untergehakt kontrolliert jetzt Joseph das Geschehen, er ist wieder handlungsfähig.

Mein damaliger Ausbilder (Robert Blum) und Mitautor in diesem Buch, geht in seinen Überlegungen so weit zu sagen, dass wir durch das Üben des dritten Schrittes uns dieses Handeln als Lebensrhythmus aneignen, der Dreierrhythmus zu einer Selbstheilungskompetenz wird. Aufgrund meiner Erfahrungen kann ich diese Aussage bestätigen. Ich habe mir im Verlaufe der letzten Jahre angewöhnt, mir meine Konfliktsituation im Zusammenhang meines Lebenskonzeptes quasi von außen als mein eigener Zeuge zu betrachten, um dann mit kreativen Herangehensweisen nach Lösungen zu schauen, die das Merkmal des Nicht-tuns aufweisen. Die Ergebnisse sind verblüffend. Hier ist anzumerken, dass ich diese Herangehensweise bei überschaubaren Situationen beherrsche, jedoch noch nicht bei meinen Grundmustern.

Sehr hilfreich für diese Lösungsstrategien ist meine regelmäßige Meditation, da sie mir dazu verhilft, aus meinen Gedankenmustern auszusteigen.

Surplus-reality

Die Psychodrama-Therapie eröffnet uns für diese Art des Ausstiegs eine ganz besondere Realitätserweiterung, die Erfahrung einer *surplus-reality*.

Moreno nannte so die psychodramatische Arbeit mit realitätserweiternden Aspekten. Neben ganz realen Gegebenheiten, Situationen, Gefühlen u.a. objektiv erfassbaren Geschehnissen existiert im menschlichen Sein die Welt der Vorstellungen, Träume, Imaginationen, die Welt der Mythen und Märchen.

Das Psychodrama als Instrument versetzt uns in die Lage, diese Welt der Visionen real auf die Bühne zu bringen, auszuspielen und zu erforschen, in welchem Zusammenhang diese Welt mit unserem Sein steht. Das Spielen auf der Bühne bringt eine reale Erfahrung mit sich und führt zur Bewusstseinserweiterung aller Beteiligten.

Einige Leser mögen hier die Gefahr des Abhebens, des Abdriftens von der Realität sehen, des Aufsteigens in realitätsferne Phantasiegebilde.

Genau das Gegenteil ist der Fall; wir holen diese Phantasien runter von der Wolke, ... hier zu uns auf den Boden, auf die Bretter der Psychodrama-Bühne, und hier zeigen sie uns ihre wahren Gehalt. Was drückt der Traum vom vielen Geld wirklich aus? Vielleicht den Wunsch nach absoluter Sicherheit, die es eh nicht gibt? Auf der Bühne kannst du es in Erfahrung bringen.

Zur Arbeit mit surplus-reality gehört nach D. Leutz[5]:

- die Arbeit mit Zukunftserwartungen bzw. deren Probe.
  Der/die ProtagonistIn kann seine/ihre Vorstellungen von der Zukunft auf der Bühne darstellen und dabei beobachten, wie sie sich anfühlt und feedback bzw. Anregungen von anderen TeilnehmerInnen erhalten.
  Es findet eine Überprüfung der Übereinstimmung zwischen Wunschvorstellung und adäquaten Möglichkeiten statt.

- die Umgestaltung irreversibler Geschehnisse.
  Hierzu gehört vor allem das Zugestehen und Ausleben verdrängter Bedürfnisse. So hat ein/e KlientIn nie wirkliche Wärme empfangen, kann sich dessen gewahr werden und sich jetzt auf der Bühne z.B. als dreijähriges Kind erleben und sozusagen „nachreifen".

- die Schuldtilgung. Der/die ProtagonistIn fühlt sich schuldig gegenüber anderen Personen, kann jedoch keine Versöhnung, Vergebung oder überhaupt Kommunikation vorstellen, da das Beziehungsmuster verhärtet ist oder betroffene Personen gestorben sind.
  Das Bühnenspiel erlaubt uns, diese Personen hier und jetzt zu uns zu holen um einen Dialog zu inszinieren, der in Richtung eines mitteilenden und zuhörenden Austausches, also einer Versöhnung wirkt.

- die Arbeit mit Träumen, wobei der besondere Wert im Aus- bzw. Weiterspielen von Träumen gegeben ist. Der/die ProtagonistIn kann auf der Bühne die realen Bedeutung eines Traumes für sein/ihr Leben erfahren und/oder auch endlich einen stehengebliebenen Traum abschließen.

- die Versöhnung mit dem Introjekt. Introjekte sind hiernach stehengebliebene innere Abbilder aus frühen Kindheitserlebnissen.
Es haben sich Wert-Urteile, Botschaften der Eltern u.a. Personen verankert und sind zu Leitbildern für das Lebenskonzept der Erwachsenen geworden.

- das katathyme Psychodrama, abgeleitet vom katathymen Bilderleben.
Bilder aus der Vorstellungswelt des/der ProtagonistIn werden real auf die Bühne gestellt und ausgespielt. Hierbei offenbart sich der Bedeutungsgehalt der Vorstellungs- bzw. Imaginationswelt des/der ProtagonistIn.

- die Arbeit mit dem Zauberladen (magic shop).
Die TherapeutInnen zu VerkäuferInnen, die TeilnehmerInnen werden zu KäufernInnen.
Sie können sich ihre Wünsche erfüllen bzw. zu einem angemessenen Preis kaufen. Wunsch und Gegenwert werden ausgehandelt. Will jemand z.b. mehr Mut seinen/ihren ArbeitskollegInnen gegenüber, so könnte der Preis eine gehörige Portion Harmonie sein, die abgegeben wird. Will ein/e Andere/r mehr Liebe und Wärme, so ist vielleicht sein/ihr Preis der halbe Schutzmantel, so dass das Herz sichtbar wird.

- der psychodramatische Tripp, eine psychodramatische Phantasiereise

- eines oder mehrerer oder aller TeilnehmerInnen, auch als Stegreifspiel (auch Gruppenspiel genannt) möglich. Ausgangslage ist ein Schiff, Bus, Flugzeug o. ä. Das Spiel beginnt und alle spielen ihre Reisephantasien in Bezug zu den Anderen aus.

- die Methode des Rollentausches, der eine erweiterte Du-Erfahrung ermöglicht.
Diese Methode ist hervorragend geeignet, den eigenen Horizont zu öffnen und die Außenwelt aus innerer Sicht wahrzunehmen und sich zueigen zu machen. Sein Gegenüber erlebbar zu verstehen, andere Standpunkte ein-zu-sehen, die Welt aus neuen Perspektiven wahrzunehmen.

- das Axiodrama, die Auseinandersetzung mit ethnischen und auch Über-menschlichen Werten und Weltsystemen bis hin zur kosmischen Dimension. Der Effekt ist vor allem eine Auflösung der Ich-Anhaftung und Ich-Zentrierung ohne Verlust der Ich-Stärke.

Diese angeführten Möglichkeiten lassen sich naturgegeben erweitern und ausdifferenzieren, so werden z.B. viele verschiedene Arten des magic shops angewandt, je nach Zielsetzung, Gruppe und Vermögen der/des

TherapeutIn. Benennungen und Beschreibungen können für die praktische Arbeit als Anregung sehr hilfreich sein und als sogenannte Starter für die Gruppen- oder Einzelarbeit eingesetzt werden.

Im Grunde ist das Element der surplus-reality in jedem Psychodrama enthalten, da immer die „Vorstellung" der ProtagonistIn auf der Bühne dargebracht wird und immer auch eine Erweiterung stattfindet.

Wir geraten nunmehr in die Auseinandersetzung mit dem Begriff Realität. Wie lassen sich Vorstellungswelt und Realität unterscheiden, definieren, abgrenzen oder aber zusammenführen, vermengen, kombinieren oder gar auflösen? Sehr unterschiedliche Standpunkte werden hierzu eingenommen. PsychodramatikerInnen sehen eine deutliche Verbindung zwischen Vorstellung und Realität, die sich gegenseitig bedingen und beeinflussen. Alles auf der Bühne Dargestellte ist im Moment der Handlung Realität. Wir, bzw. die ProtagonistInnen erschaffen im Geist eine Vorstellung, die durch das reale Sein auf der Bühne an-fassbar, er-fühlbar, wahr-nehmbar, also zu einer Sinneswahrnehmung und damit auch Seinsrealität wird. Ich persönlich gehe hier noch einen Schritt weiter und nehme die sogenannte Realität als durch den Geist bedingt wahr. Die reale Welt, so wie wir sie erleben, haben wir in unserem Geist erschaffen, es ist die materielle Umsetzung unserer mentalen Kraft bzw. Vorstellung, Einstellung, Haltung, Erwartung. Alle inneren Einstellungen, Gedanken bis hin zu Worten treffen in der Außenwelt auf ihre Entsprechung. Somit ist die Außenwelt ein Abbild unserer Innenwelt.

Um diese Sicht mit meinem Verstand erfassen zu können, hat mir die Vorstellung geholfen, dass alles eine bestimmte Art von Energie darstellt, jeder Gedanke, innere Bilder, ein Baum, ein Fels usw. sind energiegeladen und haben immer eine spezielle Aus- bzw. Einwirkung.

Laufe ich durch die Gegend mit der inneren Grundhaltung, dass die Welt mich nicht willkommen heißt, wird sie mit Sicherheit ein unwirtlicher Ort für mich. Blicke ich mit Respekt und Liebe auf die Dinge und Wesen dieser Welt, wird auch sie mir mit Liebe begegnen.

Der Rote Faden

Zusätzlich zum Drei-Schritte-Verfahren (doing-undoing-redoing) beinhaltet der therapeutische Prozess noch den sogenannten Roten Faden, der sich durch ein gesamtes Spiel durchzieht. Die Beachtung dieses Roten

Fadens dient dazu, den Prozess bewusst am Thema zu gestalten und Vereinbarungen einzuhalten.

Die Praxis
Anja sitzt in der Runde und erzählt uns, dass sie seit Tagen tief traurig und wütend auf Andere und sich selbst ist. Sie will an dem Thema arbeiten; Wut auf die Gruppe und Selbsthass, was ist los mit mir?

Wir stellen ein Bild mit all ihren aktuellen Empfindungen.

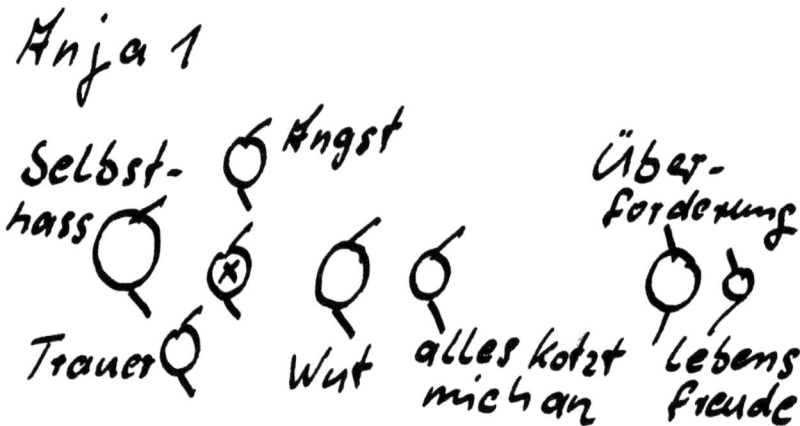

Sie steht in ihrem Bild und meint: „Es ist alles so hoffnungslos traurig. In meinem Job bin ich total überfordert und meine Lebensfreude hat sich dahinter verkrochen."

Dann schaut sie sich ihr Bild von außen an. „Ich habe die Lösung", sagt sie, geht zum Bild und baut es um.

Sie schiebt den Selbsthass weg und stellt Lebensfreude an deren Platz. „So will ich es haben" sagt sie und schaut mich triumphierend an. „Okay", sage ich, „stell' dich rein und überprüfe es." Sie nimmt ihren Platz ein, dann einen Rollentausch mit der Lebensfreude und Selbsthass und merkt: „So stimmt das alles nicht, das ist vielleicht mein Wunsch, aber nicht real." Also alles wieder zurück.

„Da, in der Wut, sitzt die Kraft" meint sie jetzt und vollzieht einen Rollentausch mit ihr.

Die Wut: „Ich will zur Lebensfreude, aber Anja lässt mich nicht, sie hält mich fest. „Ich könnte ihr so eine runterhauen, am liebsten würde ich hier alles kaputtschlagen." Die Wut dreht sich um zu Anja. „Das ist alles so schwer hier, ich bin ganz traurig." Sie weint: „Wer bist du?" frage ich sie. „Ich bin die Traurigkeit. Zu mir gehört auch die Lebensfreude, immer wenn die Lebensfreude kommt, bin ich auch da. Anja muss mich zulassen, dann gerät ihr Leben in Fluss, alles wird weich und lebendig." Sie weint stärker: „Ich will keinen Kampf mehr, ich will Frieden, manchmal auch den Tod."

So hat sich die Aggression in Traurigkeit gewandelt. Nachfolgend wurde die Traurigkeit eine lächelnd schöne Trauer, die Lebendigkeit hatte als spielendes freudvolles Mädchen ihren Platz an Anjas Seite und die anderen Elemente waren randständig.

Wenn wir uns diesen Prozess betrachten, erkennen wir, dass Anja durch ein Zulassen ihrer tiefen Trauer Zugang zur Lebendigkeit erhält. Wir hören ihren Satz zum gestellten Bild: „Es ist alles so hoffnungslos traurig ...". Wir können jedoch keine Traurigkeit im Bild entdecken. Sie hat den Wunsch, lebendig zu sein.

Schon ganz zum Anfang in der Runde erzählt sie uns von ihrer „tiefen Traurigkeit", also scheint hier ein Kerngefühl vorhanden zu sein. Das Wort Kerngefühl (zentrales Grundgefühl) drückt aus, dass es den „Roten Faden" bildet. Dieser Faden ist der „Kernfaden" oder auch „mittlerer Faden" eines Spieles, um den herum sich die anderen Fäden gruppieren bzw. winden. Es gibt dem Seil die Festigkeit.

Als achtsame BegleiterInnen registrieren wir diese zentralen Äußerungen und richten ggf. an bestimmten Stellen des Prozesses die Aufmerksamkeit der ProtagonistInnen auf diese Kernaussage.

Anja ist sich der Bedeutung ihrer Aussagen noch nicht bewusst, sie versucht jetzt ohne ihre Grundgefühle zu erleben, die Lebensfreude einfach zu sich zu holen.

Für den Prozess heißt das: wir verlassen den „Roten Faden", wir „ziehen eine Schleife" (so bezeichne ich dieses Phänomen). „Eine Schleife ziehen" sehe ich nicht als Zeitverschwendung an, Schleifen sind notwendig für Erkenntnisprozesse, Überprüfungen u.a. (auch der „Rote Faden" des Spiels braucht sein drum-herum.)

Anja spürt schnell: so nicht, es wäre ein Ausweichen vor nicht erwünschten, vermeintlich schmerzhaften Prozessen bzw. Gefühlen.

Zurück zum Ursprungsbild, in dem die Trauer immer noch nicht sichtbar ist.

Zunächst erscheint es so, als ob die Wut eine freisetzende Energie beinhaltet, denn sie agiert und ist somit ein lebendiger Impuls. Sie ist jedoch gegen die Protagonistin gerichtet und äußert sich in Autoaggressionen (ein Art Selbstzerstörung). An dieser Stelle taucht die Frage auf, ob nicht jegliche zerstörerische/abgrenzende Aggression eine auf sich selbst gerichtete ist. Die stärkste Inspiration, mich mit diesem Thema auseinander zu setzen, erhielt ich von Jiddu Krischnamurti mit seinem Buch: Einbruch in die Freiheit [10], für freiheitsliebende Menschen sehr zu empfehlen.

Einige Zeilen als Kostprobe:
„Um jenseits der Gewalt zu sein, darf ich sie nicht unterdrücken, sie nicht ablehnen, darf ich nicht sagen: „Sie ist nun einmal ein Teil von mir und damit basta", oder „ich wünsche sie nicht." Ich muss auf sie schauen, ich muss sie erforschen, ich muss mit ihr vertraut werden, und das kann ich nicht, wenn ich sie verurteile oder rechtfertige."

Zurück zum „Roten Faden": als die Wut mit Anja und ihrem Selbsthass konfrontiert wurde, wandelt sie sich in Trauer.

Jetzt ist der „Rote Faden" zugegen und die weitere Abfolge des Spiels entwickelt sich hieran.

So wie sich ein „Roter Faden" durch dieses Spiel durchzieht, zieht er sich auch thematisch über einen längeren Zeitraum durch. Bei einem nächsten Spiel mit Anja könnte die Entstehungsgeschichte der Trauer oder Alltagssituationen, die diese Trauer hervorrufen, behandelt werden. Gab es vorher Spiele oder Aufarbeitungen, die mit dem Kernthema zu tun hatten?

Die Beachtung des „Roten Fadens" heißt also, nach thematischen, inhaltlichen Zusammenhängen über einen längeren Zeitraum zu forschen. So habe ich in der therapeutischen Arbeit auch immer den Kern im Blickfeld und bleibe nicht ständig in Situationen mit Nebenschauplätzen, Übertragungen und Stellvertreterkämpfen hängen.

Die Arbeitshypothese:
Um die Arbeit mit dem „Roten Faden" besser strukturieren zu können, arbeiten einige PsychodramatikerInnen mit der bewussten Gestaltung von

Arbeitshypothesen. Wenn ich mit einem/r ProtagonistIn arbeite, entstehen bei mir Bilder, die seine/ihre Person und das Thema auslösen. Schon habe ich eine innere Haltung, Wertungen, auch Urteile. Sie sind jedoch geknüpft an meine ureigene Erfahrungen, wie dann auch meine Lösungsstrategien und Zielvorstellungen. Gehe ich unbewusst mit diesem Material weiter, verfolge ich meine Intention, nicht die des/der ProtagonistIn. Um diese Gefahr zu vermindern, ist es hilfreich, diesen Prozess ins Bewusstsein zu heben.

Das kann geschehen durch die bewusste Bildung und gedankliche Benennung von sogenannten Arbeitshypothesen.

Die Praxis
Die Protagonistin Sylvia steht neben dem Leiter auf der Bühne und zittert vor Kälte, ihr Thema benennt sie: Keiner will etwas von mir wissen, alle lehnen mich ab.

Der Leiter bildet eine erste Hypothese: „Ihre Schutzmechanismen vor Schmerzzufügung sind zu stark geworden, so dass keine Begegnung mehr möglich ist." Er fragt also nach ihrem Schutzsystem. Sie antwortet auch gleich und hat das Bild eines Eispanzers. Seine nächste Hypothese: „Zerschlagung des Eispanzers". Ein Hilfs-Ich aus der Gruppe stellt die Protagonistin dar und vier Andere rundherum den Eispanzer. Der Leiter drückt der Protagonistin einen Schaumstoffschläger in die Hand, damit sie den Eispanzer zerschlägt. „Da weiss ich was besseres", ruft sie „ich kann diese Eisprinzessin nicht ausstehen", holt eine Bombe hervor und wirft sie in das Standbild puff! – alles weg ...; tot am Boden liegend. Des Leiters dritte Arbeitshypothese: „Das war ein Schuss in den Ofen, jetzt ist guter Rat gefragt. Vielleicht hilft etwas Wärme bei dieser Kälte?"

Sylvia steht noch immer ganz fassungslos außen vor, „was hab´ ich da getan?", wendet sie sich hilfesuchend an den Leiter. „Du bist einem deiner Impulse gefolgt", antwortet dieser, „vielleicht war der nicht so gut geeignet, gibt es noch andere Impulse?" fragt er, jetzt schon vorsichtiger geworden mit Vorschlägen. „Ja, ich muss sie wieder ins Leben holen, ich brauche ein Lebenslicht". Eine Teilnehmerin holt eine Kerze aus der Küche und gibt sie der Protagonistin. Sylvia zündet sie an und holt sich selbst wieder von außen ins Leben zurück. Dann erfolgt ein Rollentausch, sie steht mit der Kerze in der Hand auf der Bühne, die Eispanzerung wird wieder um sie herum aufgebaut und Sylvia sagt: „Dieses Licht hier kommt aus meinem Herzen und ich schmelze Löcher in diesen Eispanzer, so dass nicht nur das Licht, nein, auch die Wärme meines Herzens nach außen dringt." Sie führt die Kerze zum Eispanzer, der zurückweicht und brüchig wird. Da entdeckt sie die anderen Menschen, die von außen mit leuchtenden Kerzen auf sie zukommen. Sie beginnt zu weinen – so schmilzt auch ihr inneres Eis und viele wärmende und heilende Begegnungen liegen vor ihr.

An diesem Verlauf wird deutlich, dass eine kontinuierliche Überprüfung der eigenen Arbeitshypothesen notwendig ist. Also erstens: eine Bewusstwerdung eigener Stellungnahmen zur Protagonistin und zum Thema; zweitens: die bewusste Bildung einer Arbeitshypothese und drittens: eine kontinuierliche Überprüfung am Prozess der Protagonistin.

Offenheit für Veränderung, Einstellung auf Unerwartetes, Gefasstsein auf Überraschung und vor-urteilsfreies Vorgehen ist angesagt.

So sind wir schon mitten im nächsten Kapitel:

Tele und Begleitung

Beziehungsgestaltung zwischen TherapeutIn–KlientIn

Die sogenannte „heilende Begegnung" rückt nunmehr in den Vordergrund.

„Die Personen treffen sich mit all ihren Kräften und Schwächen, erfüllt von Spontaneität und Kreativität; die Begegnung lebt im Hier und Jetzt. Begegnung ist daher wesentlich verschieden von dem, was die Psychoanalytiker „Übertragung" nennen. Sie ist auch verschieden von dem, was die Psychologen unter „Einfühlung" verstehen.

Sie bewegt sich vom Ich zum Du und vom Du zum Ich. Sie ist „Zweifühlung", Tele."[2]

J. L. Moreno hat den Begriff „Tele" für die optimale Beziehungsgestaltung unter Menschen eingeführt. Was er hierunter versteht, geht aus obrigem Zitat hervor. Diese Beziehungsgestaltung bezieht sich auch auf die Beziehung zwischen KlientIn/TeilnehmerIn/ProtagonistIn und TherapeutIn/LeiterIn. Hier ist mir persönlich der Begriff „Begleitung" der liebste, da er eine Wechselseitigkeit ausdrückt und die Tätigkeit des/der TherapeutIn genauer erfasst.

Am Begriff „Tele" knüpft sich die Frage nach der „reinen" Beziehung, also der Begegnung ohne Übertragung, Gegenüberstellung und Projektion. Bei einer Übertragung ist das Gegenüber Träger eigener unbewusster Wunsch- und Erinnerungsvorstellungen. So kann es sein, dass Ernst in allen Autoritätspersonen unbewusst seinen gestrengen Vater sieht und dementsprechend reagiert. Oder Erna projiziert ihre eigene Wut auf große Frauen, „die ja so wütend sind" und ich, Erna, bin so klein und fein.

Um sich ohne diese Phänomene zu begegnen, müsste meine eigene Filmkiste (Gedanken und Erinnerungen) ausgeknipst werden, es entsteht eine freie Leinwand, auf der sich mein Gegenüber einfach so wie er ist abbildet. Mittlerweile habe ich erfahren, dass diese Art der Begegnung möglich ist, es ist mir jedoch nur auf Wahrnehmungsebenen gelungen, die mir bislang verschlossen waren. Diese Art der „reinen" Begegnung hat eine spirituelle Dimension und ist im Alltagsbewusstsein nur partiell erreichbar. Meine Intention ist es, mich dieser Art der Begegnung zunehmend anzunähern.

Die Bewusstseinsstrukturen in Gruppen und zwischen ProtagonistIn– BegleiterIn sind im Normalfall durch zig-fache Übertragungsmuster gekennzeichnet. Das Wort „Muster") deutet darauf hin, dass sich meist ein System widerspiegelt, das wir aufdecken und uns eventuell davon befreien können.

Das Psychodrama bietet uns durch die Methode des Rollentausches und Spiegelns die direkte Umsetzung der Übertragungen auf die Bühne, so dass ich als TherapeutIn zum Teil davon frei bin, da jetzt MitspielerInnen und/oder Symbole die Übertragungsträger sind. Ein sehr direktes Beispiel hierfür lieferte uns Hans.

Die Praxis

Hans will spielen, aber nicht mit mir als Leiter. Er will, dass die Co-Therapeutin sein Spiel leitet. Diese lehnt ab.

Ich sage: „Hans, nur eine kleine Probe und danach sehen wir weiter, einverstanden?"

Hans kommt einen Schritt auf die Bühne und fixiert mich mit seinen Augen: „Ich trau' dir nicht, du legst mich wieder rein, wie immer." „Wer hat dich immer wieder reingelegt?" frage ich ihn. „Mein Klassenlehrer von der Realschule", antwortet Hans. Ich fordere ihn auf, einen Mitspieler hierfür auszuwählen und einen Rollentausch zu vollziehen. Wir lernen einen Lehrer kennen, der sehr zynisch ist und Hans nicht ernst nimmt. Rollentausch retour. Hans sieht sich seinen ehemaligen Lehrer an. „Genau wie mein Vater, ich konnte ihm nichts recht machen – und diese zynischen Bemerkungen – furchtbar." Den Vater holen wir auch auf die Bühne. Hans hält gehörigen Abstand zu den Beiden und ist jetzt näher zu mir ran gerückt. Ich sage zu ihm: „Hans, dein Thema war anfangs, dass du von Arbeitskollegen nicht richtig ernst genommen wirst und du hattest kein Vertrauen zu mir, wie sieht das jetzt für dich aus?"

Hans lächelt mich an: „Zu denen da, den Beiden, habe ich kein Vertrauen, mit dir will ich's versuchen." „Okay, dann können wir ja weitermachen."

Wie gesehen haben wir im Psychodrama die Möglichkeit, Übertragungen zurück zu den Personen zu bringen, zu denen sie auch gehören. Damit sind wir in der Lage, eine arbeitsfähige Beziehung zum/zur ProtagonistIn aufzubauen, auch dann, wenn eine blockierende Übertragung vorliegt. Viele Fragen bleiben offen; was ist, wenn eine Liebesübertragung gegeben ist?

Ganz praktisch gesehen ist es wichtig, eine arbeitsfähige Beziehung zu gestalten. Oft sind hier Fallstricke enthalten, die auf Übertragung und Gegenübertragung beruhen. Da müssen wir in unserer Arbeit achtsam sein und unsere Handlungsschritte und Empfindungen hinterfragen oder auch offenlegen, so dass eine gewisse Transparenz vorhanden ist.

Im therapeutischen setting, also im Gespräch und im Psychodrama, ist die KlientIn-TherapeutIn-Beziehung der Kristallisationspunkt des Geschehens, durch diese Beziehung wird Heilung initiiert, ich nenne sie die „heilende Begegnung". Begegnung drückt eine beid- oder mehrseitige Wirkung aus.

Wenn auf der Bühne Heilkräfte freigesetzt werden, wirken diese auf alle Betroffenen ein, auf alle, die dem Träger der Heilkraft, dem/der ProtagonistIn, begegnen. Freigesetzt werden diese heilenden Energien durch eine gemeinsame Beziehungsgestaltung, im Kern der Beziehung zwischen ProtagonistIn und BegleiterIn. Diese Gestaltung gleicht einem Kunstwerk, das im Moment erschaffen wird, in der Katharsis einen Höhepunkt erreicht, um dann in Ruhe und Freude zu verebben; ein Kunstwerk, das nur gegenwärtig erlebbar ist, die Auswirkung zieht seine Bahn in die Zukunft – das Erlebnis an sich – jetzt schon Vergangenheit. Hier offenbart sich die zentrale Kompetenz von PsychotherapeutInnen. Die technische Anwendung von Methoden ist eine handwerkliche Basis; diese lässt sich strukturieren, planen, erklären und einordnen, also auch relativ schnell und gut aneignen. Die darauf aufbauenden Schritte gehören zum Qualitätsbereich einer künstlerischen Gestaltung, verwoben mit Erfahrung, Intuition, hoher Empfindsamkeit und auch spirituellen Fähigkeiten, wie dem Vermögen, sein Herz und seinen Geist zu öffnen und heilende Energien in Fluss zu bringen.

Diese Tele-Beziehung geschieht durch ein beidseitiges vertrauensvolles Öffnen aller Systeme: Herz , Geist, Körperempfinden sind beteiligt an dieser Eins-Fühlung von Zweien. Dieses Empfinden ist das Ereignis eines Entwicklungsprozesses mit viel Leitungserfahrung (auch Selbsterfahrung in der Leitung).

Dieser Prozess beginnt mit kleinen Schritten, und es gibt einige Aspekte, die sich günstig auf die Entwicklung des/der TherapeutIn sowie der KlientInnen auswirken.

Hier sei vor allem die Achtsamkeit genannt. Achtsam sein heißt, aufmerkam beobachten, zuhören und speichern. Wir beobachten die Körpersprache, besonders die Gesichtsmimik, die Veränderungen im Ausdruck, in der Körperhaltung; wir registrieren Reaktionen und vor allem alle Besonderheiten. Wenn der/die ProtagonistIn spricht, achten wir auf Tonfall, Lautstärke, Betonung, Klangfarbe und Inhalt. Oft ist eine bestimmte Wortwahl aufschlussreich. Wir nehmen Authentizität oder Widersprüchliches wahr, besonders zwischen Gesagtem und Körpersprache.

Anfangs üben wir uns tatsächlich nur darin, aufzunehmen und dann die eigenen Empfindungen, Gefühle, Bilder und Gedanken hierzu wahrzunehmen. Wir sammeln Informationen über den/die ProtagonistIn und uns selbst.

Jetzt ist ein allmähliches „Einfühlen" möglich, hierzu ist es hilfreich, für einige Zeit die Körperhaltung des/der ProtagonistIn einzunehmen, um festzustellen, wie sich die ProtagonistIn in diesem Körper fühlt.

Ich kann jetzt Fragen stellen, um mehr Informationen zu erhalten oder auch mit bestätigten Aussagen Kontakt schaffen.

Bestätigende Aussagen sind z.B.: „Du bist jetzt sehr aufgewühlt durch die Erinnerung" oder „Das tut weh, nicht wahr?" oder „Ja, das kann ich gut nachempfinden" usw. Der/die ProtagonistIn fühlt sich hierdurch verstanden, fasst mehr Vertrauen und wird offener. An dieser Stelle ist es wichtig, bei sich zu prüfen, welche Empfindungen habe ich jetzt zum/zur ProtagonistIn? Ist es Empathie, Mitgefühl, kann ich mitschwingen? Wenn ja, dann findet gerade eine einfühlsame Begegnung statt; wenn nicht, dann ist wohl günstiger, wenn ich Distanz aufnehme und bei mir überprüfe, was gerade geschieht. Es kann sei, dass ich noch keinen Zugang zum/zur ProtagonistIn, zu seinem/ihrem Thema, zu seinem/ihrem System erhalten habe – dann beobachte ich weiter, oder ich selbst habe einen Widerstand, der einen Kontakt verhindert. In diesem Fall wäre eine Klärung angesagt, durch: darüber sprechen, auf Distanz weiterforschen oder auch vorläufiger Abbruch bei abstoßenden Empfindungen.

Alle Äußerungen beziehen sich auf die anfängliche Kontaktphase der Beziehungsgestaltung. Wenn dann Kontakt hergestellt ist, ich einen Zugang zum Thema habe, beginnt die gemeinsame Arbeitsphase.

Hier bin ich als LeiterIn verantwortlich für die Rahmenbedingungen, für Struktur und Organisation des Spiels. Der/die ProtagonistIn ist für seine/ihre Inhalte und Ergebnisse verantwortlich. Es ist wie bei einem Rockkonzert, bei dem ich die Bedingungen (Bühne, Licht, Anlage, ZuschauerInnen usw.) schaffe, so dass die Band ihre Musik spielen kann, für die sie alleine verantwortlich ist.

Um dem/der ProtagonistIn das freie, spontane Spiel zu ermöglichen, muss ich ihn/sie entlasten, in dem ich meinen Job deutlich mache. Ich setze klare Strukturen, sage Techniken und methodische Schritte deutlich an und bin, wenn nötig, eine spürbare Unterstützung für den/die ProtagonistIn. Das heißt, wir verwenden eine klare, direkte und schnörkellose Sprache, fordern z.B. deutlich zum Rollentausch auf, halten ggf. Körperkontakt zum/zur ProtagonistIn und scheuen uns auch nicht, ihn/sie in den Arm zu nehmen.

Klar und deutlich heißt nicht laut oder befehlsmäßig, es ist wie die Stimme einer Waldfee, die den Wesen des Waldes eine wichtige Mitteilung überbringt.

Der Gegenpol hierzu sind die sich entschuldigenden LeiterInnen. „Dürfte ich, wenn es nicht zu viel Umstände macht, vielleicht mal usw." Als humorvolle Einlage sei diese Aussage erwünscht. Apropos Humor: Humor ist die Würze im Spiel, ein Lächeln, ein Auflachen, kann so befreiend sein wie eine tiefgreifende Katharsis. Im Lächeln liegt die Erkenntnis des Weisen; Lächeln heißt auch verzeihen können, sich selbst und Anderen, und schon ist die Welt etwas freundlicher, die Blockade hinweggefegt.

Meinen Job gut machen, heißt also einerseits durchaus taffes Vorgehen; dann aber in bewegenden Situationen auch innehalten und sanftes Vorgehen mit leichten Bewegungen und weicher Stimme, sprich': adäquates Verhalten dem jeweiligen Prozesscharakter entsprechend.

Das Gleiche gilt für die Körperbewegung und Ausrichtung, für das sogenannte Nähe-Distanz-Spiel. Im Interview, als emotionale Unterstützung oder als Doppel bin ich nahe an dem/der ProtagonistIn.

Will ich mir Übersicht schaffen, eigene Empfindungen überprüfen oder den/die ProtagonistIn bewusst alleine machen lassen (damit er/sie z.B. spürt: ich kann alleine, ohne Hilfe), nehme ich Distanz auf.

So entsteht ein Wechselspiel zwischen Distanz und Nähe, ein Tanz. Je leichter und intensiver der Tanz geartet ist, desto schöner und effektiver ist die Gesamtgestaltung des Spiels.

Nach der Arbeitsphase folgt die allmähliche Ablösung, die Verabschiedung der psychodramatischen Zweierbeziehung. Der/die ProtagonistIn wird wieder in die Gruppe eingeführt, in die Realität des Arbeitsraumes, reintegriert in gegenwärtige Bezüge. Durch Ergebnissicherung, Ausblick und Ausrichtung auf andere reale Personen und Bedingungen ist die enge TherapeutIn-KlientIn-Beziehung gelöst und der Teleeffekt nimmt ab.

Die errungene heilende Energie bleibt bestehen und wirkt weit in die Zukunft hinein, so auch das Abbild des inneren Wesens, es bleibt beim jeweiligen Gegenüber erhalten und ist jederzeit abrufbar.

Die Art und Weise der Begleitung eines/einer ProtagonistIn ist vom/ von der ProtagonistIn, den Bedingungen, dem Thema, aber vor allem von der Person des/der LeiterIn abhängig.

Die Einstellung, die Haltung des/der TherapeutIn sich selbst, seiner/ ihrer Arbeit, den Menschen und dem/der ProtagonistIn gegenüber ist ausschlaggebend. Hier erleben wir distanzierte, symbiotische, direkte, empathische u.v.a. Ausrichtungen, Stile und meist gesunde Mischformen.

Meines Ermessens sind vor allem die Tugenden der Achtsamkeit, Bewusstheit, Urteilslosigkeit und des Mitgefühls gefragt. Wenn wir uns diese Wesenszüge zu eigen machen auf dem Weg zur TherapeutInnenpersönlichkeit ist der Weg frei für die Entfaltung heilender Kräfte in jeglicher therapeutischen Beziehung.

Psychodrama-Variationen

Zur Vervollständigung füge ich hier eine Aufzählung über weitere Formen des Psychodramas ein.

Im vorliegenden Buch sind die drei Bestandteile des Psychodramas enthalten, die Soziometrie, die Gruppenpsychotherapie und das protagonistzentrierte Psychodrama. In allen drei Bereichen finden wir verschiedene Formen der psychodramatischen Arbeit mit unterschiedlichen Schwerpunkten. Darüber hinaus lassen sich von den einzelnen Schwerpunkten unzählige weitere Varianten ableiten.

Neben den in diesem Buch enthaltenen Formen sind einige zentrale Psychodrama-Variationen nennenswert (eine Aufzählung ohne Rangfolge oder Einordnung):

- Das pädagogische Rollenspiel,
  es dient vor allem dem Einüben und Ausprobieren von Rollen. Es wird viel mit Kindern angewandt.

- Das Situationsspiel,
  hier sollen Rollen ausprobiert und eingeübt werden in speziell ausgesuchten Situationen.
  Besonders geeignet für die Arbeit mit Angstneurosen bzw. -zuständen.

- Das Soziodrama,
  es ist ein Gruppenspiel mit vorgegebenen sozialen, kulturellen und politischen Themen, die im sozialen Kontext ausgespielt werden.

- Das Stegreifspiel,
  ein nichtgeleitetes Gruppenspiel mit einer vorgegebenen Ausgangssituation.

- Das Bibliodrama,
  bei dem biblische Texte und Themen vorgegeben werden, erst nach Drehbuch, dann individuell ausgespielt werden.
  So auch Arbeit mit Märchen, Filmen usw.

- Das playback-theatre,
  hier werden bestimmte Situationen aus dem Leben oder Fallbeispiele nachgespielt.

- Das Behaviordrama,
  ein Psychodrama nach verhaltenstherapeutischen Richtlinien, auch das Psychodrama des „Einübens" genannt.

- Das diagnostische Psychodrama,
  wird eingesetzt um einen ersten Eindruck, eine Übersicht oder Themenstruktur zu erfassen.

- Das Psychodrama mit spezifischen kreativen Medien, wie Einsatz von Körperarbeit, das Spiel mit Handpuppen u.v.m. (da hier ein spannender und lebendiger praktischer Ansatz für die Ausbreitung und die intergrative Arbeit mit dem Psychodrama vorliegt, planen wir ein weiteres Buch, mit dem Titel: Integratives Psychodrama und kreative Methoden in der therapeutischen Arbeit).

Alle Elemente und Methoden des Psychodramas können auch partiell in allen anderen therapeutischen und pädagogischen Ausrichtungen eingesetzt bzw. mit ihnen kombiniert werden.

Last but not least, wir erinnern uns, es kommt nicht auf die Methode an, sondern auf die therapeutische Begegnung, die Methode ist Beiwerk, die menschliche Beziehung steht im Mittelpunkt.

3. Die spirituelle Dimension des Psychodramas

Psychodrama ist eine therapeutische Interaktionsmethode; sie schafft Handlungsspielraum für heilende Begegnungen. Heilen ist hier eine Befreiung von Schmerzen, hervorgerufen durch innere psychische Verletzungen, Blockaden, schmerzhafte Erfahrungen usw.

Wie wir im Leitfaden des Psychodramas und in den hier enthaltenden Psychodramen erfahren haben, sind Bewusstheit, Akzeptanz und Integration von abgespaltenen Persönlichkeitsanteilen am Heilungsprozess beteiligt.

Bewusstheit über sich selbst, über das eigene Lebenskonzept und Beziehungssystem sowie die entsprechenden Ursprungszusammenhänge.

Akzeptanz das „so Seins" heißt, Mensch erkennt sich mit seinen Mustern und Eigenarten, kann sich mit eignenen „Teilen" wieder anfreunden, sie zu sich nehmen, ggf. transformieren und in sein Lebenskonzept einbauen bzw. reintegrieren. Er befindet sich demnach auf der Suche nach seinem „Selbst". Diese Suche ist die Essenz eines spirituellen Weges. Demnach bietet die psychodramatische Methode eine Möglichkeit zur Entwicklung eines spirituellen Bewusstseins. Alle Methoden des Psychodramas zielen auf Selbsterforschung und Erweiterung ab.

Herzöffnung, Transparenz, Lebendigkeit und Liebe sind zentrale Auswirkungen von psychodramatisch initiierten Prozessen und entsprechen gleichzeitig spirituellen Grundhaltungen.

Beim Begründer, bei J. L. Moreno finden wir deutliche Bekenntnisse zur spirituellen Dimension.

„Morenos Intention war es, die Einheit der Menschheit zu vollenden, in dem er durch seine Methoden tiefe Verbindungen zwischen allen Menschen herstellen wollte, durch die sie eine göttliche Schöpferkraft, die in

135

allen Kreaturen als Ursubstanz enthalten sei, erführen. Daher trat er wie ein Heiliger und ein Heiler auf." Moreno sah sich als Prophet, sein Psychodramakonzept sollte die Welt heilen. Bemerkenswert war sein Bezug zum Göttlichen. Er wollte Gott nicht verstanden wissen als außerhalb vom Menschen, als Du; er sah Gott als aus dem Menschen selbst kommend.

Der Mensch kann das Göttliche aus sich hervorholen, die Quelle aller Spontaneität und Kreativität.[11]

So erleben wir J. L. Moreno als spirituellen Menschen mit ganz eigenwilligen Ansätzen.

Weiter vorn im Buch wurde bereits erwähnt, dass die psychodramatische Methode auch technisch-formal gehandhabt werden kann, dass für die Art und Weise der Wirkung, für die Qualität des Prozesses die Haltung, die Einstellung, die Herangehensweise des/der TherapeutIn von entscheidender Bedeutung ist. Je stärker sich also der/die TherapeutIn der Spiritualität zugewandt hat, desto stärker wird sich diese auf die Beziehung zwischen KlientIn-TherapeutIn und damit auf den Prozesscharakter auswirken.

Was sind die Eigenschaften einer spirituellen Haltung? Dahinter steht die Frage, was ist spirituell, was nicht? Diese Frage kann ich so nicht beantworten. Ich kann mir vorstellen, dass unter bestimmten Umständen alles spirituell genannt werden kann und somit ist keine Ausgrenzung möglich. Es ist jedoch möglich, nach Haltungen, Werten, Einstellungen zu suchen, denen ich mich verbunden oder gar zugehörig fühle. Die therapeutische Grundhaltung kann hier die verschiedensten Ausrichtungen beinhalten; von einer allgemein humanistischen ganzheitlichen Sichtweise, einer christlichen, hinduistischen oder anderen religiösen Prägung bis hin zum rein individuellen Vorstellungen. Jede dieser Haltungen hat ihren Wert und ihren eigenen Charakter. So wie jede/r TherapeutIn eine spezielle Anwendungsform entwickelt, die jeweils individuell zugeschnitten ist, so orientiert sich jede/r Suchende in einem ihm/ihr entsprechenden geistigem Umfeld.

Ich persönlich fand für mich diese Werte in indischen und buddhistischen Lehren. Es ist besonders der Zen-Buddhismus, dem ich mich immer stärker zuwende. Die Grundhaltung sich selbst, den Menschen und der Welt gegenüber ist geprägt von Achtsamkeit, Liebe und Respekt.

Beispielgebend für diese Haltung ist der buddhistische Mönch Thich Nath Hanh, der in der ganzen Welt Achtsamkeit und Zen-Meditation lehrt. Seine Bücher und seine Reden haben mich stark berührt.

Für die therapeutische Arbeit ist meines Ermessens die Achtsamkeit eine zentrale Forderung an mich selbst und im Umgang mit anderen Menschen.

Für die therapeutische Haltung heißt Achtsamkeit:

- behutsames, forschendes Miteinanderumgehen
- sanftes, friedvolles Vorgehen
- zugewandtes, gegenwartszentriertes Arbeiten
- waches, konzentriertes Dasein
- akzeptiertes, urteilsfreies Betrachten
- Grenzsetzung bei Verletzungen und Überforderung

Die Achtsamkeit bezieht sich auf mich selbst als Therapeut, ich achte sorgfältig auf meine Empfindungen, meine Bilder und auch meine Haltung den ProtagonistInnen/KlientInnen gegenüber. Ich achte auf meine Sprache, mein Körperverhalten, meine Impulse.

Parallel hierzu richtet sie sich mein Achtsamsein auf mein Gegenüber, ich achte auf sprachliche und körperliche Ausdrucksformen, auf Zeichen und Zugangsmöglichkeiten für einen Kontakt.

Darüber hinausgehend ist eine dritte Art der Betrachtung möglich, die aber nur durch viel Übung erreicht wird: ich stelle mich in meiner Vorstellung neben die Aktion und beobachte die Kommunikation zwischen mir und meinem Gegenüber. Mit dieser Betrachtungsart erfasse ich den Gesamtkomplex der Beziehung.

Die benannten Anforderungen für achtsames therapeutisches Vorgehen sind als Zielvorgaben gedacht, denen ich mich kontinuierlich annähere. So ist es uns – den auf dem Weg befindlichen Wesen – z.B. nicht möglich, völlig urteilsfrei zu sein. Uns der wertneutralen Haltung anzunähern heißt in diesem Kontext erst einmal, die eigenen Urteile über sich und Andere wahrzunehmen und zuzulassen. Erst dann habe ich die Wahl, ob ich ihnen entspreche oder sie eventuell eine Zeitlang an die Seite stelle.

Achtsamkeit heißt also auf keine Fall Wut, Ärger, Urteile u.ä. auslöschen, es heißt vielmehr, sich des Seins wie es ist, bewusst zu sein. Daraufhin kann eine Transformation stattfinden, wenn ich mich für neue Optionen öffne. So kann ich z.B., wenn ich meine Urteile zurückstelle, entdecken, dass ich mich getäuscht habe. Diese Erfahrung veranlasst mich, nicht mehr vorschnell zu urteilen – bis hin zur urteilsfreien Haltung.

Dieser Prozess beginnt bei mir, bei meinen eigenen, noch nicht integrierten, noch nicht bewussten Persönlichkeitsanteilen. Wir erinnern uns: der spirituelle Weg ist der Weg zu sich selbst, zu allem, was mich ausmacht, was sichtbar und verborgen ist – uns also so zu entdecken wie wir sind, nicht wie wir zu sein wünschen.

All das spricht für die Ausrichtung der Achtsamkeit auf sich selbst, immer wieder aufs Neue, Schritt für Schritt mit zunehmender Bewusstheit.

Die achtsame Bezogenheit auf sich selbst führt nicht zur Selbstzentrierung, sie führt zu einer bewussten Beziehungsgestaltung.

Ein gravierendes Beispiel hierfür ist die Akzeptanz von bedürftigem, kindlichen Verhalten anderer Menschen ohne Abwertung. Diese Akzeptanz ist tatsächlich nur möglich, wenn ich meine eigenen Kindanteile entdeckt und integriert habe (sie als zugehörig zu mir sehe), auch wenn sie mich peinlich berühren und ich mich der Welt niemals mit diesem eventuell gierig bedürftigen Kindanteil präsentieren würde. Wichtig ist die Entdeckung und Annahme bzw. Akzeptanz.

In meinen KlientInnen begegne ich tagtäglich suchenden Menschen, Menschen, die mehr oder weniger bewusst einen spirituellen Pfad betreten. Verstehe ich mich als Begleiter dieser Menschen auf ihrem Pfad, so führe ich – als Therapeut – ein ausgefülltes spirituelles Leben.

Schenken wir dem spirituellen Weg noch ein wenig mehr Aufmerksamkeit, gehen wir noch einen Schritt weiter.

Der Weg des Zen-Buddhismus schließt die Praxis der Meditation ein, deren Ziel die Erleuchtung ist.

In einem Buch von H.M. Enomiya-Lassalle, einem großen Zen-Meister, fand ich folgende Aussagen: „Der Weg zu Erleuchtung ist ein Weg der Läuterung, ein Weg der Reinigung. Dieser Weg ist immer schwer, weil ich ihn nicht umgehen kann.

Es gibt keine Umwege, und ich darf mir aus falscher Bequemlichkeit nichts vormachen.

Eine Täuschung auf diesem Weg ist nicht möglich. Jeder von uns hat andere Schwierigkeiten, diesen Weg zu gehen. Auf den verschiedenen Stationen des Weges gibt es Momente, wo man zur Selbsterkenntnis gelangt, die einen schwer erschüttern kann.

Es handelt sich hier offenbar um eine Reaktion der menschlichen Natur auf dem sich innerlich vollziehenden fruchtbaren Umwandlungsprozess, der der Erleuchtung vorausgeht. Die Tränen treten auch bei der Zen-Meditation nicht selten auf, bevor es zur Erleuchtung kommt, besonders während der mehrtägigen Übungen. Viele Personen, vor allem buddhistische Nonnen, sprechen in ihren Erlebnisberichten von den Tränen der Buße (zange no namida). Auch im Zen erfolgt eine Katharsis, eine Reinigung, bevor die Erleuchtung möglich ist. [12]

Das Psychodrama kann als Mittel, als Unterstützung für den spirituellen Weg gelten bzw. dienen. So erscheint mir auch die Zuordnung richtig platziert zu sein; als Grundlage der Buddhismus, eine uralte Lehre mit ursprünglichen Wahrheiten; das Psychodrama als eine moderne therapeutische Methode, die in bestimmten Zügen Parallelen zu dieser Lehre aufweist.

Besonders die Methode des Spiegelns und des Rollentausches sind Anwendungsformen, die ein spirituelles Wachstum fördern.

Das Spiegeln, weil es eine Methode ist, die uns lehrt der Zeuge unserer selbst zu sein. So wie du dir in der Meditation aneignest, dich selbst zu betrachten, so wie du bist, ungeschminkt, wahrhaftig. Dieses Erleben gleicht dem Betrachten der eigenen Person beim Spiegeln. Ich sehe mich von außen als Zeuge. In meiner Meditationspraxis betrachte ich mich mit dem inneren geistigen Auge, wie im Film; hier ist also die Methode des Spiegelns nach „innen" verlegt, wobei ich in der Meditation viel mehr Gelassenheit habe, mich demnach wertneutraler erforschen kann.

Die Methode des Rollentausches ist hierzu eine Erweiterung. Eine wichtige Meditationspraxis besteht darin, dass ich mich selbst und mein Leben, meine Verhaltensweisen und Empfindungen distanziert betrachte.

Ich sehe mich in Wut, in Trauer, in Liebe, im Ärger; ich sehe mich als Richter, als Täter, als Opfer und in vielen Rollen mehr. Ich betrachte diese Empfindungen und Rollen, um sie dann „loslassen" zu können.

Im Rollentausch gehe ich diese Rollen bzw. Anteile hinein, lerne sie kennen, akzeptiere sie, um sie letztendlich zu transformieren und zu integrieren. Die bewusste oder unbewusste Fixierung löst sich auf, ich lasse los. Hierzu ein psychodramatisches Beispiel:

Die Praxis
Lisa, eine zarte, sanfte, junge Frau, regt sich sehr stark auf, wenn sie dreisten Menschen begegnet, die ihre Ellenbogen einsetzen um etwas zu erreichen. Ihr Onkel ist auch so einer, der prescht einfach so vor und nimmt sich was er braucht, ohne Rücksicht auf Andere. Sie selbst ist da viel

behutsamer, lässt Andere immer vor und begnügt sich mit dem, was übrig bleibt. Sie muss ständig an ihren feisten Onkel Eddi denken, sie ist richtig fixiert mit ihrem Ärger.

Immer wenn Andere schneller sind als sie selbst, vergleicht sie diese Person mit ihrem Onkel – und schon ist auch Paul (ein anderer Teilnehmer) abgestempelt.

Lisa will ihre Fixierung nicht mehr und lässt sich auf ein Psychodrama-Spiel ein. Hier vollzieht sie einen Rollentausch mit Onkel Eddi – und, ihr hättet es sehen müssen, sie ist an Dreistigkeit und gieriger Lust nicht zu überbieten. Sie steigert sich in diese Rolle hinein, als wäre sie besessen von Gier und Rücksichtslosigkeit.

Wir tauschen die Rollen zurück und fragen sie, wie es war.

„Klasse, einfach Klasse", meint sie, „das wollte ich schon immer mal tun. Ohne Hemmungen, nur vom Besten und reichlich, ohne Rücksicht auf Verluste."

Wir fanden heraus, dass sie sich eigentlich über ihre Schwachheit ärgert, über ihr Zurückstecken. Im Rollentausch mit der Schwachheit entdecken wir ihr inneres kleines, bedürftiges Mädchen, das sich nicht wehren kann. Es benötigt Mut und Kraft, um am Leben teilzuhaben. Vor allem braucht es die Hilfe der erwachsenen Lisa, die lernt, diese Bedürftigkeit zu akzeptieren und nach Wegen sucht, diese auch zu befriedigen.

Lisa hat durch den Rollentausch

- ihre Fixierung auf Onkel Eddi und Stellvertreter gelöst

- geklärt, worüber sie sich tatsächlich ärgert; nämlich über die eigene Schwachheit;

- diese Schwachheit als ihr eigenes inneres Kind entdeckt, mit dessen Bedürftigkeit

- und herausgefunden, wie sie ihr ureigenes Problem angehen kann.

Hier findet eine Annahme/Akzeptanz, Integration und Transformation statt. Fixierung und Ärger werden losgelassen, abgespaltene Teile eingefügt.

Hier kommt eine spirituelle Gesetzmäßigkeit zur Geltung, und zwar die, dass im Grunde alles eins ist, dass ich mit allem, was mir begegnet, verbunden bin. Dieses Eins-Sein mit dem Mitmenschen, mit der Natur und auch mit den schöpferischen göttlichen Kräften erlebe ich in der Meditation, im Rollentausch und immer dann wenn ich Kontakt zu den Menschen,

Wesen und Dingen um mich herum aufnehme. Mit jedem vollzogenen Rollentausch, im Psychodrama oder auch in innerer Vorstellung, komme ich dem Eins-Sein in allem Dasein Schritt für Schritt näher.

Mit dem Bezug zur Achtsamkeit verhilft mir die Praxis des Rollentausches zu einem achtsamen, respektvollem Umgehen mit mir, anderen Menschen und Wesen sowie zur Natur, und der materiellen Welt gegenüber, da ich meine Projektionen und Phantasien bereinige und die Welt jetzt sehe, wie sie wirklich ist. Ein respektvolles Verhalten wird auch dadurch gefördert, dass ich eine Zeitlang in der Haut eines Anderen lebe und ihn aus seiner Perspektive erfasse.

Zusammenfassend sehe ich die spirituelle Dimension des Psychodramas in der zugrundeliegenden Wertehaltung und Intention seiner AnwenderInnen. Die Methodenanwendung des Psychodramas unterstützt in hohem Ausmass das spirituelle Wachstum von Menschen und kann meines Ermessens als spirituelle Psychotherapiemethode verstanden werden.

Kleines psychodramatisches Wörterbuch

Antagonist:
Gegenspieler, Gegenüber des Protagonisten z.B. reale Person oder Facetten des/der ProtagonistIn selber oder ungelebte Anteile, die das Gegenüber darstellt.

Bühne:
Aktionsraum(-feld) des PD – wird von LeiterIn und ProtagonistIn eingenommen und gestaltet.

Doppeln:
kann geschehen durch Gruppenmitglieder oder den/die LeiterIn. Bedeutet Identifikation mit dem/der ProtagonistIn. Das Doppel spricht aus eigener Perspektive vermutete Anteile, Gefühle, Ansichten des/der ProtagonistIn in der Ich-Form aus. Das Doppel steht seitlich oder hinter dem/der ProtagonistIn. Die Funktion des Doppelns ist das An-sprechen von nicht-bewussten Anteilen, Emotionen etc.

Wenn das Doppel mit seinen Äußerungen etc. in eine unerwünschten oder unpassend erscheinenden Richtung geht, überprüfen, den/die ProtagonistIn den Satz wiederholen lassen und Möglichkeit zum Zurückweisen bzw. Zustimmen einräumen.

Erwärmung:
oder auch: Warm(ing)-up, verschiedene Übungen und Techniken zur Heranführung an ein Thema, zur Vorbereitung auf die Arbeit auf der Bühne, zum Abbau oder Integration der Angst, auf die Bühne zu gehen u.ä.

Feedback:
Rückmeldung in der Abschlußrunde: was habe ich als Gruppenmitglied erlebt?

- Rollenfeedback: was habe ich in der Rolle erlebt?
- Protagonistenfeedback: wie hat die Gruppe den/die ProtagonistInnen erlebt?
- Leiterfeedback: wie hat die Gruppe und der/die ProtagonistInnen den/die LeiterIn erlebt?

Gruppe:
PD ist in erster Linie Gruppentherapie. Die Gruppe gebiert und trägt den/die ProtagonistIn und stellt die Hilfs-Ichs. Sie repräsentiert die Lebenswirklichkeit des Sozialwesens „Mensch". Es geht um exemplarisches Leben und die Nutzung der kathartischen Effekte.

Zwischen Bühnengeschehen und Gruppe findet ein energetischer Wechsel statt.

Hilfs-Ich:
sind Personen aus der Gruppe, die von dem Protagonisten bestimmt und durch Rollentausch von diesem eingewiesen werden. Das Hilfs-Ich gibt keine Interpretationen, wird nicht gedoppelt und sollte Wörter, Gebärden und Handlungen des/der ProtagonistIn möglichst genau wiedergeben. Das Hilfs-Ich darf während des Spiels nicht mit dem eigenen Namen angeredet werden – bei der Verabschiedung wird es wieder mit dem eigenen Namen angesprochen.

Hypothesenbildung:
der/die LeiterIn bildet sich in Bezug auf die Art der Schwierigkeiten und die im Problem enthaltenen vorherrschenden Faktoren ein Bild der Grundproblematik der/des ProtagonistIn. Voraussetzung für die Hypothesenbildung ist eine sehr genaue Wahrnehmung des Prozesses und der/des

142

ProtagonistIn, der eigenen reflektierten Gefühle und Interpretationen, Gedanken und Phantasien auf Seiten des/der LeiterIn.

Hypothesen müssen ständig überprüft, gegebenenfalls verifiziert oder verworfen werden.

Integration:
Abgespaltene Persönlichkeitsanteile werden wahrgenommen und gestaltet. Sie werden dem bisherigen Verhaltensrepertoire hinzugefügt.

Interviewphase:
liefert eine Beschreibung, Schilderung der aktuellen Sicht- und Erlebnisweise der dominanten Konflikte. Fokussierung auf den gemeinsamen Ansatz, sowie Herstellen und Festigung der Tele-Beziehung. Der/die LeiterIn bildet eine Ausgangshypothese.

Katharsis:
ist die emotionale Reinigung – diese Phase des PD wird auch UNDOING, ungeschehen machen, genannt. Sie ist die Voraussetzung für die Problemverarbeitung und -integration. Wiedererleben oder erstmaliges Erleben verdrängter Gefühle und Zusammenhänge.

LeiterIn:
ist verantwortlich für den Ablauf des PD, beachtet den „Roten Faden" und strukturiert das Spiel. Er/sie sollte den Prozess des/der ProtagonistIn unterstützen ohne dabei die eigene Problematik auszuagieren (Reflexion von Übertragung und Gegenübertragung).

Dennoch sind Kreativität und Spontaneität des/der LeiterIn gefragt, um dem PD immer wieder neue Impulse zu geben.

ProtagonistIn:
ist Hauptakteur und „Autor" des PD.

Protokoll:
erfolgt meist in festgelegter Form, um den Prozessverlauf hinsichtlich Inhalt, Zeitstruktur, Rollenbesetzung, thematischer Entwicklung zu dokumentieren.

Das Protokoll kann als Grundlage für die Prozessanalyse verwendet werden.

Prozessanalyse/Betrachtung:
nachträgliche Reflexion und Analyse des Verlaufs eines PD – findet in der Regel mit einigem Zeitabstand zum PD statt.

Psychodrama:
gruppentherapeutisches Verfahren nach J. L. Moreno.

Moreno sieht den Menschen als Schöpfer seiner Realität und in der Methode des PD die Chance, „Die Wahrheit der Seele durch Handeln zu ergründen".

Rollenfeedback:
Was habe ich in der Rolle erlebt?

Rollentausch:
Während des Spiels wechselt der/die ProtaginistIn in die Antagonisten-Rollen um in den Dialog mit Facetten der eigenen Persönlichkeit, Gefühlen und realen Personen zu treten. Das Ziel dabei ist, die Wahrnehmung des/der ProtagonistIn zu erweitern, Projektionen aufzuzeigen, zu verdeutlichen und wenn möglich aufzulösen, um damit Unerledigtes abschließen zu können.

Roter Faden:
entwickelt sich im Eingangsinterview. Der/die LeiterIn hat die Aufgabe mit Hilfe der Hypothesen, gleichsam den inneren Leitfaden des Protagonisten, sein Ziel zu erkennen und unterstützend zu verfolgen.

Sharing:
In der Abschlussphase nach dem psychodramatischen Spiel teilen die Gruppenmitglieder ihre Betroffenheit, gerne Erinnerungen und den Bezug zum Thema der Gruppe und dem/der ProtagonistIn mit. Diese/r erlebt im Sharing, dass er/sie mit der Problematik nicht alleine ist und wird, nachdem er/sie sich im PD exponiert hat wieder in die Gruppe integriert.

Soziales Atom:
ist ein diagnostisches Mittel. Es stellt zeichnerisch oder als Skulptur dar, in welchen sozialen Beziehungen mit Kennzeichnung von Nähe und Distanz und Zuneigung/Abneigung der/die ProtagonistIn steht.

Soziodrama:
die Gruppe spielt ein Thema mit anschließender Analyse der Rollen und der Beziehungen zwischen den Einzelnen.

Soziometrie:
Erfassen der sozialen Beziehungen in einer Gruppe z.B. bezüglich Nähe/
Distanz, Zuneigung/Abneigung, Konflikt, Macht/Ohnmacht etc. Erstellen
einer Gruppenstrukturanalyse.

Spiegeln:
Ein Gruppenmitglied nimmt die Rolle des Protagonisten ein, welcher
dann von außen sich selbst als Beobachter zuschaut. Die dabei ausgelö-
sten Gefühle können von dem/der LeiterIn mit Interview oder Doppeln
begleitet werden.

Standbild/Skulptur:
Die Beziehung von ProtagonistIn und AntagonistIn zueinander wird gestellt und festgehalten. Dabei betätigt sich der/die ProtagonistIn als „Bild-
hauerIn", modelliert sozusagen die verschiedenen Hilf-Iche zueinander,
indem sie ihnen eine charakteristische Geste und eventuell Sätze geben.
Es bietet sich an, dies mit der Technik des Spiegelns zu verbinden.

Stegreifspiel:
kann nach Belieben von verschiedenen oder allen Gruppenmitgliedern
gespielt werden. Abgesehen von einem Thema ist so gut wie nichts vorgegeben, die TeilnehmerInnen nehmen spontan ihre Rollen ein und agieren sie aus. Im begleitenden Stegreifspiel interveniert der/die LeiterIn.

Tele:
von Moreno auch „Zweiführung" genannt es, ist der beiderseitig voll
entfaltete gesunde zwischenmenschliche Beziehungsmodus.

Die entsprechende gegenseitige realitätsgerechte Wahrnehmung und
die sich daraus ergebende Beziehung zweier (oder mehrerer) Menschen
nennt Moreno Tele-Prozess bzw. Tele-Beziehung.

Transformation:
Umwandlung alter erstarrter Anschauungen und Verhaltensweisen in
neue effektivere, auch reifere Ansichten und Handlungen.

Vignette:
kleines PD, z.B. Skulptur oder kleine Episoden, in der alle Techniken enthalten sind.

Anmerkungen und Literatur

1 Die Erde braucht Freunde; Franckh-Kosmos Verlag, Stuttgart 1995

2 Moreno: Gruppenpsychotherapie und Psychodrama; Thieme Stuttgart 1959

3 J.L. Moreno: Grundlagen der Soziometrie; Oplanden 1954

4 Grete Leutz: Psychodrama Springer Verlag; Heidelberg 1974

5 Die Verkleidung ist auch wichtig für die Einnahme einer Rolle und für das Verlassen der Rolle. So haben Kleidungsstücke auch immer starken Symbolcharakter.

6 Peter Soppa: Der Yeti oder so geht Leben, Psychodrama – Geschichten, Erfahrungen, Prozesse; Athena, Oberhausen 2000

7 Der kleine ZenMeister, München 1999; aus dem Pali kanon

8 Der Grundlagentext für die folgenden Zeilen unter „Abriss" ist: G. Leutz, Psychodramatische Theorie und Praxis; Berlin/Heidelberg 1974; S. 388-389
(Die Unterteilung in einzelne Universen habe ich aus Verständnisgründen nicht aufgenommen.)

9 H. Weiss/D. Benz: Auf den Körper hören; München 1987

10 Berlin, Ulstein 1999

11 Ferdinand Buer: Morenos therapeutische Philisophie; Oplanden 1999

12 Hugo M. Enomiya-Lassalle: Weisheit des Zen; München 1998

II. Psychodrama in der Arbeit mit EinzelklientInnen

Einleitung

Das Psychodrama wurde von J. L. Moreno als gruppenpsychotherapeutische Methode konzipiert, wobei die Gruppe als Interaktionsfeld für die Arbeit des Protagonisten dient.

In der Praxis wird jedoch häufig mit Einzelklienten gearbeitet, wie z.B. in Beratungsstellen, therapeutischen Praxen und auch in Kliniken. Um das Psychodrama für das setting mit Einzelklienten nutzbar zu machen, müssen die Methoden und ihre Anwendung variiert und mit kreativen Mitteln erweitert werden. Zudem gilt es die spezifischen Anforderungen an den Therapeuten zu beachten, die auf der Grundlage der Diadenarbeit Klient-Therapeut gegeben sind.

Im folgenden Text wir uns mit der Umsetzung der Psychodramatherapie auf diesem speziellen Praxisfeld. Grundlegende Kenntnisse über das Psychodrama (siehe Teil 1 des Buches) werden dabei vorausgesetzt.

Die Anforderungen an den Therapeuten sind in der Psychodrama-Einzeltherapie anders geartet als in Gruppen. In der Arbeit mit Gruppen richtet sich die Anforderung hauptsächlich auf das komplexe Beziehungssystem der TeilnehmerInnen untereinander oder auf eine/n ProtagonistIn mit ihrem/seinem Spiel. In der Einzelarbeit geht es um die eingegrenzte Beziehungsgestaltung KlientIn-TherapeutIn und der entsprechenden Dynamik des therapeutischen Prozesses. Erforderlich ist auch die kreative Ausgestaltung der Methoden, um das Fehlen der Gruppe als Interaktionsfeld und der TeilnehmerInnen mit ihren Hilfs-Ich-Rollen zu ersetzen.

Hieraus ergeben sich Konsequenzen für die Rollendefinition von TherapeutIn und KlientIn.

Die therapeutische Diade
KlientIn-TherapeutIn

Rollendefinition der handelnden Personen im therapeutischen Einzelsetting

Angst vor Nähe? Wenn ja, lieber Leser und liebe Leserin, bist du bei diesem Thema genau richtig. (Wenn nein, umso besser.)

In der therapeutischen Arbeit, Beratungs- oder Supervisionstätigkeit mit EinzelklientInnen haben wir es mit einer kontrollierten, zeitlich begrenzten Begegnung zu tun. Die Beziehung zwischen TherapeutIn und KlientIn kann dabei sehr dicht und nah sein. Je mehr sich der Geist und die Herzen beider Beteiligten öffnen, desto wirkungsvoller ist der Heilungs- bzw. Veränderungsprozess. Da KlientInnen oft in Not sind und ihre Energie blockiert ist, obliegt uns als TherapeutInnen die Aufgabe, Beziehungen zu schaffen, die einen Energiefluss in der therapeutischen Diade ermöglichen. Achtsames, zugewandtes für den Anderen „Da-Sein" kann in diesem Sinne Wunder vollbringen.

Als Therapeut bin ich gefordert, mich auf meine/n KlientIn einzustellen und einzulassen. Ich bereite mich innerlich auf ihn/sie vor, schaue in meine Notizen, welche Bilder sind bei mir vorhanden, welche Empfindungen habe ich zur bevorstehenden Begegnung? Dann erfolgt der erste Kontakt, die Begrüßung; ich geleite meinen Gast ins Therapiezimmer. Er/sie nimmt Platz und ich beobachte Körpersprache, Kleidung, Ausstrahlung und Sprachverhalten. Wie wirkt das alles auf mich, was kommt rüber?

Durch die ersten Begrüßungsworte und meine Beobachtungen erhalte ich einen ersten Eindruck. Ich signalisiere durch Worte und Gestik, dass ich jetzt für ihn/sie und seine/ihre Anliegen zur Verfügung stehe und offen bin.

All das nenne ich die „Kontaktphase", hier wird die Basis für die gemeinsame Arbeit geschaffen. Viele Störungen während des settings sind darauf zurückzuführen, dass diese Phase nicht ausreichend beachtet wird. Ich habe das Bild eines Bodens, den ich bestelle; ohne Sorgfalt bleiben

Löcher, Gräben und Steine, die sich später als Fallgruben und Stolpersteine erweisen können.

In der nächsten Phase geht es um „Zugang schaffen": Zugang zur Befindlichkeit und Problematik meines/r KlientIn, zum Beziehungsfluss zwischen mir und ihm/ihr. Hierbei schaffe ich nicht nur in eine Richtung von mir ausgehend zu ihm/ihr Zugang, sondern auch umgekehrt.

Dieses „Zugang schaffen" geschieht mehrdimensional: einmal von mir ausgehend zum Gegenüber und umgekehrt; und auch: Zugang schaffen zur eigenen Innerlichkeit.

Ich erhalte Zugang durch gezielte Fragestellungen, Kontaktaussagen, Beobachtungen und Zuhören; mein Gegenüber erfährt mich und sich selbst durch zugewandtes und transparentes Verhalten meinerseits und meiner akzeptierenden offenen Haltung.

Ich betrachte gleichzeitig meine eigenen Empfindungen und innere wie äußere Reaktionen auf mein Gegenüber, so dass mir meine eigene persönliche Einstellung bewusst wird.

Viel verlangt, nicht wahr? Wir dürfen bei dieser Beschreibung nicht vergessen, dass sie einen nahezu optimalen Ablauf mit einem/r erfahrenen TherapeutIn darstellt. Die hier beschriebenen Verhaltensweisen und Prozesse werden durch Übung und Erfahrung zum intuitiv ablaufenden Handwerkszeug. Zu Anfang der therapeutischen Laufbahn erwerbe ich mir Schritt für Schritt die einzelnen Punkte, erwerbe Sicherheit, um mich dann einer mehrdimensionalen Wahrnehmung anzunähern. Dieses „Wahrnehmen" ist das A und O gerade in der therapeutischen Diade. Da wir keine festlegende sogenannte Schubladendiagnostik betreiben, sind wir auf feinfühlige, vom gegenüber ausgehende Wahrnehmung vieler Signale angewiesen. Das Aufnehmen der Informationen sichert ein wirklichkeitsgetreues Handeln, das nicht auf Phantasien aufbaut, sondern auf dem, was im gegenwärtigen Moment real erfassbar ist.

Exkurs: Therapeutische Haltung zu Wertungen, Urteilen und Analysen

Wenn ich als Therapeut mit einem anderen Menschen arbeite, begegnet mir dieser Mensch mit all seinen/ihren Normen, Wertvorstellungen, Ansichten usw. und begegnet damit meinem Wertesystem. So bilde ich mir Meinungen und Urteile über diesen Menschen, und ich glaube schon immer viel eher als mein Gegenüber zu wissen, was ihm/ihr gut tut und Heilung bringt.

Klar, ich denke doch der Profi zu sein; so neige ich dazu, meine/n KlientIn an die Hand zu nehmen und sie/ihn auf den „richtigen" Pfad zu führen. Wie TherapeutIn sich dabei irren kann, zeigt ein Fall aus meiner früheren Tätigkeit auf:

Die Praxis
Markus leidet sehr stark unter seiner Familie und seiner Arbeit, er hält die Belastung nicht mehr aus, der er ausgesetzt ist. Seine Frau ist krank, ihr Rücken macht ihr arg zu schaffen; seine Mutter braucht ihn täglich im Haus und Garten, da sie zu alt ist für die alltäglichen Arbeiten; seine Tochter will, dass er ihr im Laden aushilft; seine Chefin will ihm noch mehr Arbeit aufbürden; und alle machen ihm Vorwürfe, dass er immer nur für Andere da ist.

Im Verlaufe seiner Erzählung wird mir angst und bange. Kurzatmig, mit stechendem Herzen, sitze ich ihm gegenüber und denke: Ganz klar, er muss sich von dem „zu viel" an Belastung befreien, zu sich selbst finden, unabhängig werden und auch lernen „nein" zu sagen.

Ich sage also: „Wollen wir diese Situation mal als Bild aufbauen, um zu sehen, was du damit machen kannst?" (Meine Intention: Ich lade ihm jetzt alle Belastungen spürbar auf, so dass er sie richtig merkte und sich dann vehement befreit.) Markus geht auf meinen Vorschlag ein, weiss jedoch nicht wie er ihn umsetzen soll.

Ich helfe ihm dabei. Er schreibt jeder Frau eine Belastung zu, wie er sie körperlich empfindet und wir suchen gemeinsam nach Darstellungsmöglichkeiten. Es entsteht ein Bild, wie ich es mir erwünscht habe:

Seine Frau als Klotz am Bein (eine Kiste, die mit einem Gürtel am Bein festgebunden ist); seine Tochter hängt sich an seine linke Hand; die Chefin an die rechte Hand (breite Bänder mit Gewichten). Dann die Krönung, seine Mutter sitzt auf ihm drauf, ihm im Nacken (ein mittelschwerer Sessel umgekehrt auf seinen Schultern).

Markus steht dort gebeugten Hauptes mit seinen Anhängseln – und steht einfach. Ich frage ihn was los sei, er sagt: „Nichts ist los, mein Kopf wird ganz leer." Ich stell' mich hinter ihn und doppel: „Das ist mir hier alles zu viel, ich will das loswerden, will mich befreien!" Keine Reaktion, er steht.

Ich schaue ihm in die Augen, er blickt durch mich durch, als wäre er in einer anderen Welt.

Ich bin hilflos, weiss nicht weiter, habe Angst, dass er in eine starke Depression rutscht. Ich nehme ihm den Sessel ab, löse Gürtel und Bänder von seinen Händen und Füßen. seine Augen beginnen zu flackern, er schaut sich um, entdeckt den Sessel, geht zu ihm, schmiegt sich an ihn und weint. Da wache auch ich auf, setze mich neben ihn auf den Boden und lege eine Hand auf seinen Oberarm. Er wendet sich mir zu und flüstert unter Tränen: „Ich will doch nur, dass sie mich lieb hat und mir sagt, dass ich gut bin und alles richtig mache. Ich will doch nur geliebt werden."

Später entdeckten wir eine tiefsitzende Botschaft: Ein guter Junge tut alles für seine Mutter, wer seine Mutter im Stich lässt ist ein schlechter Mensch.

Wir fanden heraus, dass alle seine Handlungen darauf abzielten der „gute Junge" zu sein, was ihm jedoch nie so richtig gelang.

In den folgenden Monaten arbeiteten wir daran, dass seine eigene Wertbemessung sich von der Beurteilung „seiner" Frauen/Mütter ein Stück ablösen konnte und er eine kleine Ahnung von Selbstwertbemessung erhielt.

So kann es gehen, wenn TherapeutIn zu schnell mit Meinungen und Urteilen bei der Hand ist. Dieses Beispiel zeigt aber auch auf, dass sich der innere Prozess eines Menschen, einmal in Gang gesetzt, einen Weg sucht, um sich Geltung zu verschaffen. Ein Indiz für die therapeutische Haltung des „Fließenlassens": Gewähre den inneren Prozessen freie Entfaltung basierend auf Vertrauen und liebevoller Annahme, so brauchst du nichts weiter zu tun, als da zu sein. Es ist wie die Arbeit einer Hebamme bei einer natürlichen sich frei entfaltenden Geburtsvorgang, der einfach geschieht. Sie weiss um unterstützende Atemtechnik, hält Tücher und Wasser bereit, kann Zuspruch geben und verfolgt mit liebevollen Handreichungen das Geschehen.

Sich diese urteilsfreie Haltung anzueignen ist eine lebenslange Aufgabe. Es hört sich paradox an, je weniger wir denken oder denken zu wissen, je weniger wir richtungsweisend handeln, desto freier und effektiver gestaltet sich bei unseren KlientInnen der innere Prozess der Heilung.

Unsere Rolle als TherapeutIn in der Arbeit mit EinzelklientInnen ist die eines/r Wegbegleiters/in oder BegleiterIn. Wir schaffen Bedingungen, sorgen für Struktur und Sicherheit, stellen unser methodisches und geistig-emotionales Handwerkszeug zur Verfügung.

Der im Text angesprochene Anteil des „liebevoll zugewandt Seins", ist eine erweiterte Beziehungskomponente, die mal mehr mal weniger vorhanden ist.

Meines Ermessens stellt sie einen effektiven Wirkfaktor für Heilungsprozesse dar. Es stellt sich also die Frage, wie ich diese Komponente fördern kann. Wie im ersten Teil des Buches erläutert, ist hierfür meine Sichtweise von meinem Gegenüber ausschlaggebend. Meine eigene Entdeckung ist die, dass ich zu Beginn, also in der ersten Begegnung, meine KlientInnen mehr oder weniger sympathisch finde. Mit zunehmendem Zeitverlauf nimmt eine liebevolle Zuwendung immer mehr Raum ein; je mehr ich vom Wesen meiner/s KlientIn wahrnehme, desto stabiler wird diese Art der Beziehung. Ein wesentlicher Faktor für den liebevollen Umgang mit Anderen ist auch das Umgehen mit sich selbst. Empfinde ich mich als liebevollen Menschen, behandle ich mich achtungsvoll, sorgsam und bewusst? Wenn ja, dann kann dieses Verhalten sich auch auf meine KlientInnen beziehen; wenn nein, dann ist eine liebevolle Zuwendung nur eingeschränkt möglich. Zu beachten ist, dass ich hier nicht über Vollkommenheit rede, sondern stets über eine Angleichung an einen vollkommenen Zustand, der für mich eine lebenslange Herausforderung darstellt.

An dieser Stelle sei angemerkt: ich vermag nicht, zu all meinen KlientInnen/ProtagonistInnen einen Zugang zu ihrem Wesen zu erhalten; die therapeutische Beziehung ist auch immer beidseitig und es gibt Gegenüber, die ihren Mantel nicht ablegen – und es gibt auch Gegenüber, bei denen ich einen Mantel anziehe um mich zu schützen. Zur Ausgestaltung seiner Rolle gehört also auch ein selbstverantwortliches Umgehen mit dem eigenen Schutz.

Die bereits dargelegte Rollenbeschreibung beinhaltet die Aufgabe eine Strukturierung des einzelnen settings, wie auch des Gesamtablaufs mit den verschiedenen Phasen.

In unserem Text verweilten wir in der Phase des „Zugang schaffens". Die beschriebenen Haltungen und Aktivitäten beziehen sich auch auf die nahtlos anschließende Arbeitsphase, im Psychodrama auch „Spielphase" genannt. Meiner Rolle entsprechend biete ich hier aus meinem Methodenrepertoire gezielte, dem Prozess zugeordnete Methoden bzw. Hilfestellungen an. Wir arbeiten jetzt gemeinsam an der Darstellung des Problems und sich entwickelnden Veränderungsoptionen. In dieser Phase tritt die Rolle des/der KlientIn als Skriptverantwortliche/r hervor, da hier die Gestaltung der Inhalte im Vordergrund steht. Das vorab erwähnte „Fließenlassen" bezieht sich nicht nur auf Prozesse, es gilt auch für Inhalte, Erkenntnisse und Veränderungsschritte plus ihrem Bedeutungsgehalt des/der KlientIn. Damit diese Verantwortung klar ist und bleibt, habe ich mich als TherapeutIn an diesen Stellen zurückzunehmen.

Die Praxis
Kai-Uwe ist von Frankfurt am Main nach Köln zurückgezogen, um in der Nähe seines Bruders zu wohnen, da dieser schwer erkrankt und an den Rollstuhl gebunden ist. Ein halbes Jahr später bezogen sie eine gemeinsame Wohnung; noch ein halbes Jahr später kommt Kai-Uwe zu mir in die Einzeltherapie wegen seiner „schlechten" Gefühle seinem Bruder gegenüber und depressiven Zuständen.

Wir befinden uns in der Arbeitsphase unseres settings.

Als Symbol für seinen Bruder nimmt er einen Lastkraftwagen (Holzspielzeug für Kinder), tauscht die Rolle mit dem Symbol und erzählt als sein Bruder Erich: „Seit meinem Unfall ist das Leben die reinste Hölle. Ich hab jetzt nur noch meinen Bruder Kai-Uwe, wenn der nicht wäre, würde ich mich umbringen. Ich hab in ja im Griff, er macht alles für mich, er geht auch abends nicht mehr weg, aber ich muss sagen, es reicht nicht. er kocht, geht mit mir in den Park, verzichtet selbst auf alle Freuden, er kann mir aber nicht mein früheres Leben zurückgeben. Wenn ich schon nicht leben kann, so soll es ihm auch nicht gelingen."

Wir hören diese Worte und denken vielleicht: ungerecht, aber ehrlich.

Ich begebe mich in die Rolle von Erich und wiederhole diese Sätze. Ich verlasse die Rolle, stelle mich neben Kai-Uwe und äußere: „Deutliche Worte, nicht wahr?" Er schaut mich erstaunt an: „Wieso deutlich, was meinst du?" „Ja, merkst du denn nicht, was da abläuft, dass du nur noch für ihn lebst, dich vollkommen abhängig gemacht hast?", frage ich ihn. „Er hat ein so schweres Leben, er ist verbittert, ich bin sein einziger Halt im Leben, was meinst du mit abhängig?", erwidert er. Ich merke, dass unsere Sichtweisen auf die gegebene Situation völlig unterschiedlich sind. Im zweiten Rollentausch setzt Erich noch eins drauf, indem er seiner Verachtung noch mehr Ausdruck mit einem verächtlichen Lachen gibt. Auch da bleibt Kai-Uwe verständnisvoll. Er wehrt sich nicht gegen die Vereinnahmung durch seinen Bruder, sondern er verurteilt seine ,schlechten' Gefühle' ihm gegenüber.

Im weiteren Verlauf der Therapie entdecken wir in diesem Verhalten ein System mit Ursprung in seiner Kindheit. Wir arbeiteten damit eine zeitlang weiter; später ging es um ganz praktische Schritte. Kai-Uwe wählte nicht den Weg der äußerlichen Befreiung von seinem Bruder, er entdeckte gemeinsam mit ihm wieder freudvollere Seiten des Lebens. (Auch das entsprach nicht dem von mir angedachten Weg.)

Andersherum wollen einige KlientInnen mir die Verantwortung für ihre Schritte geben. Sie fragen mich, was sie in ihrer Not tun sollen. Manche KlientInnen hätten gerne Rezepte, Verhaltensregeln, Anweisungen, die ich ihnen vorgebe.

Auch da ist Zurückhaltung angesagt, da Veränderungsprozesse und Heilung nur über eigenes Begreifen, über das bewusste, eigene Wahrnehmen und Erfahren initiiert werden.

In diesem Sinne schreibt jede/r sein/ihr eigenes Drehbuch selbst, denn auch die erfreulichen oder leidvollen Konsequenzen seines/ihres Handelns hat jede/r selbst zu tragen. Die Skriptverantwortlichkeit des/der KlientIn einzuhalten fällt besonders schwer, wenn wir vermeintlich offensichtliche Lösungen sehen oder aber in unserem Ego verführt werden durch die Zuschreibung omnipotenter Macht: „Nur noch du kannst mir helfen, du bist mein Retter; alle haben es schon versucht, du wirst es schaffen." So und auch anders lauten die Sätze. Vielerlei weitere Verführungskünste sind hier noch möglich, vom hilflosen Dasein bis zu erotischen Reizen. All das können wir entschärfen, wenn wir konsequent die Verantwortung für Inhalt und Entwicklungsschritte bei den KlientInnen belassen.

In dieser Weise arbeiten wir mit dem/der KlientIn in der Spielphase am Thema und kommen zur Abschlussphase, in der die Arbeitsergebnisse gesichert werden, Integration und Transformation, sowie die Verabschiedung in die Alltagswelt stattfinden.

Bedingt durch die Dichte der therapeutischen Diade fällt es oft schwer loszulassen. Auf der TherapeutInnenseite: wir könnten ja noch ein bischen mehr erreichen, nur noch das . . . und das . . .

Auf der KlientInnenebene: mir fehlt noch was, ich versteh noch nicht, ach da fällt mir noch ein . . .

Hier ist Achtsamkeit geboten. Ein sauberer klarer Abschluss sichert und verankert die Ergebnisse, ein zerfleddertes Ende schafft diffuses Bewusstsein, ein Gefühl von Nebel und Wirrnis.

Im Psychodrama mit Gruppen gestalten wir den Abschluss durch Verabschiedung der Hilfs-Iche, Rollen-feedback und sharing. Im Einzelsetting durch Aufräumen, Abschlussgespräch oder -übung, Hausaufgabe und/oder anderen Ritualen.

Das „Aufräumen" halte ich für sehr wichtig; es bewirkt auch ein Aufräumen/Ordnen im Geist und es zeugt von Respekt, wenn die benutzten Dinge wieder geordnet werden.

Beim Ordnen machte ich der/dem KlientIn nochmal bewusst, was geschehen ist. Hierbei beginnt die Integration, die im nachfolgenden Auswertungsgespräch fortgesetzt wird. Wie im protagonistzentrierten Psychodrama sind natürlich auch Abschlussübungen angebracht.

Als TherapeutIn kann ich dann ein sharing geben, ihm/ihr erzählen wie es mir bei dem Prozess ergangen ist, um dann einen Arbeitsauftrag für die Zeit zwischen den Sitzungen zu vereinbaren. Diese Aufträge können gemeinsam entwickelt werden, vom/von der TherapeutIn oder KlientIn gesetzt werden. Sollte der/die TherapeutIn den Auftrag erteilen, ist die Zustimmung des/der KlientIn notwendig.

Diese Hausaufgaben wirken in mehrfacher Hinsicht: sie transformieren die Ergebnisse in die Alltagswelt, sichern den Prozessfortlauf und dienen als Spannungsbogen/Verbindung zur nächsten Sitzung.

Ich persönlich bevorzuge Wahrnehmungsübungen aller Art, wobei es mir wichtig ist, sie so konkret wie möglich zu setzen.

In unserem Praxisbeispiel mit Kai-Uwe und seinem Bruder war z.B. einer der ersten Aufträge: immer wenn der Bruder etwas zu dir sagt oder etwas von dir verlangt, beobachtest du deine körperlichen Reaktionen und Impulse und schreibst sie dir später auf. Zur nächsten Sitzung bringst du sie mit. Das ergab eine Fülle an Material, mit dem wir arbeiten konnten.

Das Sichern eines Ergebnisses lässt sich durch bestimmte Ritualisierungen erreichen. Wenn du z.B. bei einer Arbeit im therapeutischen setting oder auch einfach so in der Natur oder beim Anblick eines Kindes dein Lächeln wiedergefunden hast, kannst du dir hierfür eine bestimmte Blume aussuchen; und immer wenn die Blume in dein Blickfeld gerät, lächelst du.

Male sie auf oder fotografiere sie, hänge das Bild an die Wand im Eingangsbereich deiner Wohnung auf und beim Hinaus- und Hereinkommen schaust du die Blume an. Auf diese Art und Weise kannst du mit Kreativität passende Verstärker für die erreichten Schritte gemeinsam mit deinem/r KlientIn kreieren.

Mit einigen Abschiedsworten, Umarmungen, Handreichen o. a. ist nun das setting beendet.

Bei dem/der KlientIn wirkt der Prozess nach und vermengt sich mit dem Leben. Für den/die TherapeutIn ist es wichtig, sich abschließende Notizen aufzuschreiben, damit der Verlauf gesichert ist und loszulassen um frei zu sein für anschließende Aktivitäten.

Die handlungsorientierten Methoden des Psychodramas

Ich höre von angehenden PsychodramatikerInnen häufig, dass sich die KlientInnen schwertun, diese Methode anzunehmen, dass sie nicht ins Spiel kommen und *nur* reden wollen.

Immer wenn ich dann weiter nachforsche, entdecken wir die Angst vor dem Ungewissen, die Angst vor Kontrollverlust.

Ich ging grad' heute mit einer guten Freundin in der Eifel durch die Natur, etwas abseits von Tourismuszentren. Die Wege und Täler waren wunderschön, die Stille, die Farben, der Bussard hoch über uns berührte unsere Seelen. Ich stellte fest: „Hier ist weit und breit kein Mensch außer uns, die sind alle in den Parks der größeren Städte, in ausgebauten Anlagen. Nur Wenige verirren sich in die Natur (natürlich alles relativ) abseits der Zentren. Meine Freundin: „Die Wenigsten verlassen die ausgetretenen Pfade und das in jeder Hinsicht."

Genau so sieht es aus, viele von uns rühmen sich, unerschrockene Pioniere des Neuen zu sein (wenn uns die Gelegenheit, das Geld o.ä. gegeben wird) aber wer, bitte schön, traut sich tatsächlich aus seinem System herauszutreten, wenn er/sie nicht arg unter Leidensdruck gerät?

Die ausgetretenen Pfade bieten Sicherheit und Kontrolle. Anzumerken ist dabei, dass es hier um eine Scheinsicherheit geht, da alles einem fortwährenden Veränderungsprozess unterliegt und plötzliche Naturkatastrophen und auch persönliche Umstände, wie Krankheiten, über uns hereinbrechen können.

Wir haben alle diesen Teil in uns, der uns verharren lässt, verharren in bequemen Bahnen, also lass uns über das Problem reden, auf das alles so bleibt wie es ist.

Im „Reden hängenbleiben" heißt: im System bleiben, nichts verändern und keine neuen Erfahrungen machen. Wasch mich, aber mach mich nicht nass oder befreie mich von meinen Leiden, aber alles soll so bleiben wie es ist.

So funktioniert die Befreiung von leidvollem Dasein – glaube ich – nicht.

„Beendet das Reden und schreitet zur Tat, ruft euch Jakob Levi Moreno zu."

Die Stühle im eurem Therapieraum sollten nicht allzu bequem sein, steht auf, kommt in Bewegung, ein paar Schritte gehen, gut durchatmen und die Aufforderung an meine/n KlientIn: Suche dir ein Symbol für ein bestimmtes Gefühl, eine Situation, deinen Chef.

Beschreibe es, tausche die Rolle mit dem Symbol, sei das Gefühl, die Situation, der Chef. Lass uns die Themen, dein Leben in Aktion bringen und gestalten, denn so können wir auch Veränderungen, Befreiungen von Leidenszuständen aktiv angehen und wirklich geschehen lassen.

Die Anwendung im Einzelsetting

Im Unterschied zu der Arbeit mit Gruppen übernimmt in der Einzeltherapie der/die TherapeutIn bei Bedarf Hilfs-Ich-Rollen. Das verlangt ein sehr „sauberes" Vorgehen, um nicht in eine Rollenkonfusion zu geraten, für einen selbst, als auch für den/die KlientIn.

Sauberes Arbeiten heißt:

- Deutliches Wechseln der Position im Raum in Bezug zum/zur ProtagonistIn und die
- Ankündigung einer Rollenübernahme sowie deutliche Benennung derselben.

Das gilt für alle hier aufgeführten Methoden und ihre Anwendung. Grundsätzlich ist die körperliche Position des/der TherapeutIn von großer Wichtigkeit, da sie sich auf den Prozess des/der KlientIn direkt auswirkt.

Ist meine KlientIn in einem emotional tiefen Zustand, so befinde ich mich dicht bei ihr/ihm und habe ggf. Körperkontakt, um zu vermitteln, dass ich bei ihm/ihr bin. Mein/e KlientIn fühlt sich beschützt und kann den Gefühlen freien Lauf lassen.

Im Eingangsgespräch, auch Interview genannt, befinde ich mich diagonal gegenüber. So können wir uns beide ansehen und einschätzen. Ein direktes Gegenübersitzen oder -stehen vermeide ich in Gesprächsphasen, da diese Stellung als konfrontativ und fixierend empfunden wird.

In Ruheposition sitzen wir meist, in Aufbruchsituationen stehen wir neben einander, und um in Bewegung zu kommen, gehen wir durch den Raum. So entsprechen wir mit unseren Positionen und Bewegungen den jeweiligen Prozessen.

Ich beschränke mich im Folgenden auf die Umsetzung der Methoden in der Arbeit mit EinzelklientInnen, die Grundkenntnisse (in diesem Buch, Teil I) setze ich voraus.

Das Doppeln

Im Interview oder Dialog mit dem/der KlientIn habe ich Blickkontakt. Ich sitze oder stehe meist diagonal gegenüber oder seitlich neben meiner/m KlientIn.

Zum Doppeln sage ich an, dass ich jetzt als Doppel fungiere, begebe mich dann seitlich hinter sie/ihn und spreche in Ich-Form als innere Stimme des/der ProtagonistIn.

Nach jeder Aussage mache ich eine Pause, um die Worte wirken zu lassen und dem/der KlientIn zu ermöglichen diese Aussage abzulehnen, zu bestätigen oder weiterzuführen. Wenn meine KlientIn schweigt, kann ich vorerst von einer Zustimmung ausgehen und weitersprechen.

Dreht sich der /die KlientIn zu mir um, dann ist in diesem Moment meine Funktion als Doppel beendet. Hier kann es geschehen, dass ich für den/die ProtagonistIn in eine Projektionsrolle (z.B. als Elternteil) geraten bin. Das geschieht vor allem dann, wenn ich eine stark verinnerlichte Elternbotschaft gedoppelt habe. Um eine Rollenverwirrung zu vermeiden, ist es jetzt angebracht, mich genau auf meine vorige Position als BegleiterIn zu begeben, meinen Namen und Funktion zu nennen, so dass mich mein/e KlientIn wieder deutlich als TherapeutIn wahrnimmt. Jetzt könnte ich den Prozess fortführen, indem ich mit dem aufgetauchten Elternteil bzw. der Botschaft weiterarbeite.

Wie schon bekannt, dient das Doppeln vor allem einer Gefühlsvertiefung. Es ist aber auch durchgängig einsetzbar zur Erwärmung, Prozessbegleitung und zur Gestaltung der Abschlussphase je nach Neigung und Vermögen des/der TherapeutIn so wie des Zugangs zur/m KlientIn.

Der Rollentausch

In der Einzeltherapie heißt es nicht: „Suche dir eine Person/GruppenteilnehmerIn für die Rolle deines Bruders aus", es heißt hier: „Suche dir ein Symbol aus". Um diese Arbeit mit Symbolen effektiver zu gestalten, müssen wir ein Repertoire an Möglichkeiten zur Verfügung halten.

Die Kreativität und Vorlieben der TherapeutInnen ist bei der Bereitstellung entsprechender Gegenstände gefragt.

Vielleicht liebt es jemand eher spartanisch, sich nur auf das Wesentliche beschränkend, also einige Stühle und einige verschieden geformte Holzklötze. Ich habe z.b. einige Zeit nur mit Farbflaschen gearbeitet (bis eine aufplatzte). Beim Gedanken der Konzentration auf das Wesentliche kann es in der Konsequenz dazu führen, einen völlig leeren/freien Raum zu haben, mit nur einem Kissen als Sitzgelegenheit und Symbol. Hier greift die Vorstellung, dass sich die Phantasien, Empfindungen und Gefühle des/der ProtagonistIn frei entfalten können, unbeeinflusst von vorhandenen Gegenständen.

Ich bin dann aber als TherapeutIn stärker gefordert, da ich in einem freien Raum natürlich viel präsenter bin, die diadische Beziehung noch dichter ist.

Andere stellen eine Vielzahl an Materialien bereit, so dass sich die KlientInnen Symbole aussuchen können, die annähernd dem Charakter der vorgegebenen Rollen entsprechen.

So sind weiche und harte, dunkle und helle, große wie kleine mit unterschiedlichsten Formen versehene Materialien vorhanden. All diese Gegenstände erhalten in ihrer Ausdifferenzierung jetzt auch diagnostischen Charakter (so bezeichnet ein kantiger Gegenstand eventuell auch einen kantigen Charakter), wobei ich mich als TherapeutIn davor hüten muss „zu schnell" zu urteilen. Die eigenen Annahmen sind immer nur Indizien und (vor einer Überprüfung) nicht die Wirklichkeit.

Also, unsere Protagonistin sucht sich einen Gegenstand aus, z.B. für die Rolle des Partners, und weist diesem Gegenstand einen bestimmten Platz zu. Bevor ich einen Rollentausch anweise, sucht sie sich für ihre eigene Person ein Symbol, das sie beim Rollentausch dort platziert, wo sie sich gerade befindet.

Jetzt vollzieht sie den Rollentausch. In der Rolle des Partners befrage ich sie nach dieser Person, um sie in die Rolle zu bringen. Dann folgen eventuelle Fragen nach der Beziehungsqualität zwischen ihm (dem Partner) und meiner Klientin.

Rollentausch zurück. Um ihr die Möglichkeit zu geben sich die Inhalte anzuhören, begebe ich mich, nach vorheriger Ankündigung, in die Rolle des Partners und wiederhole seine Worte. Das Symbol wird dabei in die Hand genommen oder ich stelle mich dahinter bzw. dicht dran, so dass meine Klientin mich hiermit in Verbindung bringt. Nun antwortet sie dem Partner bzw. mir in dieser Rolle.

Ich verlasse die Rolle, fordere meine Klientin zum Rollentausch auf, begebe mich in ihre Rolle und wiederhole die Frage, damit sie als ihr Partner antworten kann.

Dieses Vorgehen hört sich komplizierter an als es ist. Mit ein bischen Übung geht das Geschehen flüssig voran und behindert keinesfalls den Prozessverlauf.

Je nach Kompetenz kann ich einen solchen Rollentausch auch mit Doppeln und Spiegeln kombinieren.

Das Spiegeln

Um Übersicht und Abstand zu erhalten, setze ich die Methode des Spiegelns ein. So kann ich aus dem Abstand heraus mit meiner/m KlientIn beobachtbare Systeme, Auffälligkeiten und Gegebenheiten besprechen.

Den jeweiligen Bedingungen zufolge können diese Gegebenheiten mit Stühlen, Kissen und/oder anderen Gegenständen aufgebaut, betrachtet und verändert werden. Wir fragen nach Bedeutungsgehalt oder wiederholenden Mustern; wir fokussieren oder erweitern; wir arbeiten mit einer ausgesuchten Sequenz weiter oder wir lassen das Bild so stehen.

Eine erweiterte Spiegelmöglichkeit kann ich als TherapeutIn initiieren, indem ich eine Rolle (hier besonders die Rolle des/der ProtagonistIn) aus dem Bild einnehme, um ihr/ihm eigenes Verhalten zu spiegeln, das ich z.B. in einer vorhergehenden Sequenz beobachtet habe.

Es eröffnet sich wie bei allen Methoden viele gute Möglichkeiten einer effektiven therapeutischen Arbeit, immer dem Ziel und den Gegebenheiten angepasst.

Die Darstellungen der drei Hauptmethoden des Psychodramas bezieht sich auf die therapeutische Arbeit mit einer Bühne, auf der KlientIn und TherapeutIn als Personen real agieren, sich also im Raum bewegen. Andere Möglichkeiten/Variationen des Einsatzes psychodramatischer Methoden in der Einzelarbeit sind im folgenden Kapitel enthalten.

Abschließend ein Fall aus meiner Supervisionstätigkeit:

Die Praxis

Bernd kam wöchentlich zur Einzelsupervision, um sich Klarheit über seine Arbeitssituation zu schaffen. Nach einigen Wochen hatten wir folgende Sitzung:

Bernd betritt den Raum, nachdem er mir flüchtig die Hand gab, sucht sich den erstbesten Stuhl, pflanzt sich nieder und stöhnt: „Ich bin total kaputt, diese Woche hat mich geschafft."

Er erzählt mir dann, dass sein Freund und Arbeitskollege zum Fachleiter ernannt wurde und nicht er selbst. Es würde ihm aber nichts ausmachen, da das freundschaftliche Verhältnis sich nicht ändern würde und er auch nicht so viel arbeiten wolle. Er fühle sich jedoch sehr einsam und verlassen.

„Gut", sag ich, „schauen wir uns genauer an, was geschehen ist."

Er baut ein Team-Bild mit Stühlen auf, wie es vor 2 Wochen war.

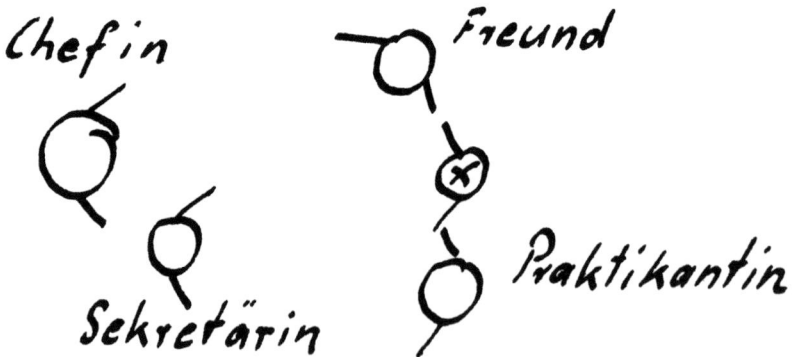

Bernd stellt sich an seinen Stuhl und sagt: „Ich habe Probleme mit der Chefin und ihrer Sekretärin, ich fühle mich ihnen gegenüber oft so klein. Aber die Verbindung zu meinem Freund und der Praktikantin gleicht das wieder aus. Demnächst wird einer von uns Fachleiter für mehrere Honorarkräfte, das erzeugt viel Anspannung." Er erzählt mir dann, dass er sich nicht um den Posten gedrängelt habe, wegen der vielen Arbeit.

Ich stelle mich hinter ihn und dopple: „Außerdem wäre ich dann meiner Chefin viel zu nahe, ich will mich nicht immer so klein fühlen."

„Richtig, da müsste ich ja das Lager wechseln, das geht auf keinen Fall", meint er dazu. Ich gehe seitlich zurück und fordere ihn auf, zu mir zu kommen und das neue Bild nach der Ernennung seines Freundes zum Fachleiter zu stellen.

Das neue Bild:

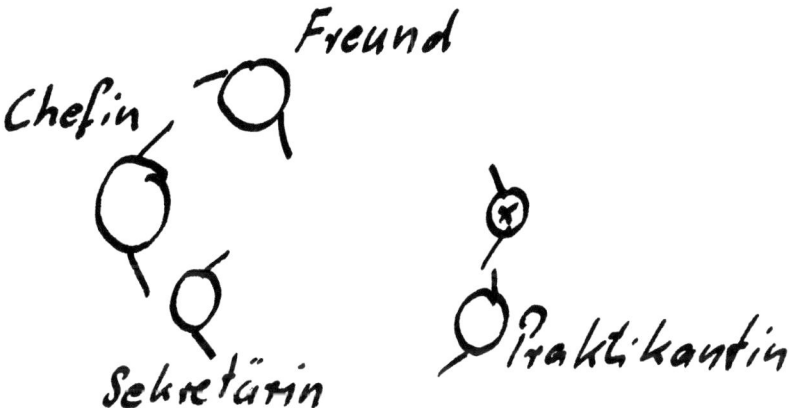

Bernd im Bild: „Jetzt stehe ich hier allein mit der Praktikantin, die auch bald geht. Richi, mein Freund, ist jetzt nur noch bei der Chefin. Alle haben jemanden, ich bin bald ganz alleine." Er ist sehr traurig, lässt Kopf und Schulter hängen und blickt mich hilfesuchend an.

Ich fordere ihn zu einem Rollentausch mit Richi auf.

Als Richi: „Ich habe sehr viel zu tun, schade dass wir jetzt weniger miteinander machen, sorry, ich muss jetzt weiter, die Chefin ruft."

Er wechselt wieder in seine eigene Rolle. Ich stelle mich neben den Stuhl seines Freundes und wiederhole die Worte.

Bernd: „So nicht, mein lieber Freund, nicht mit mir; die Chefin ruft und du springst, du musst dich entscheiden: sie oder ich!"

Rollentausch: Bernd als Richi – ich wiederhole an Bernd´s Platz seine Worte. Richi: „Mensch Alter, sei nicht sauer, du wolltest den Job ja nicht, komm lass uns die Tage ein Bier miteinander trinken."

167

Rollentausch: Ich als Richi wiederhole.

Bernd: „Da gibt es nichts mehr zu reden." Ich begebe mich in einem Bogen zu Bernd, kündige ihm an, dass ich ihn doppel, stelle mich hinter ihn und sage: „Ich ärgere mich sehr über ihn, er ist so schwach, er ist ihr kleiner Junge. (Bernd nickt.) Es gibt einen Teil in mir, der gerne an seiner Stelle wäre, ich bin auch voller Neid und voller Wut, weil er mich verlassen hat; ich gehe jetzt zu ihm und sag ihm das ins Gesicht."

Ich gehe im Bogen zurück auf Richi's Platz. Bernd kommt auf mich zu, Tränen der Wut und der Trauer in den Augen. „Ich hasse dich und ich liebe dich, bitte bleib' bei mir." Er umarmt mich, geht dann einen Schritt zurück, reibt sich die Tränen aus den Augen und meint: „Das macht mir doch eine Menge aus, dass du jetzt den Fachleiter machst, das steck' ich nicht einfach weg." Ich stelle mich wieder neben ihn, verlasse mit ihm gemeinsam das Bild und stelle die Stühle so um, wie es der Szene entspricht.

„Klar", äußert Bernd, „ich werde um die Freundschaft kämpfen, vielleicht kommen wir ja wieder zusammen, ich werde ganz offen und ehrlich mit ihm sprechen."

In den darauffolgenden Sitzungen stellten wir fest, dass diese Arbeitssituation genau seinem Familiensystem entspricht, als er ein kleiner Junge war.

In der Firma wechselte er seinen Aufgabenbereich und die Freundschaft zu Richi blieb erhalten.

Psychodramavariationen in der Einzeltherapie

Praktische Beispiele für die Anwendung

- Die Arbeit mit dem sozialen Atom
- Nonverbale Interaktion und die Arbeit mit Körper und Bewegung
- Psychodrama – kreativ – Kreative Formen der Ausgestaltung

In diesem Abschnitt führe ich einige wenige Beispiele an, die den individuellen Möglichkeiten entsprechend auszubauen und zu ergänzen sind.

Die Arbeit mit dem sozialen Atom

Das soziale Atom gilt als diagnostisches Mittel des Psychodramas. Es ist das Abbild der Beziehungsstruktur eines Menschen, das wir meist zu Beginn einer therapeutischen Arbeit zeichnerisch, mit genormten Symbolen, erstellen. (in der Gruppenarbeit sind die genormten Symbole wichtig, um die einzelnen Bilder miteinander vergleichen zu können.)

Die herkömmliche, klassische Form eines sozialen Atoms wird wie folgt erstellt:

Das soziale Atom
Erstellung der Beziehungsstruktur einer Person

Wir verwenden dabei folgende Symbole:

Frau

Mann

verstorbene Person

positive Beziehung $\longrightarrow$

negative Beziehung $- - - - - - \rightarrow$

ambivalente Bez. $\Longrightarrow$

Die eigene Person wird auf einem großen Papierbogen positioniert. Jetzt werden nach und nach alle Personen zu denen ich eine Beziehung habe zu Papier gebracht. Hier sind alle Personen gemeint, die eine Bedeutung für mein Leben haben. Je nach Nähe und Distanz setze ich sie in entsprechend räumliche Entfernung.

Namen eintragen.

Danach zeichne ich Beziehungslinien von der eigenen Person zu jeder Anderen, bis zur Hälfte der Distanz und die vermutete Beziehungslinie von der anderen Person zur eigenen.

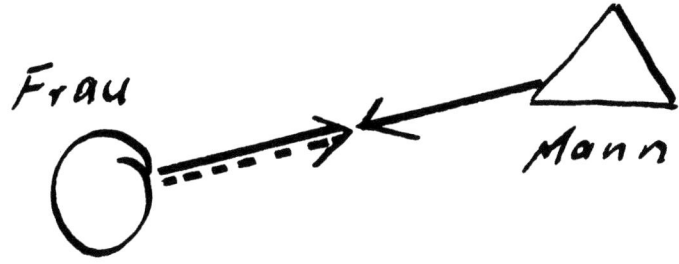

Die Größe der Symbole kann je nach Bedeutung variieren, eventuell verschiedene Farben benutzen, die Strichbreite der Beziehungslinien kann unterschiedlich sein.

Fragestellungen zur Auswertung

Anregungen zur Erstellung und Auswertung des sozialen Atoms im interaktiven Prozess:

zu den Beziehungspersonen:

* Wer ist die Person?
* Wo wohnt die Person?
* Welche Bedeutung hat die Person für dich? (ggf. über situative Schilderungen)
* Was macht die Beziehungsqualität aus?
* Wodurch ist deine Einschätzung der Beziehungsqualität der Person zu dir entstanden?
* Was bedeutet die Größe deines eigenen Symbols für dich?
* Welchen Raum hast du in deinem sozialen Atom?
* Zu welchen Personen geht deine Energie?
* Welche Konstellation würdest du gern verändern?
* Gibt es Nebenschauplätze, in denen du die Konflikte ausagierst?
* Gibt es Personen, an die du beim Zeichnen gedacht hast, sie aber nicht aufgezeichnest hast?
* Wie ist die Polarität, Balance in deinem Atom?

- Was fällt dir zu den Konstellationen auf deinem Bild auf?
- Wie wirkt es als Bild?

Vergleich von mehreren sozialen Atomen in der Zeitachse als Kind-Jugendliche/r-Erwachsene/r oder auch zukünftige Vorstellungen.

- Was ist ähnlich/gleich?
- Was hat sich verändert?
- Welche Personen sind geblieben, welche nicht?
- Welche Beziehungen sind gleich, welche haben sich geändert?

Abschlussbetrachtung

- Was fällt dir zu der Konstellation in deinem Bild auf?
- Wie wirkt es als Bild?
- Gibt es kritische/ungeklärte Aspekte?
- Gibt es Veränderungspotentiale?
- Woran habe ich noch zu arbeiten, was möchte ich mir noch näher ansehen?

Das Bild erhält einen Titel/eine Überschrift.

Wie wir an den vielen Fragestellungen sehen können, erhalten wir sehr viel Material, um daran weiterzuarbeiten. Auch wenn der/die KlientIn mit einem detaillierten Problem zu uns kommt, also einem Ausschnitt aus seinem/ihrem Leben, lohnt es sich ein soziales Atom zu erstellen um das Gesamtsystem des/der ProtagonistIn und den Zusammenhang des akuten Prozesses mit anderen Gegebenheiten zu erfassen.

Eine Beziehungsstruktur können wir auch mit anderen Mitteln kreativ gestalten bzw. erarbeiten. Wir stellen ein Bild mit Stühlen plus anderen Symbolen im Raum auf, oder wir arbeiten mit Bausteinen, Figuren, Holz oder Stofftieren u.ä.

Gerade wenn ich mit Kindern arbeite, bieten sich Tierfiguren an, da sie den Kindern die Hemmschwelle nehmen und wir so eine Vielzahl an Informationen erhalten.

Mir sind heute noch die ersten sozialen Atome, die ich während meiner Ausbildungszeit erstellt habe, sehr präsent und ich vergleiche die Jetzt-Situation mit damals, um Veränderungen zu erkennen.

Hier zwei Beispiele:

Die Praxis
Monikas soziales Atom mit dem Titel „Allein-Sein"
(nachgezeichnet)

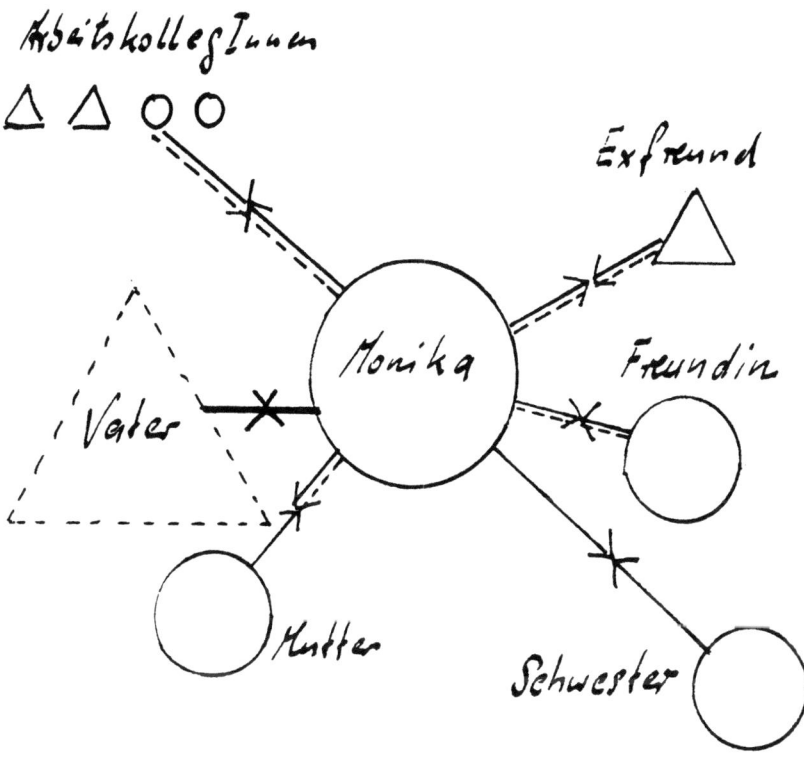

Wir sehen das soziale Atom von Monika. In diesem Bild sind einige Besonderheiten enthalten:

- die vielen ambivalenten Beziehungen
- die Größe von Monika
- der verstorbene Vater als Zweitgrößter und nahebei
- die Mutter, kleiner und weiter weg
- die positive Beziehung zu ihrer Schwester

Wir besprachen beim Zeichnen alle Beziehungen im Einzelnen und nach Fertigstellung die „Besonderheiten". (Besonderheiten als mein subjektiver Eindruck und was ihr selbst auffällt.)

Danach arbeiteten wir einige Sitzungen am Ist-Zustand, wobei sich die Beziehung zu ihrer Schwester als positiver Anker herausstellte und die noch vorhandene Beziehung zu dem vor 5 Jahren verstorbenen Vater das Kernproblem ihres Lebens darstellt.

Wir fertigten ein zweites soziales Atom, ihr Kindheitsbild:

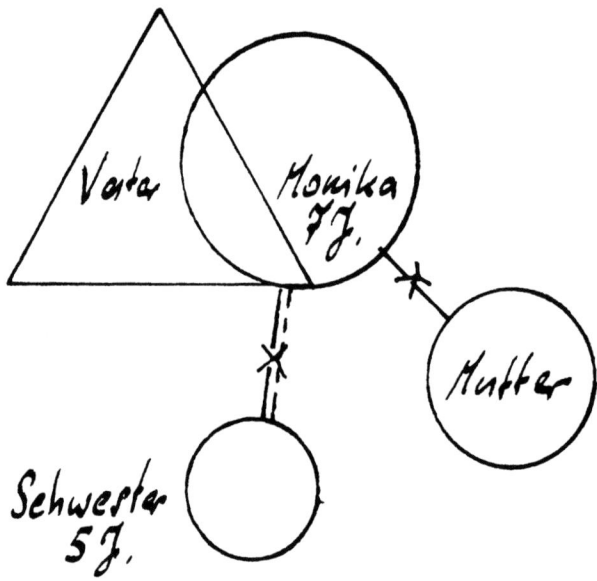

Jetzt wurde klar, wo die Ursache ihrer aktuellen Probleme angesiedelt ist. Im Kern ist es die symbiotische Beziehung zum Vater, die noch heute Bestand hat. Sie hat seinen Tod nie realisiert, ist damit dem Abschiedsschmerz ausgewichen und es gab keinen Platz für reale positive Beziehungen.

Es folgte ein langandauerndes Abschiednehmen und vorsichtiges Herantasten an neue Beziehungen

Pauls soziales Atom mit dem Titel: Frauenwelt

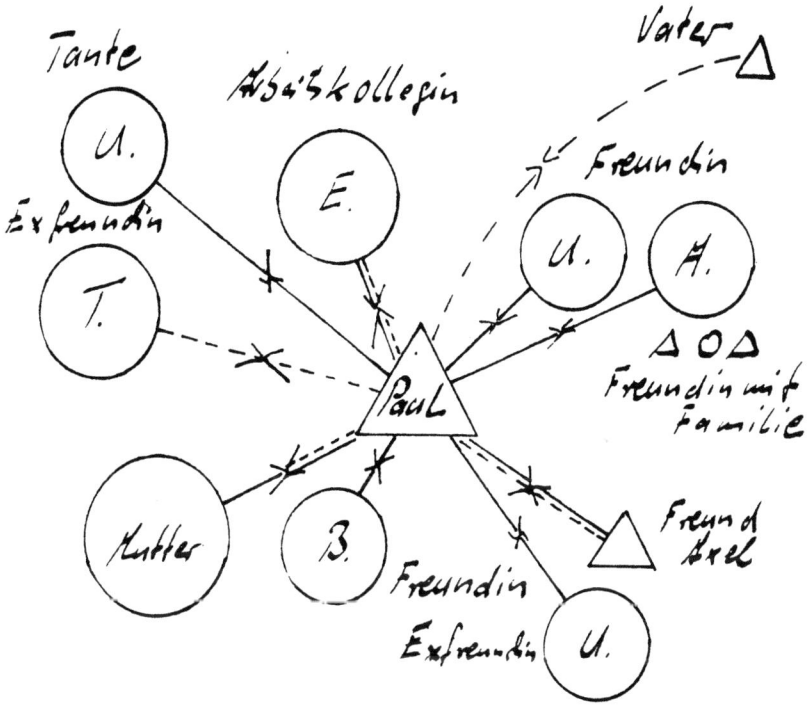

In diesem Bild sehen wir Paul umringt von Frauen – und einigen wenigen Männern – sein Vater weit weg, am äußersten Rand, mit einer negativ geladenen Beziehung.

Die Frauen, Expartnerinnen und Freundinnen machten sein Leben aus. Ein Arbeitskollege fungiert als Vaterersatz.

Paul sehnte sich nach einer Familie mit Frau und Kindern. Er hielt es jedoch nie lange in einer festen Beziehung aus; sie dauerten 1-12 Monate. Immer wenn die Frauen die Beziehung konkretisieren wollten, lief er davon; oder er suchte sich von vorne herein Frauen, die anderweitig gebunden waren.

Wir arbeiteten dann gemeinsam an seinem verinnerlichten Männerbild und stellten dabei fest, dass er alle Männer stark entwertete als Täter, als Verursacher von Leid. Er selbst war der Retter der Frauen und damit ein guter Mann.

Später begriff er, dass er sich selbst schuldig fühlte am Leid seiner Mutter, dass er mit seinem Lebensstil wieder-gut-machen wollte und seine vitalen männlichen Bedürfnisse dabei zu kurz gerieten. Es erfolgte eine Vaterannäherung und damit auch eine Annäherung an sich selbst in Richtung Selbstakzeptanz und -annahme.

Nonverbale Interaktion und die Arbeit mit Körper und Bewegung

Die Beachtung des „Körperlichen" in Therapie und Kommunikation verschafft uns einen direkten Zugang zu unseren KlientInnen.

Mimik, Gestik, Blick und Sprechverhalten verraten uns mehr als Worte über den Zustand der Person.

Wenn wir unsere Wahrnehmung auf Körpersprache richten und konzentrieren, erfassen wir ein ganzheitliches Bild. Hier erhalten wir Ansätze, um Zugang zum/zur KlientIn zu schaffen, wir können Körperhaltung, Gestik u.a. hinterfragen, aufgreifen bzw. aufzeigen und für den therapeutischen Prozess nutzen.

Gerade in der Einzelarbeit haben wir hiermit eine wesentliche Informationsquelle und ein effektives Instrument für ein direktes therapeutisches Arbeiten. So kann ich z.B. bestimmte Bewegungen oder Haltungen benennen und meine/n KlientIn bitten, sein/ihr Verhalten zu verändern.

Ob überkreuzte Arme/Beine, vorgeschobener Kopf oder geballte Fäuste, öffne deine Arme, deine Faust oder verstärke die Bewegung, so findest du heraus, was sie dir bedeutet. In der therapeutischen Aktion können wir körperliche Impulse aufgreifen und ausagieren lassen.

Hier gilt die Aussage: Jeglicher psychischer Zustand drückt sich im Körper aus und der Körper lügt nicht. Das heißt, wir und der/die KlientIn erhalten Klarheit über derzeitige Befindlichkeit, über Gefühle zu anderen Menschen und Situationen und über Handlungsabsichten.

Ein gutes Mittel, um den Bedeutungsgehalt von Körpersymptomen oder auffälligen, wiederkehrenden Bewegungsmustern zu erfahren, ist hierbei der Rollentausch. Jemand, der ständig seine Hände versteckt und die Arme verschränkt, wird im Rollentausch mit seinen Händen vielleicht erfahren, dass er Angst vor dem Zugreifen hat. Die Aufforderung, sei dein vorgeschobener Kopf bewirkt eventuell die Entdeckung eines sehr starken Kontrollbedürfnisses usw. usf.

PsychodramatherapeutInnen üben sich darin, eine Telebeziehung zum/zur KlientIn herzustellen. Sie versetzen sich in die Person des/der ProtagonistIn, um ihren/seinen Zustand selbst zu erfahren. Dieses Anliegen können wir durch ein Körperdoppeln intensivieren. Wir nehmen die Körperhaltung des/der KlientIn ein und erleben so am eigenen Leib, wie es ihr/ihm im Körper ergeht. Natürlich ist dabei Behutsamkeit angebracht, so wie bei allen Spiegelungen des/der ProtagonistIn.

In den einzelnen therapeutischen Phasen kann ich also:

- die Wahrnehmung der Körperlichkeit nutzen, für Kontakt und Zugang.

- Die Aktionen und Veränderungsmöglichkeiten von Bewegung für die Arbeits- bzw. Spielphasen einsetzen und

- Bewegungsabläufe aufzeigen/trainieren zur Transformation und Integration. (Hierzu zählen verschiedenste Übungen aus allen körperorientierten Verfahren.)

Um die Effektivität einer körperorientierten Arbeit aufzuzeigen, ein Fall aus meiner Tätigkeit:

Die Praxis
Uta betritt den Therapieraum, eilt mit schnellen Schritten zur Sitzecke, setzt sich mit verschränkten Armen und überkreuzten Beinen auf den Stuhl. Sie schaut mich herausfordernd an und meint: „Mir geht es sehr gut, ich habe jetzt alles im Griff, ich rauche nur zu viel, aber sonst ist alles in Ordnung."

Vorgeschichte:
Uta kam vor einigen Wochen zu mir in die Einzeltherapie, weil sie sich von ihrem Freund getrennt hatte und unter starken Trennungsschmerzen bzw. Alleinsein litt. In der vorigen Woche erzählte sie mir von ihrer großen Sehnsucht nach einem Mann, einem Partner, der für sie da ist und ihr auch bei der Betreuung ihres Kindes hilft. Sie fluchte auf ihren Ex-Freund, der sie und ihr Kind im Stich gelassen hat.

Jetzt war also alles wieder in Ordnung? Ich fragte sie, was das heißt, In Ordnung?

„Ich habe meine Bedürfnisse unter Kontrolle und gebe jetzt mein Kind regelmäßig bei meiner Mutter ab, das tut mir gut", antwortet sie.

Sie redet schnell, betont und laut. Bei diesen Worten zog sie ihre Schultern nach vorn oben und senkte leicht den Kopf.

„Schön", sage ich, „dann hast du ja einiges für dich getan. Hast du dir für heute etwas überlegt? Gibt es ein Thema, an dem wir arbeiten sollen?

„Ja, vielleicht kannst du etwas an meinen Kopfschmerzen ändern, die ich seit 3 Tagen habe."

Sie verzieht das Gesicht und fasst sich mit einer Hand an ihrem Hinterkopf.

Im Verlaufe des Gesprächs nahm ich allmählich ihre Körperhaltung ein und griff jetzt auch an meinen Kopf. Ich spürte eine ungeheure Anspannung im gesamten hinteren Körperbereich, von den Unterschenkeln aufwärts bis zum Kopf. Meine Atmung wurde immer flacher.

Ich löse dann meine eigene Verspannung und vermute: „Ich nehme bei dir eine sehr starke Verspannung wahr; ich nehme an, daher kommen deine Kopfschmerzen. Wir können eine Körperübung ausprobieren, um einen Teil deiner Verspannungen zu lösen."

Sie weicht meinem Blick aus, schaut nach unten und nickt leicht mit dem Kopf, so als wäre sprechen nicht mehr möglich.

Ich weise sie an, sich auf ein Podest zu legen und wende die Übung „Kopf abnehmen" bei ihr an (eine Übung aus der körperzentrierten Psychotherapie Hakomi).

Die Verspannungen im Hals-Nackenbereich lösen sich langsam, die Energieblockade öffnet sich, ein Schütteln läuft durch ihren Körper und Tränen strömen ihr übers Gesicht.

Ich nahm sie in den Arm und sie weint still vor sich hin.

Eine halbe Stunde später schaut sie befreit lächelnd auf und erzählt mir von ihrer schmerzhaften Traurigkeit, die sie nicht zulassen wollte. Sie hatte Angst sich aufzulösen, im Schmerz unterzugehen. Jetzt war sie heilfroh ihn zugelassen zu haben und die Erfahrung zu machen, dass es ihr gut tut.

Von jetzt an floss der therapeutische Prozess wie ein Gebiergsbach, leicht, lebendig, sprudelnd. Manchmal noch stockend, dann aber wieder befreit, bis zu einer Ebene, auf der es ruhiger wurde und Uta ohne therapeutische Hilfe zurecht kam.

Psychodrama – kreativ –
Kreative Formen der Ausgestaltung

Dieses Kapitel ist als Aufforderung zum kreativen und auch spontanem schöpferischen Handeln zu verstehen. Durch den Einsatz kreativer Medien erhalte ich lebendige Prozesse, Lebendigkeit und Beweglichkeit im Geist für den Zeitraum der Aktion und für einen Transfer in den Lebensalltag des/der ProtagonistIn und meines eigenen. Was immer ich auch mit meinen KlientInnen kreiere, es schult auch meinen Geist und formt mein Leben.

Phantasiereisen

Die Arbeit mit inneren Reisen ist ein weites Feld. Sie sind in allen Phasen eines Prozesses und für viele Zwecke einsetzbar.

In einschlägiger Literatur finden wir viele Vorgaben für gelenkte Phantasiereisen mit entsprechenden Einsatzbereichen und Wirkungsweisen.

Ich bevorzuge Phantasiereisen die eine thematische Vorgabe haben, aber vom/von der KlientIn selbst ausgestaltet werden, wie z.B. mit Ingo:

Die Praxis
Ingo kommt zur Sitzung und ist verwirrt. Er sagt, er habe sich in seine Gedanken verstrickt, er wisse nicht mehr, wer er ist.

„Gut", sage ich, „versuchen wir eine Orientierung zu schaffen."

Ich fordere ihn auf, sich auf das im Zimmer befindliche Podest zu legen, die Augen zu schließen und auf den eigenen Atem zu achten.

„Ingo, du begibst dich jetzt in eine innere Phantasie, konzentriere dich auf die auftauchenden Bilder. Wenn dir andere Gedanken in den Sinn kommen, wehre dich nicht, lass sie entstehen und wieder wegziehen; komme einfach zum Thema zurück."

„Du wachst auf und stellst fest, du liegst in der freien Natur. Beobachte die Umgebung, wie sieht sie aus, welche Naturgegebenheiten findest du vor?" (Einige Minuten Pause, hiernach weiter in Ich-Form.)

„Jetzt entdecke ich einen Baum, der mir auffällt und mich stark interessiert. Ich schaue mir alles genau an, Größe, Form, die Rinde, den Stamm, Äste, Blätter, Blüten, Farben." (Pause)

„Ich setze mich mit dem Rücken an den Baum und stelle fest, welche Energie durch diesen Baum fließt und welche Wurzeln dieser Baum hat." (Pause)

„Jetzt verabschiede ich mich vom Baum, komme langsam wieder hier im Raum an, öffne die Augen, atme gut durch und richte mich auf."

Ich kann mir in den Pausen oder hinterher seine Erlebnisse erzählen lassen. Mit Ingo sprach ich hinterher über seine Phantasien.

Ingo sah einen hochgereckten Baum und konnte keine Wurzeln entdecken.

Dieses Phänomen war dann Thema von mehreren Sitzungen. Wir stellten fest, dass er viele Zeitabschnitte seiner Kindheit ausgeblendet hatte, da er durch sehr schwierige, schmerzverursachende Zeiten gegangen ist.

Hier war der Baum ein Ich-Symbol und wir formten nach und nach sein Wurzelwerk aus, so dass Ingo wieder einen Begriff von seiner Geschichte und damit Zugang zu sich selbst erhielt.

Phantasiereisen sind ein wertvolles Hilfsmittel, um die Innerlichkeit von KlientInnen zu erforschen oder innere Reaktionen auf bestimmte Umstände festzustellen. Sie dienen aber auch manchmal einfach der innerlichen Erbauung.

Arbeit mit Handpuppen

Diese Arbeit ist meist mit viel Spaß und Freude verbunden. So kann ich auch tiefe Themen mit einer gewissen spielerischen Leichtigkeit ausspielen, da hier ein Abrückeffekt auftritt: Ich spreche nicht selbst, ich lasse die Handpuppe sprechen.

Scham- und schuldbesetzte peinliche Themen können so zur „Sprache" gebracht werden. Der Einsatz dieses Mediums drängt sich geradezu auf für die therapeutische Arbeit mit Kindern. Abgespaltene persönliche Anteile, schlimme verdrängte Erlebnisse können so wieder im Leben geholt und reintegriert werden. Es empfiehlt sich eine Vielzahl von Figuren, Tiere u.a. als Hand- oder Fingerpuppen bereitzuhalten, um den jeweils individuell spezifischen Gegebenheiten Rechnung zu tragen. Der Vorteil von Hand- und Fingerpuppen vor anderen Figuren (wie Stofftieren) ist der, dass ich sie mir „anziehen" kann. Der Schlossgeist ist also nicht nur bei mir, ich schlüpfe in ihn hinein, und damit ist eine stärkere Identifizierung gegeben.

Malen, Zeichnen, Gestalten

Auch hier, ein hervorragendes Medium für die Arbeit mit Kindern. Aber auch mit Erwachsenen, um das Kind wieder zu entdecken, um Spielfreude und kreatives Gestalten zu fördern. Welche tiefentherapeutischen Möglichkeiten hier vorhanden sind, ist im ersten Teil des Buches beschrieben.

Sich selbst zu finden, bestimmten inneren Bildern Ausdruck zu verleihen, ist in der Arbeit mit Ton, Maskenbau und Maskenspiel hervorragend möglich. Ein Seminar mit diesem Titel findet bei uns im Institut regen Zuspruch.

Arbeit mit Bausteinen, Figuren, Sandkasten

In der Familientherapie wird mit einem sogenannten Familienbrett gearbeitet. In der Einzeltherapie kann ich mit Hilfe von Holzfiguren eine Familienaufstellung durchführen. So kann ich immer wenn es um systemische Zusammenhänge geht oder um mehrere Situationen, die irgendwie zusammengehören mit Bausteinen oder Figuren auf dem Tisch oder Boden arbeiten.

Ich baue mit dem/der KlientIn das Modell einer Realsituation, Familie, Team, eines Großprojekts u.ä. auf. Es kann betrachtet, gedeutet, verändert werden. Wir können ausweiten, fokussieren u. v. m. Vielleicht kommt ja mal jemand auf die Idee, ein Psychodramabrett zu entwerfen mit Figuren, Hilfslinien u.a. Gestaltungsmitteln; eine Art Mikrokosmos zu bauen. Oder auch eine Plattform mit Material für das soziale Atom zu erstellen. Es wäre eine gute Handhabe für die Einzeltherapie.

Beim Schreiben hatte ich die Idee der Einzelarbeit im Sandkasten – ein Sandkasten im Therapiezimmer? Genauso versponnen wie eine lebensgroße Stoffpuppe, schön robust, so dass meine KlientInnen auch aggressive Impulse an ihr ausleben können. Wer weiss?

Meditation

In den letzten Jahren setzte ich immer häufiger verschiedene Formen der Meditation im therapeutischen Prozess ein.

Zu Beginn eines settings, um zur Ruhe zu kommen, sich auf sich selbst zu besinnen, innere Einkehr zu ermöglichen oder auch zur Erwärmung eines Themas. Beim Letztgenannten nutzt der/die KlientIn dann die Meditation zur inneren Beschäftigung mit ihrem/seinem Thema.

Das gemeinsame Meditieren mit meiner/m KlientIn schafft auch eine „Zweisamkeit", es ist wie das Einschwingen/Einpendeln auf eine gemeinsame Ebene, in einen gleichen Rhythmus.

Zum Abschluss meditieren wir dann noch einige Minuten, wir bündeln das Geschehen, lassen es sacken, um dann in Ruhe voneinander Abschied zu nehmen.

Die Natur und andere Gegebenheiten nutzen

Die Intensivseminare unseres Institutes finden in der Eifel, in einem Seminarhaus statt. Hier nutzen wir das Haus, eine Burgruine, den Garten und die umgebende Landschaft für unser therapeutisches Arbeiten.

So kann ich mit meiner/m KlientIn zur Burgruine gehen, die vorhandene Energie nutzen und wir unterhalten uns darüber, was er/sie im Mittelalter so getrieben hätte.

Bei einer Morgensitzung gehen wir gemeinsam barfuß durch den taufrischen Rasen im Garten und lassen Erinnerungen und Empfindungen aufsteigen. Beim Spaziergang durch den Wald legen wir den inneren Müll ab und tanken frische Energien. Nach meiner Erfahrung heilt die Natur manche Dinge wie von selbst, wir müssen nichts tun – wir sind in der Natur, atmen und all unsere Heilkräfte werden mobilisiert.

Alles, was die Welt und das menschliche Sein ausmacht, können wir als Medium für die therapeutische Arbeit einsetzen, je nach Neigung, Kreativität und Spontaneität. Häufig ergeben sich aus der Situation des settings Gelegenheiten bestimmte Medien einzusetzen. Hierzu gehören auch Märchen, Geschichten, Musik, astrologische Aspekte, Tarotkarten, alte Fotos u.v.m.

Wenn wir kreative Medien als Mittler, Verstärker, Starter für therapeutische Prozesse einsetzen, ist neben der eigenen Kreativität und Spontaneität ein solides therapeutisches Rüstzeug notwendig, wofür die Psychodramamethode grundlegend sorgt.

Abschluss

Einige grundsätzliche Überlegungen zum Thema

Mit der *Katharsis* und der Bewertung ihrer verschiedenen Ausdrucksformen haben wir uns im ersten Teil befasst.

In der Einzelarbeit ist ein umfassendes großes Psychodrama mit tiefen Kernthemen und Abreaktionskatharsis aus Zeitgründen, im meist veranschlagten 50-Minuten-Takt, nicht möglich. Hierfür verabreden wir eine Sondersitzung mit 2-3 Stunden Zeitumfang. Wann setzen wir diese Sondersitzung ein? Gehen wir von einem Jahreszyklus aus, dann überträgt sich die *Phasenstruktur* eines 50-Minuten-settings auch auf das gesamte Jahr: im ersten Monat die Kontaktphase, im darauffolgenden zweiten und dritten Monat befinden wir uns in der Phase des Zugangsschaffens. Es schließt sich vom vierten bis zum achten Monat die Arbeitsphase (Durcharbeiten der zentralen Themen) an die dann übergeht in die Abschlussphase mit Verankerung/Sicherung, Transformation und Integration vom neunten bis zum zwölften Monat (individuelle Verschiebungen sind selbstverständlich möglich). Das bedeutet, dass wir die Sondersitzungen erst ab dem fünften bis zum siebenten Monat veranschlagen.

Wie du jetzt sicherlich bemerkt hast, überträgt sich die Phasenstruktur auf alle definierten Einheiten, das Psychodrama selbst, die 50-Minuten-Einheit und der Gesamtzeitraum enthält jeweils die gleichen Phasen. So ist es wohl auch möglich die gleichen Phasen in noch kleineren Einheiten, wie z.b. der einzelnen Phase des Kontaktherstellers wiederzufinden, wie auch im Gesamtlebenszyklus des Menschen oder gar der Erde.

Dieses Phänomen entspricht dem Naturgesetz: Die Struktur, die Gesetzmäßigkeiten des Makrokosmos findest du wieder in der kleinsten Zelle, also im Mikrokosmos.

So wie aus spiritueller Sicht die Außenwelt ein Abbild der inneren (psychischen) Welt darstellt.

Zurück zum Katharsiskonzept in der Einzeltherapie. Hier steht (ausgenommen bei Sondersitzungen) die Einsichts-/Erkenntniskatharsis im Vordergrund. Wenn wir uns der Mühe unterziehen, die 50-Minuten-Arbeit genau unter die Lupe zu nehmen, werden wir feststellen, dass in dieser Zeit viele kleine, oft unmerkliche Aha-Erlebnisse beim/bei der KlientIn auftreten. All diese Momente sind kathartische Erlebnisformen. Wenn wir viel mit körpertherapeutischen Elementen arbeiten, werden wir auch häufiger Abreaktionskatharsen erleben, die sich auch rein körperlich ausdrücken können.

Beim Vergleich des Psychodramas mit und in Gruppen zum Psychodrama in der Einzeltherapie fiel mir auf, dass sich die Grundzüge des Psychodramas, das triadische System nicht einfach übertragen lassen.

Die Dreigliedrigkeit *„Soziometrie-Gruppenpsychotherapie und protagonistzentriertes Psychodrama"* finden wir konkret in der Arbeit mit Gruppen wieder, in der Einzelarbeit jedoch nicht so direkt. Erst wenn wir einen Schritt über das einzelne setting hinausschauen, taucht die Triade wieder auf:

Unser/e ProtagonistIn steht im Leben und befindet sich einem Netzwerk von Beziehungen direkter und indirekter Art. Indirekt das soziale und politische Gefüge einer Gesellschaft, einer Stadt, einer Gemeinde, einer größeren Firma und direkt im System von bekannten Personen und Umständen, dass engere „soziale Atom".

Wenn wir jetzt in einer unserer ersten Sitzungen zeichnerisch ein „soziales Atom" erstellen, sind alle aufgeführten Personen als „geistige Energie" mit im Raum, wir arbeiten soziometrisch. Wir arbeiten dann mit der protogonistzentrierten Psychodramamethode an Beziehungsthemen, die sich auf ihr/sein Beziehungsfeld real auswirken.

Die Gruppe, in der unser/e KlientIn lebt, gerät in Bewegung unter therapeutischen verändernden Aspekten, getragen und ausgelöst durch den/die KlientIn.

Wie vorher bei unserer Phasenstruktur, bleiben die Grundelemente stets erhalten, sie tauchen nur in unterschiedlichen Formen auf, die nicht immer offensichtlich sind.

In den letzten Jahren hat sich auf der Psychodrama-Bühne und damit auch in der Ausbildung ein Wandel vollzogen. Das ehemals gruppentherapeutisch ausgerichtete Psychodrama wird modifiziert, variiert und so den heutigen Gegebenheiten und Praxisfeldern zugänglich gemacht. Ein großes Betätigungsfeld, die Arbeit mit EinzelklientInnen unter Anwendung psychodramatischer Methoden weitet sich zunehmend aus. Ausbildungskonzepte und begleitende Fachliteratur müssen diesen Entwicklungen Rechnung tragen.

III. Psychodrama und Systemische Therapie

Einleitung

Psychodrama und Systemische Therapie: Grundlagen für die therapeutische Arbeit mit Familiensystemen

In vielen Kliniken für die Langzeitentwöhnungsbehandlung von Drogenabhängigen wird mit sogenannten integrativen Konzepten gearbeitet, d.h. medizinische, psychotherapeutische, sozialtherapeutische und ergotherapeutische Rehabilitation sind in einem interkurrenten System miteinander verbunden.

Die Mehrschichtigkeit und Komplexität der Suchterkrankung erfordert ein sorgfältig aufeinander abgestimmtes Vorgehen verschiedener therapeutischer Methoden, die in der Praxis oft durch die Heterogenität der Mitarbeiterschaft vorgegeben ist.

Auf den ersten Blick könnte in der Homogenität einer therapeutischen Einrichtung der Vorteil einer einheitlichen Sicht- und Handlungsweise liegen, doch auch die Verschiedenheit birgt durch ihr Angebot unterschiedlicher Lebenskonzepte und Verhaltensmodelle für die Patienten therapeutische Lösungen.

Es geht hier nicht um die Kombination oder Vermischung von Therapieverfahren als Experiment für eine neue Therapiemethode, sondern um ihre Anwendung in einer Patientengruppe durch Therapeuten mit unterschiedlichen Therapieausbildungen, die auch mit den Patienten in einen Dialog über die jeweilige therapeutische Anwendung treten, damit sie sich nicht als Teilnehmer an einem Experiment mit ungewissem Ausgang fühlen müssen.

Im Folgenden soll der Beginn der Zusammenarbeit eines Psychodramatherapeuten mit einer systemisch ausgebildeten Familientherapeutin für den Bereich der Gruppenpsychotherapie in einer Klinik geschildert werden. Zuvor untersucht der Autor die Verbindungen von Psychodrama und Familie und die Grundlagen systemischen Denkens als Ausgangspunkte für die gemeinsame Arbeit.

Der psychodramatische Ansatz für die Arbeit mit Familien

In Morenos Soziometrie ist der einzelne durch seine individuellen Rollen verbunden mit den Rollen seiner Familie und seines sozialen Beziehungsfeldes. Jede Bewegung oder Veränderung in dieser Struktur hat Auswirkungen auf das Individuum.

Familien verändern sich durch Ereignisse, deren Bedeutung und Wichtigkeit oft nicht richtig oder zu spät eingeschätzt werden. Ein häufig eintretender Vorfall ist der Streit, der in den unterschiedlichsten Formen vorkommt. Die Frage, was zuerst da war, der Streit oder das Problem, kann oft im Wirbel der Turbulenzen nicht geklärt werden, weil der Streit dazu benutzt wird, eine Problemlösung zu verhindern oder es werden Probleme geschaffen, um Streit herbeizuführen. In diesen Krisensituationen bilden sich verstärkt Bündnisse und Konstellationen der Beteiligten heraus, die von einer vehementen, schwer zu kontrollierenden Energie geprägt sind.

Benötigt wird ein Arbeitskonzept für die Familie, das die Wechselwirkungen der Interaktionen in ihrer Tiefenstruktur so weit erfaßt, damit erste Vermittlungsschritte eingeleitet werden können. Eine Vielzahl von soziometrischen Vorgehensweisen bietet sich an, einer Familie die nötigen Informationen zu geben, damit die blockierenden und versteckten Koalitionen und Hierarchien aufgedeckt und einer Bearbeitung zugänglich werden.

„Selbst wenn sich eine Familie in einer Flucht-Dimension verfangen haben sollte, kann man sich erkundigen, wer denn am ehesten bereit ist, zu fliehen, und wer am wenigsten, wer sich wem bei dieser Flucht anschließt, oder wer sich als Nächster etwas einfallen lassen wird, um jemand anders von einem Schmerz abzulenken."

(Anthony J. Williams: 1991, S. 287)

Beginnt eine Familie, sich für Informationen zu erwärmen, die von außen ein Spiegelbild ihrer inneren Ausdruckslage zeigen, ist der erste Schritt für eine Veränderung getan. Die Familie kann im therapeutischen Sinne arbeitsfähig werden, wenn sie nicht länger in einem gegeneinander wirkenden Bund festgefahrener Überzeugungen streitet, sondern in soziometrisch gewählten Schritten ihr Interaktionsfeld mit den Methoden des Psychodramas kennenlernen und darstellen kann.

Die Erwärmung im Psychodrama dient der thematischen Konzentration, mit dem Ziel, die verschiedenen Interessen der Gruppe/Familie zu bündeln. Erwärmungsübungen helfen Spannungen abzubauen und den Informationsstand der Beteiligten einander anzugleichen. Aus dem reichhaltigen Katalog der Erwärmungsübungen mit Familien folgt eine kleine Auswahl:

- Übungen mit der Aufgabe, bestimmte Personen gezielt anzusprechen, statt etwas unklar und unbestimmt in den Raum zu stellen: z. B: Mir ist vieles, was in der Gruppe/Familie geschieht, schleierhaft. Ein Auftrag könnte lauten: Findet Form, Größe, Dichte, Anfang und Ende und die Funktion des Schleiers heraus! Wie gehen die Menschen mit dem Schleier um? Alle sprechen über ihre persönlichen Beobachtungen und Wahrnehmungen bezüglich des Schleiers.

- Übungen über die dyadische Kommunikation: Ein Austausch zwischen zwei Personen darüber, z.B. welche Gefühle gegenseitig wahrgenommen werden (bestimmten Personen gegenüber, in unterschiedlichen Lebenssituationen, bei diversen Auftragsstellungen in Beruf, Schule, Studium etc.).

- Ein Annoncenspiel, bei dem sich Eltern und Kinder jeweils ideale Partner suchen: 4 Kinder suchen Eltern, die nicht alle gleichbehandeln, die individuelle Unterschiede auch in der Kleidung und beim Essen wünschen, mit riesengroßem Haus etc./Eltern suchen Kinder, die auch mal im Haushalt mit anpacken, nicht dauernd unerfüllbare Wünsche vorbringen und die früher ins Bett gehen, um in der Schule oder auf der Arbeit ausgeschlafen zu sein.

- Die Erstellung von Genogrammen als Basis für die fortlaufende Arbeit, z.B. für Skulpturen und Psychodrama: Hierbei bieten sich verschiedene Möglichkeiten an wie generationsübergreifende Familienstammbäume, Geschwisterreihen, geschlechtsspezifische Konstellationen (z.B. Berufe und spezielle Fähigkeiten der Männer und Frauen über mehrere Generationen, Krankheitsbilder in Familien, die Verbindungen in Patchworkfamilien usw.)

- Soziometrische Nähe und Distanz Übungen, bzw. Messungen: Ein Teilnehmer geht in die Raummitte und fragt z.B.: „Wer mag oder wer mag nicht gerne im Mittelpunkt stehen? Wer sich dazu gesellen kann, geht ebenfalls zum Fragenden hin. Die Teilnehmer lernen sich dabei mit ihren Interessen oder Abneigungen kennen. Dieses Fragespiel kann mehrere Male wiederholt werden, daraus können dann Gruppenkonstellationen erstellt werden und Aufträge zum weiteren Kennenlernen: Wie können beispielsweise Teilnehmer mit unterschiedlichen Interessenlagen verbunden werden?

• Verwandlung der Familie in Tiere oder Pflanzen: Wenn alle Familienmitglieder Pflanzen wären, dann wäre z.B. ein Kind ein Vergißmeinnicht, ein anderes eine Brennessel, der Vater ein Tabakstrauch (raucht zuviel), die Mutter eine Rose (Farbe, Dornen), der Opa ein Wacholderbusch, die Tante eine Palme (lebt in Florida). Desgleichen gilt für Tiernamen, die sich gut für Symbole eignen, über die man nachdenken und in Kontakt kommen kann, sowohl sprachlich wie auch in spielerischer Darstellung als Skulptur, Pantomimik oder Rollenspiel.

• Die assoziative Verwendung von bekannten Märchenrollen in der Familie: Märchen offerieren ebenfalls zahlreiche symbolische Rollengestaltungen. Es bietet sich an, ein Märchen stringent durchzuspielen, oder ein Märchen frei zu erfinden und dabei unterschiedliche Märchenfiguren miteinander zu kombinieren, wie Dornröschen, Aschenputtel, Hans im Glück, Ali Baba, etc. Über die Realisation des Spiels kommen die Rollenspieler zu vielfältigen Kontakten, die den emotionalen und strukturellen Austausch anregen.

• Familienphotos erzählen die Familiengeschichte:
Hier eignen sich Photos zu einer nahezu unerschöpflichen Motivation für Themen aus der Familie. Man kann Photos mit Rollenspielern nachstellen zu Skulpturen oder für ein Psychodrama. Sie ergeben Material für Dyaden und Kleingruppen mit verschiedenen Arbeitsaufträgen für Rollentausch oder Doppelübungen:
So kann ein Teilnehmer über seine Empfindungen beim Betrachten eines Photos erzählen, während ein oder mehrere Familien- oder Gruppenmitglieder doppeln. Daraus resultieren oft sehr dichte und intime, in die Tiefe führende Begegnungen. Photos können auch im übertragenen Sinne ohne konkretes Bildmaterial dargestellt werden. Mit Hilfe von Rollenspielern werden Erinnerungen, Gegenwärtiges und Zukünftiges als projektive Schnappschüsse aufgenommen: „So sieht ein Photo meiner Familie in 2, 5, 10 etc. Jahren aus" oder „so könnte meine Familie zu Ururgroßvaters Zeiten ausgesehen haben!"
– ein Familienausflug wird vorbereitet:

- Ein Organisationsspiel mit Tiefgang und allen erdenklichen Tücken. Wer macht mit wem was und wie, wo und wann, warum wofür wozu? Als Beispiel kann in einem Rollenspiel ein von einem Teilnehmer geschilderter typischer Familienausflug dargestellt werden. Nach einer Phase der Reflexion über dieses Spiel können von den Teilnehmern Ideen vorgeschlagen und vorgenommen werden, die als Handlungsanleitungen einen gemeinsam arrangierten Familienausflug verwirklichen sollen.

- Briefe werden untereinander verschickt:
  Gleichfalls ein Medium mit vielfältigen Möglichkeiten. Es ist auch ein Medium, das eine ruhige, konzentrierte Atmosphäre erfordert und Teilnehmer, die sich für das Schreiben erwärmen können. Eine thematische Konzentration bietet sehr gute Gelegenheit sich mit ausgesuchten Aspekten einer Beziehung zu befassen:
  Wähle einen Partner und schreibt Euch gegenseitig einen Brief, wie Ihr Euch im Kontext der Familie/Gruppe und in der direkten Zweierbeziehung erlebt. Tauscht Euch zu zweit darüber aus und sucht Euch dann gemeinsam noch andere Paare für ein Gespräch, deren Meinung Euch wichtig ist und denen Ihr Eure Auffassung mitteilen wollt Ziel dieser Arbeitsbeispiele soll die Schaffung von Situationen für Begegnungen sein, bei denen die Thematik von Störungen, Konflikten, seelischen Notlagen, Krankheit und anderen Faktoren in einen aktuellen und direkten Umweltbezug eingebracht werden.

Manche Familien treten offen mit heftigen Differenzen und explosiven Emotionslagen auf, andere verbergen ihre Bündnisse und Geheimnisse hinter geschönten Fassaden oder wechseln die Farbe wie das Chamäleon. Die in diesen Ausdruckslagen herrschende Dynamik von Ängsten, Wut, Eifersucht und Auflösungstendenzen soll konferiert werden im Kontext strukturgebender Arbeitsaufträge.

Die Arbeitsaufträge sind auf dem Fundament der Psychodramabühne Impulsgeber dafür, dass Mitglieder der Gruppe/Familie mit der Unterstützung und der Begleitung aller, die sie bewegenden Themen bearbeiten können. Mit Hilfe der dramaturgischen Methoden des Psychodrama sollen dabei die unterschiedlichen thematischen Strömungen mit dem Ziel konzentriert werden, in der kathartischen Phase zu Neuem, zu Entscheidungen und Veränderungen zu gelangen.

Verschiedene praktische Ansätze des Psychodrama für die therapeutische Arbeit mit Familien

Viele Menschen bleiben lieber im gewohnten Fahrwasser und verdrängen ihre Ängste, anstatt zu neuen Ufern zu streben. Sie igeln sich ein und entfernen sich vom wirklichen Leben. Sie sind selten bereit, die Sicherheit und den Selbstschutz „fester Meinungen" zugunsten gemeinsamer Arbeitsschritte aufzugeben, die eine erfolgreiche Neuorientierung ermöglichen. Moreno ging davon aus, dass ein gesunder Mensch nur in einer gesunden Gruppe leben kann.

Bateson beobachtete *(1982, S. 21-41)* „daß der Mensch Probleme hat, graduelle Veränderungen festzustellen, weil man sich bei langsamen Veränderungen stetig daran anpasst und sich ihrer nicht bewusst wird. Um wahrgenommen zu werden muss eine Veränderung so auffällig sein oder so plötzlich vonstatten gehen, dass der Unterschied Auswirkungen hat."

Dr. Louk Portier, Leiter einer Utrechter Klinik für Psychosomatische Medizin, beschreibt in einem Interview mit der Zeitschrift „Psychodrama": „Veränderung kann in mehreren Bereichen stattfinden, sie kann durch Einsicht bewirkt werden, die von starken Gefühlen begleitet ist, aber es kann auch durch die Veränderungeiner Haltung passieren. Wenn z.B. ein Vater sein Kind umarmt, was vorher noch niemals geschehen ist, dann ist das eine sehr wesentliche Änderung, die im Hier und Jetzt stattfinden kann. *(Psychodrama, Mai 1989, S. 32)*

Jan Blackwedel arbeitet mit seiner Inszenierung von Familienmythen psychodramatisch an deren Veränderung, in dem er zunächst die Frage stellt: „Was kann getan werden, wenn die alten Prämissen, die in bestimmten Geschichten enthalten sind, nicht mehr zu den aktuellen Gegebenheiten und Anforderungen passen?" *(Jan Blackwedel, 1992, S. 289)*

Durch seine Inszenierung von Familienmärchen startet er einen schöpferischen Prozess, in dessen Folge eine Familie neue Geschichten jenseits der alten Störungen gestalten kann, die zu den gewünschten Veränderungen führen. Die grundlegende Beziehungsstruktur der Familie kann sich wandeln und mit ihr auch der Einzelne.

Claude A. Guldner, Direktor des Marriage and Family Therapy Centre an der University of Guelph, Ontario, Kanada beschreibt die Mehrfamilien-Psychodrama-Therapie „als ebenso wirksam wie die therapeutische Arbeit mit einzelnen Familien. Zieht man mit in Betracht, dass ein Therapeut im gleichen Zeitraum mit vier oder fünf Familien arbeiten kann, in dem er sonst höchstens zwei sehen würde, dann erhalten Zeit- und Kostenfaktoren ein größeres Gewicht und sollten in die Kalkulation einbezogen werden. Diese Ergebnisse spiegeln ebenfalls wieder, dass die Familien voneinander lernen, dass sie durch strukturierte Aufgaben an die Gruppe lernen, und dass sie lernen, wie man lernt, indem sie für die Zeit zwischen den Sitzungen selbständig Aufgaben entwickeln. *(Psychodrama 5/89 S. 25f.)*

Die Faktoren für die Wirkung
des Psychodrama mit Familien

Bis zur Entwicklung selbständiger Aufgaben bedarf es jedoch vieler Schritte. Für jede therapeutische Arbeit sind Vorinformationen für Therapeuten ein unbedingt nötiges Rüstzeug: Es geht um den Erwerb des Wissens, wie die Familie ihre gemeinsamen Probleme gehandhabt hat.

PsychodramatikerInnen sind sicher gut beraten, wenn sie sich über die Vorgeschichte einer Familie informieren, ohne dass sie sich dabei zu weit von Morenos Spontaneität „des einen wahren Augenblicks" entfernen. Morenos Soziometrie zur Erfassung der Tiefenstruktur und seine Rollentheorie sind hervorragende Instrumente, um mit Familien zu arbeiten.

Darüber hinaus sind sie nicht auf eine gesamte Familie angewiesen, sie können mit Rollentausch und Hilfs-Ich im Rollenspiel Rollen bezeichnen lassen, die auf biographische und aktuelle Besonderheiten abwesender Familienmitglieder eingehen.

Spontaneität, Kreativität, Bewegung durch Doppeln, Spiegeln und Rollenwechsel maximiert, sind das Werkzeug der Psychodramatherapeuten. Psychodrama soll nicht die Probleme therapieren, sondern es soll durch die Aufforderung zum Spiel das Schöpferische im Menschen wecken, Spiel schafft die Möglichkeit zur Selbsttherapie.

Psychodramaleiter ermöglichen den durch eine soziometrische Wahl aus der Familie hervorgetretenen *Protagonisten* den Zutritt zur Bühne, auf der sie ihr Spiel gestalten können. LeiterInnen sorgen für die Dramatisierung und die Entwicklung einer antagonistischen Struktur mit den bereits erwähnten psychodramatischen Elementen und sie ordnen und sichern die Einbeziehung der Mitspieler in den Handlungsablauf.

Wenn eine Gruppe/Familie nach einer soziometrisch angelegten Erwärmungsphase einen, das herausgearbeitete Gruppenthema tragenden, Protagonisten soziometrisch gewählt hat, beginnt mit der Einrichtung der

Bühne der Augenblick, in dem sich das Psychodrama von allen anderen Therapieformen grundsätzlich unterscheidet. Hier kann es durch einen umsichtigen Leiter seine volle Wirkungskraft „des wahren zweiten Mals", wie Moreno formulierte, erreichen. „Der Patient, Klient oder Protagonist spielt seine Konflikte aus, anstatt über sie zu reden, sagt *Zerka Moreno* in Regel I. *(aus R. Müngersdorff: Leiterregeln im Psychodrama, 1984, S. 4)*

Gleichzeitig muss ein intensiver Austausch zwischen Gruppe/Familie und dem Protagonisten stattfinden, das Interesse an Thema und Problematik nahezu deckungsgleich mit dem Spielverlauf vorhanden sein. Nur dann werden die Teilnehmer im anschließenden Sharing mitteilen können, ob ihre während des Spiels gemachten *wirklichen* Erfahrungen, dem gemeinsam gesuchten Ziel entsprechen oder nahekommen.

Moreno konzedierte jeder Gruppe/Familie ein gemeinsames Streben nach optimaler Befürfnisbefriedigung, das in der Realität jedoch zahlreichen Störungen unterworfen ist, wenn es im alltäglichen Leben zu Rollenkollisionen kommt. Dabei entwickeln die eingenommenen Rollen auch ihre eigenen Abwehrmechanismen, sie sollen eine Druckabfuhr aus den inneren Konflikten schaffen.

Das Psychodrama setzt die Rollenverhältnisse in der Familie, der Rollentheorie Morenos folgend, handelnd in Szene. Dabei verdichten sich in einem interaktionellen Austauschprozess im Bühnenspiel die Verbindungen zwischen Individuum und Umwelt, Gruppe, bzw. Familie.

Wer sich beispielsweise in einer bestimmten Rolle in einem Psychodramaspiel befindet, bewegt sich auf dem soziometrisch erarbeiteten emotionalen und sozialen Fundament seiner Gruppe/Familie. Sein Rollenspiel lässt sich „als ein Prozess des Aushandelns von Interaktionsrollen bezeichnen, in den biographische und aktuelle Gegebenheiten auf Seiten der Partner eingehen." *(R. Müngersdorff, 1990, S. 162)*

Die therapeutische Wirkung des Psychodramaspiels wird durch die Kommunikation zwischen Protagonisten, Leiter und der Gruppe/Familie angestrebt.

Vor allem durch das zentrale Element des Rollentausches gewinnen Protagonist und Mitspieler vertiefte Einsichten in Rollenzuschreibungen, deren biographische Inhalte und ihre situative Emotionalität.

Probleme in der Gestaltung der Rolle, die Emotionalität der Darstellung, die intensive seelische und körperliche Anstrengung, Verständigungsschwierigkeiten der Mitspieler bestimmen den Spannungsverlauf; gleichzeitig werden Brüche erzeugt, die Besinnung und Orientierung erfordern.

Ein sorgfältiger Vollzug des Rollentausches ist daher vor allem in der Arbeit mit Familien obligatorisch. Eine unzulängliche Verständigung kann zu einem Konflikt führen, der das Spiel gefährdet. Der Rollentausch sollte daher Fremdheit überwinden helfen und für alle Teilnehmer nachvollziehbar sein.

> „Der Rollentausch umfasst als Psychodramatechnik immanent den Situationsaufbau, das Spiel und das Spiegeln. Er gestaltet das Konfliktfeld aus und hilft, die Abwehr durch Projektion, Verleugnung und Identifizierung aufzuheben." *(Reinhard T. Krüger, 1989, S. 61)*

Der Bühnenraum birgt alle offenen und verdeckten Geheimnisse, die durch die Dramaturgie entwickelt werden. Moreno sprach von einem Geschehen „mit außerordentlich vertrauten Gestalten ..., die den Vorzug haben, nicht durchaus Täuschungen zu sein und nicht durchaus Realität zu haben, sondern halb erfunden und halb wirklich sind."*(Moreno, 1988, S. 89)*

Das „Hier-und-Jetzt-Konzept" des Psychodramas bietet durch die gemeinsame soziometrische Erdung, die als Energiespeicher Spontaneität und Kreativität freisetzt, allen Beteiligten den Raum, die Zeit und Begegnungsfreiheit, um fixierende und krankmachende Beziehungskonstellationen und Rollendiktate aufzudecken und aufzulösen.

Auf die Familie bezogen sagte Moreno: „Mann und Frau, Mutter und Kind, sollten mehr als Verbindung, denn als einzelne behandelt werden; von Angesicht zu Angesicht und nicht getrennt, weil sie getrennt voneinander kaum ein spürbares seelisches Leiden zeigen." *(Moreno, Psychodrama III, 1969, S. 246)*

Erst die gemeinsame therapeutische Arbeit mit dem System Familie bereitet die Basis für das Verständnis der Familienmitglieder untereinander.

Psychodrama und Systemisches Denken

„Jeder Psychodramatiker muss eigentlich von der Systemtheorie faszinert sein, weil sie sich in vielen Aspekten nahtlos mit wesentlichen theoretischen Grundfragen des Psychodramas verbindet. Moreno hat schon ausdrücklich systemisch gedacht. Was ist das denn anderes, wenn man im Psychodrama die ganze Familie eines Patienten auftreten lässt? Und schaut:" Wie waren die Beziehungen, wie hat sich dieses Krankheitsbild allmählich entwickelt? Und welche Kräfte für die Gesundung sind noch da?" *(Heika Straub in Psychodrama 5/89, S. 84)*

Moreno fand im Wechselspiel zwischen Individuum und Gruppe, auf das er seine Aktionssoziometrie und das Psychodrama gründete, zu einer Theorie, die mit heutigen Erkenntnissen Begriffe wie Zirkularität, Rekursivität, Triadisches Fragen als Beispiele Systemischen Denkens anwenden könnte.

„Die Stellung eines Individuums kann nicht voll erkannt werden, wenn nicht alle Personen und Gruppen, zu denen es in emotionaler und funktionaler Beziehung steht, in die Untersuchung mit einbezogen werden. Auch die Organisation einer Gruppe kann nicht erkannt werden, wenn nicht alle zu ihr in Beziehung stehenden Individuen und Gruppen ebenfalls studiert werden. Individuen und Gruppen sind nämlich in ein weit verzweigtes Netzwerk verwickelt, so dass die gesamte Gemeinschaft, der sie angehören, dem soziometrischen Test unterworfen werden muss." *(Moreno:, 1974, S. 2)*

Das Rollenkonzept, der Rollentausch und auch die Doppeltechnik sind in ihrer wechselseitigen Bezogenheit Teile eines umfassenden kommunikativen Systems, das in einem Psychodramaspiel in thematisch konzentrierter Form soziometrische Vernetzungen in Interaktion umsetzt mit dem Ziel der psychotherapeutischen Wirksamkeit, oder wie Moreno formulierte: „Die Wahrheit der Seele durch Handeln zu ergründen." *(Moreno 1988, S. 77)*

Das System der Suchtfamilie

Die systemische Therapie basiert auf Erkenntnissen der modernen Systemwissenschaften wie Kybernetik, System- und Regelungstheorie, Informations- und Kommunikationstheorie sowie der Spieltheorie.

Bateson, Haley, Watzlawick, Fisch und die Mailänder Gruppe -Selvini Palazzoli, Boscolo- begannen seit den 60-er Jahren diese Erkenntnisse für die therapeutische Praxis zu nutzen.

Die Systemtheorie geht davon aus, dass Systeme Gebilde sind, die aus einzelnen Elementen zusammengesetzt nach spezifischen Regeln in Wechselwirkung untereinander operieren. So vollzieht sich auch das Leben im System Familie in einem Regelkreis, nach dessen Gesetzmäßigkeiten die Interaktionen stattfinden.

Die Betrachtung von Systemen richtet sich aber nicht auf einzelne Phänomene und deren individuelle Eigenschaften, sondern auf die Wechselbeziehungen in den dynamischen Prozessen, oder anders ausgedrückt: die Rollenverhältnisse werden im systemischen Arbeiten auf ihre zirkuläre Systematik untersucht.

Aus der psychoanalytischen Therapie wie Richter in seinem Buch „Patient Familie" darlegt, stammen die beiden Bezeichnungen „Streitfamilie" und „paranoide Familie". Für die sogenannte Streitfamilie, die von Polarisierungen geprägt ist, sind folgende Merkmale zu beachten:

- Hat die Familie bereits Probleme über eine längeren Zeitraum bearbeitet und gelöst?

- War sie fähig, innere Spannungen auszuhalten, ohne massiv zu dekompensieren?

- Hat sie Tragfähigkeit bei Schicksalsschlägen bewiesen?

- Gibt es unter der Streitebene verläßliche Basiskontakte?

- Wie ist sie in der Vergangenheit mit professioneller Hilfe umgegangen?

Für die sogenannte paranoide Familie ergeben sich folgende Merkmale:

- Sie schottet sich – manchmal gewaltsam – gegen ihre Umgebung ab.
- Dadurch steuert sie der eigenen Desintegration entgegen.
- Sie ist in extremer Form ideologischen, moralischen oder religiösen Werten verpflichtet.
- Bei Kontakten mit der Umwelt können Phobien auftreten; Herzneurosen, Todesängste.

Neben diesen beiden „Familientypen" ist durch das in den letzten Jahrzehnten immens gestiegene Suchtproblem mit all seinen Varianten in unserer Gesellschaft der Typus der „Suchtfamilie" entstanden, in dem vorstehende Merkmale assimiliert sind, für die aber in besonderem Maße der Begriff der „Co-Abhängigkeit" charakteristisch geworden ist. Co-Abhängigkeit läßt sich wie eine Geisel-Entführer-Beziehung darstellen, die sich ständig neue Ultimaten setzt, ohne wirkliche Verhandlungsbereitschaft zu zeigen.

Familien mit co-abhängigen Mitgliedern sind geprägt durch einen Teufelskreis gestörter Kommunikation von Aggressionen, Depression, Schuldgefühlen, Machtkämpfen und einer Ausweglosigkeit, die auch auf die Helfer übergreifen kann.

Die Suche nach den Entstehungsfaktoren für Sucht führt den systemisch denkenden Therapeuten, zur Untersuchung des Schaltkreises Familie, Sucht, Gesellschaft. Der Beginn einer Krankheit wird im systemischen Denken nicht als schicksalhafte Zuweisung an ein passives „Krankheitsopfer" verstanden, sondern durch Mitgestaltung und Mitverantwortung des betreffenden Menschen eingeleitet.

Die Feststellung „A ist drogenabhängig" könnte systemisch formuliert lauten:

Der alkoholabhängige Vater wirft A vor, ein krimineller Fixer zu sein, während A's Mutter ihm heimlich Geld zusteckt, A's Frau ständig droht sich zu trennen, ohne konsequent zu sein und A weiterhin Drogen konsumiert, es besteht darüber hinaus eine permanent sanktionelle Wechselwirkung mit der jeweils aktuellen gesellschaftlichen Situation.

A bekam nicht seine Sucht, vielmehr entschied er sich für das Wohlgefühl (feeling) und das gleichzeitige Verschwinden von Problemen bei der Einnahme von Drogen. Ein naheliegender Zusammenhang mit der Alkoholabhängigkeit von A's Vater wird zu untersuchen sein, da auch das

Verhalten anderer beispielgebend ist im Sinne einer systemischen Induktion.

Die Abkehr von der linearen Sichtweise Ursache-Wirkung erschliesst der Beobachtung die Dimension der Zirkularität oder Rekursivität, die Viktor von Weizsäcker schon 1927 beschrieb als „Kreisprozess, in dem die Kette der Ursachen und Folgen in sich zurückläuft in Bezug auf das Gestaltetsein des Vorganges." *(aus Stierlin/Weber, Heidelberger Familientherapie, S. 76)*

Die an A's Kreislaufsystem Beteiligten stimulieren und verstärken in einem ständig eskalierenden Prozess, der sich auf eine Katastrophe hinbewegt, das System Familie, Sucht, Gesellschaft. Als Folge dieser Sichtweise lassen sich auch keine einseitigen Schuldzuweisungen erstellen. Jede(r) trägt Verantwortung, deren Gewicht Jedem(r) aber erst gewahr werden muss, um sein/ihr determinierendes Verhalten zu ändern.

Die Handlungen der Akteure des Systems „Suchtfamilie" werden koordiniert und geleitet von systemimmanenten repressiven Ideen und Bedeutungen, deren Brutalität und Rigidität Aktionsspielräume eng begrenzt. Es wird eine ständige Atmosphäre der Angst erzeugt, aus der ein freiwilliges Entrinnen nicht möglich ist. Eingebunden in ein Netz gegenseitiger Erpressung flüchtet sich jeder in materiell erkaufte Freiräume, wo die jeweilige spezifische Betäubung vollzogen werden kann. *„Die Leute sind voller Verzweiflung. Die Drogen sind nur Verzweiflung. Niemand will sich auf so eine Weise gut fühlen, wenn er nicht in tiefer Verzweiflung steckt."* (Anonymer Patient)

Die Rekursivität des Systems wird nicht durchbrochen, seine Realität wird gebildet von sich selbst erfüllenden Prophezeiungen.

„Kannst du die Erinnerung an den Rausch, in den du einmal in deinem Leben versetzt wurdest aus deiner Seele reißen? Etwas existiert in dir, ob du es willst oder nicht, ist in dich eingepflanzt, du hast es in dir. Du schleppst es überall mit dir. Seine gute Seite, seine schlechte Seite schleppst du in dir und mit dir herum. Wohin du auch gehen magst. Du mühst dich, es zu vergessen, falls du nicht aus der Erinnerung daran Kraft schöpfst. Denn du allein bist es nicht, der sich diesem Etwas aufdrängt, auch das Etwas drängt sich dir auf."

(sinngemäß anonymer Patient)

Der Versuch dieses Patienten sein System als „geordnete Ganzheit" im systemischen Sinne zu beschreiben, gibt Aufschlüsse über Ansätze für eine therapeutische Behandlung. Er artikuliert seine Problemsicht und gibt Hinweise auf Teile des Systems, an deren Problemlösung gearbeitet werden kann und die seiner eigenen Erkenntnis zugänglich sind, wenngleich er einer ganzheitlichen Lösung sehr skeptisch gegenübersteht.

Zudem behindert die extrem egozentrierte drogengebundene Welt des Drogenabhängigen in hohem Maße einen familienorientierten therapeutischen Zugang. Vor allem erschwert die Kriminalisierung der Drogenabhängigen, die sich häufig erst unter exektivem Druck in eine suchttherapeutische Einrichtung einweisen lassen, eine Einbindung der Familie in die Therapie.

Die folgende Aussage einer Mutter ist durchaus repräsentativ für den Verlauf einer „Drogenkarriere" und die Auswirkungen auf eine Familie.

„Ich habe mit ihm alle Stadien durchlebt und durchlitten, die in der Bundesrepublik im Lebenslauf eines Süchtigen fast unausweichlich vorgegeben sind: eineinhalb Jahre Jugendstrafanstalt wegen Besitz von einem halben Gramm Heroin, elf Langzeit-Therapien, zwei davon bis zum Ende durchgestanden, sechzehnmal Unterbringung in psychiatrischen Anstalten, davon mehrmals über längere Zeiträume hinweg, zwei Pflegschaften, etwa dreißig kalte Entzüge und immer wieder auch ambulante Therapie und Beratung. Ich weiss nicht, wie mein Sohn das ertragen konnte, ich weiss nicht, wie ich es ertragen habe. Mein Mann ist darüber gestorben."

(in Burkhard Schröder, Heroin, rororo 13276, S. 150)

Das Setting und die Planung der Familientherapie muss vor diesem Hintergrund mit der realen Welt und den gegebenen gesellschaftlichen Bedingungen des Drogenabhängigen, Ausgrenzung, Kriminalisierung, Drogensubkultur etc., in einen Kontext gebracht werden. Obwohl die aktuelle systemische Familienforschung nicht mit den für die heutige Theoriediskussion notwendigen methodischen Standards vieler Pionierprojekte zufrieden ist, behalten diese doch ihren hohen Wert als Grundlagen für die praktische Arbeit. An dieser Stelle soll stellvertretend das folgende Projekt vorgestellt werden.

Das Zürcher Projekt von R. Welter-Enderlin

Rosmarie Welter-Enderlin, Familientherapeutin in Zürich, entwickelte auf Grund ihrer Erfahrungen in amerikanischen Projekten der frühen siebziger Jahre, Programme und Strategien für die Familienarbeit mit drogenabhängigen Jugendlichen in Zürich:

„Im Gegensatz zur Familientherapie bei anderen Problemen beharren wir nicht darauf, dass jedesmal die ganze Familie anwesend sein müsse, weil der heroinabhängige Jugendliche oft auf der Gasse ist und die Familie durch seine Abwesenheit nicht bestraft werden soll, indem man sie ohne Gespräch nach Hause schickt. Gespräche mit den Eltern allein werden dazu benützt, sie in ihrer klaren Haltung gegenüber dem Jugendlichen zu unterstützen, der vermutlich in nächster Zeit wieder zu Hause auftauchen und Forderungen stellen wird. Auch wenn in solchen Elternsitzungen Eheprobleme oft hart unter der Oberfläche spürbar werden, haben wir gelernt, der Versuchung zu widerstehen, diese „anzusprechen" und fokussieren klar auf die Verantwortung der Erwachsenen als Mutter und Vater." *(Welter-Enderlin, Familienarbeit mit Drogenabhängigen, S. 209)*

Die systemische Beobachtungsweise sieht den Patienten nicht als passives Opfer, sondern als aktiven Mitspieler und Gestalter seiner Wirklichkeit. Welter-Enderlin und das Drop-In-Team Zürich fanden Merkmale von Familien mit heroinsüchtigen Jugendlichen, die hier sinngemäß wiedergegeben und mit Zitaten anonymer Patienten aus der Klinik des Autors aufgeführt werden.

- Obwohl Abhängige zum Teil seit Jahren von ihren Familien äußerlich getrennt leben, stehen sie doch in enger Abhängigkeit zu ihr. *„Du (Droge), hast mich in der Zeit, als es mir schlecht ging, als sich meine Eltern trennten, zu Leuten gebracht, die auch keinen Bock auf ihre momentane Situation hatten, aber du hast mir nicht den Weg zurück gezeigt."*

- Die Abhängige ist verstrickt in eine Koalition mit einem Elternteil gegen ein anderes. *„Meine Mutter gab mir Geld, wenn ich meinen Vater von ihr ablenken konnte. Als ich jünger war, kaufte ich dafür Spielzeug, später brauchte ich es für Drogen."*

- Die Geschichte von Familien mit Abhängigen kann über Generationen von Sucht geprägt sein. *„Bei uns zu Hause war immer Drogenkrieg. Vom besoffenen Großvater angefangen, sowie meine Schwester, Schwager, Mutter, Onkel. Wir waren Sklaven aller möglichen Drogen und wir haben alles für sie getan."*

- In Suchtfamilien existiert eine Rangordnung der „besseren" Droge . *„Der miese, billige Fusel Alkohol hat meine Eltern in seinen Krallen und wird sie erst loslassen, wenn sie die Radieschen von unten sehen, mich hat er zwar des Öfteren bezwungen, aber noch nie besiegt. Da müssen schon bessere kommen: meine teuren Freunde Heroin und Kokain."*

- Die Abhängigkeit hat einen permanenten Einfluß auf die Beziehungen der Familienmitglieder untereinander. *„Ich habe meine Schwester oft um ihre gute Beziehung zu meinem Vater beneidet. ich selber hatte eigentlich Zeit meines Lebens Angst vor meinem Vater, ich glaube weniger vor den Schlägen als vor seiner Verachtung. Als meine Schwester auch begann, Drogen zu nehmen, hatte ich das Gefühl, ihn endlich besiegt zu haben."* (männlicher Patient)

- Die Konsumorientierung nicht nur bezüglich materieller Güter, sondern auch in der Lebenseinstellung vor allem in mittleren und oberen Schichten, fördert unterstützt durch aufputschenden Umgang mit der Sprache, wie sie in Werbespots benutzt wird, den quasi verordneten Griff zu Drogen. *„Frust mit der Arbeit? Gescheiterte Beziehung? Mangel an Freunden? Die Droge brachte mir sogar neue Freunde, Ansehen, eine eingeschworene Gemeinschaft. Auch Abenteuer bekam ich zur genüge. Die Droge gab meinem Leben einen neuen Sinn. Durch sie brauchte ich mich nicht mehr mit banalen Alltagssorgen herumplagen: Sie färbte alles rosa."*

Diese beispielhafte Aufzählung familiärer Merkmale ist im systemischen Denken Teil des größeren Systems Gesellschaft, Kultur und Politik. Generationenkonflikte, Ideologiekämpfe und Finanzkriege sind die großen Schlachtfelder.

Die Mutter eines an einer Überdosis Heroin gestorbenen jungen Mannes formulierte: *„In 100 Jahren wird man auf unsere Heroinsüchtigen als Retter unserer kaputten Zeit zurückblicken. Keines unserer gesunden, wohlgeratenen Kinder hat uns so viel gegeben in der Suche nach dem Sinn des Lebens und uns so wachgerüttelt wie unser Sohn."* (aus Welter-Enderlin, *Familienarbeit mit Drogenabhängigen*, S. 204)

Die Wahl von Drogen aller Art als Sinngeber des Lebens dokumentiert auch die Verdrängung des Schmerzes, dessen Bewältigung ein geistig-körperliches Wachstum initiiert. *„Ich hab vielleicht am ehesten eine Chance stark genug zu werden, mich nicht mehr auf diese einseitigen Beziehungen mit Euch (Drogen), bei denen ich ja doch nur ohne Ende draufzahle- ... mit meinem Leben! -einzulassen, wenn ich es schaffe, mich selbst anzunehmen, mich zu lieben!"* (anonyme Patientin)

Die Kontextebenen für Systemische Therapie

Weber/Stierlin unterscheiden die Ebene des *Umfelds der Therapie* (Kontakte und Beziehungen des Patienten), die Ebene des *Kontextes der Therapie* (Bedingungen, unter denen die Gespräche stattfinden, die therapeutische Beziehung und die Erwartungen der Patienten) und die Ebene des *definierten Klientensystems:* Einzelpatient, Familie, Therapeutenteam. *(aus Weber/Stierlin: In Liebe entzweit, rororo 8888, S. 79)*

Das Züricher Drop-In-Team betrachtet das Drogenproblem eines Patienten als Familienphänomen, verweist aber gleichzeitig auf die Schwierigkeiten der Familientherapie im Kontext suchtspezifischer Probleme, wie Beschaffungskriminaliät, Prostitution, HIV, Szenepräsenz in Wohn- und Geschäftsvierteln und deren Bezug zu gesellschaftspolitischen Apodiktionen.

Die Ziele und Strategien der Arbeit mit Familien drogenabhängiger Jugendlicher sehen vor:

A: Förderung der Autonomie und des Lebensraumes der Jugendlichen
Vorrangig geht es dabei um die Lösung erstarrter Generationenkonstellationen und die Bildung neuer Grenzen. Anstelle von Drogenkonsum oder anderem destruktiven Verhalten werden alternative Bewältigungsstrategien eingeübt. Das soziale Netz, Lehrer, Arbeitgeber, Arzt etc. wird durch kooperative Absprachen miteinbezogen. Die Möglichkeiten des Entzugs werden geprüft: stationär, ambulant oder substitutiv als Voraussetzung der Entkriminalisierung. Ein möglicher Lebensraum für die Übergangszeit, therapeutische Wohngemeinschaft, betreutes Wohnen o.ä. wird gesucht.

B: Förderung der Autonomie und des Lebensraumes der Eltern
Die elterliche Kompetenz bezüglich aller Fragen der Drogenabhängigkeit soll gestärkt werden. Die Eltern sollen sich in ihrer jeweiligen Individualität aus dem alles beherrschenden Drogenthema lösen und Schuldgefühle abbauen. Dafür ist auch eine neue Definition der Problematik des Kindes erforderlich. Die Eltern sollten ihre ehelichen Unstimmigkeiten bearbeiten, damit diese von der Ebene des Kindes getrennt werden.

Die zuvor skizzierte Familienarbeit durchläuft verschiedene Phasen, deren Inhalt folgend sinngemäss beschrieben wird:

• Der Drogenkonsum des Jugendlichen wird verknüpft mit dessen nicht vollzogener familiärer Ablösung, dabei spielt die Eigenverantwortung des Jugendlichen eine starke Rolle. Der Stellenwert und das tatsächliche Ausmaß des Drogenkonsums werden untersucht. Vorhandene Geschwister werden nach Möglichkeit als „Experten" miteinbezogen.

- Die Eltern sollen nicht in destruktive, bzw. paralysierende Haltung geraten. Statt als Versager dazustehen, sollen sie eine progressive Position beziehen.

- Die Auflehnung des Jugendlichen soll als notwendige Wachstumsenergie bestärkt werden, die zum selbstverantwortlichen Erwachsensein führt und nicht in Selbstzerstörung endet. Dazu gehört die Einübung von konstruktivem Durchsetzungsverhalten und die Bildung von Alternativem zum Drogenkonsum.

- Ein besonderes Augenmerk soll der Normalisierung der Beziehungen gelten. Die Rechte und Pflichten im gemeinsamen Dialog sollen im beiderseitigen Verhalten und Umgang übereinstimmen.

- Nach einer gelungenen Stabilisierung des Jugendlichen erhalten die Eltern die Möglichkeit ihre neue Situation zu bearbeiten und zu festigen.

Für den therapeutischen Fluß dieser Form der Drogenarbeit ist die ständige „Einspeisung" und „Auswertung" von Informationen notwendig, die der Aktualität entsprechen. Sie dienen der Ausbildung neuer Erklärungs-, Denk- und Handlungsweisen, die sich von der Vergangenheit trennen.

An dieser Stelle sei angemerkt, dass neue Praxismodelle für den Phänomenbereich Sucht aus systemischer Perspektive in Deutschland in den 90-er Jahren aus der Arbeit des „Frankfurter Modells der Suchttherapie" entstehen. *(Schwertl u.a., 1998)*

Dem Rauschmittel kommt dabei die Rolle eines Regulativs für die Lösung eines System-Umwelt-Problems zu. *(Tretter, 1987)*

Systemische Praxis soll hier zusammengeführt werden zu Konzepten, die durch integrative Theorieentwicklung referiert, den Patienten oder Kunden in Suchttherapie und -rehabilitation neue Möglichkeiten bieten.

Systemische Informationsarbeit

Die Rekonstruktion der Vergangenheit in ihrer ursprünglichen Gestalt hat keine unbedingte Bedeutung für das Psychodrama, sondern deren ständige seelische Verarbeitung durch den Menschen. Auch die systemische Therapie sucht statt nach „der einzig wahren Hypothese", vielmehr danach, Informationen zu gewinnen, um neue Erklärungs-, Denk- und Handlungsmöglichkeiten zu entwickeln.

Selvini-Palazzoli und das Mailänder Team schufen in den Jahren 1975-1980 das „zirkuläre Fragen": Informationen werden in einem Kreislaufsystem gleichzeitig erhalten und erzeugt. Sie sind nicht einfache rhetorische Fragestellungen auf die es hunderte Antworten gibt, wie: Warum ist A süchtig?, sondern zielen nach der unterscheidenden Information: Was geben A die Drogen?, was geben sie ihm nicht?, was gibt ihm die Familie? was gibt sie ihm nicht?

Der Patient soll in die Lage versetzt werden, statische Positionen zu „umfragen" und sich selbst alternative Handlungsspielräume eröffnen. Durch Erkennen von Unterschieden, das von eigenem Denken initiiert wird, sowie durch die Wahrnehmung verschiedenen Denkens und Urteilens anderer, erweitert der Patient seinen Zugang zu neuen Informationen und wird gleichzeitig interaktiv in seinem Beziehungssystem.

Interaktive Bewegung „verflüssigt" im sytematischen Denken abstrahierte und konstruierte Eigenschaften einer Person, mit denen sie stigmatisiert und anderen gegenüber in die Position des Schuldigen gestellt werden kann.

Solange A von seinem Vater, der durch seinen Alkoholismus die Existenz der übrigen Familie gefährdet, als krimineller Abschaum bezeichnet wird und das Leben in der Familie von diesem Konflikt diktiert wird, erhält sich die Symptomatik.

Wenn die rekursive Bedingtheit der Vater-Sohn-Beziehung einsichtig gemacht werden könnte, würde dem Denken in Opfer- und Täterrollen die Grundlage genommen. Die enorme Schwierigkeit, einen Durchbruch in solchen Suchtsystemen zu erzielen, wird deutlich, wenn man bedenkt, dass A und sein Vater mehrere Entwöhnungstherapien gemacht haben, ohne sich jemals als „Süchtige" darüber zu verständigen.

Die Vater-Sohn-Beziehung ist im System der Familie A nur ein Bestandteil, der ohne die Verbindung zu den anderen Familienmitgliedern in seiner Linearität isoliert bleibt. Systemische Therapie operiert mit „Triadischen Fragen", indem eine Person über die Beziehung zweier oder mehrerer Anderer befragt wird.

Durch die averbale oder verbale Reaktion der anderen Nichtbefragten ergeben sich Hinweise, ob diese der Sichtweise zustimmen oder sie verneinen.

Der Fragenkatalog der Systemischen Therapie sucht weiterhin, individuelle und familiäre Werte zu ergründen. Moralische, politische und andere Werte und Überzeugungen können dadurch in einem neuen Licht betrachtet werden: A nimmt Drogen. Er betäubt sich und kritisiert gleichzeitig den Konsumterror der Gesellschaft. Jeder würde nur sehen, wie er selbst über die Runden komme, ohne dem Anderen zu helfen. Stimmen ihm dabei nicht andere Familienmitglieder zu, auch wenn sie sich anders verhalten?

Durch solche ressourcenbetonte Fragen werden die brachliegenden, oft helfenden und heilenden Möglichkeiten einer Familie offengelegt und der Weg zu alternativen Sicht- und Handlungsweisen gezeigt.

Die Entwicklung von Zukunftsszenarien, die die Vergangenheit relativieren und auf den Verlauf der Gegenwart einwirken, kann der Familie helfen, sowohl als gesamtes System wie auch für jeden einzelnen Menschen, Probedenken und Probehandeln zu versuchen. Diese hypothetischen Fragen zielen vor allem in drei Richtungen:

„Was wird sein, wenn alles so weitergeht wie bisher?

„Was wird sein, wenn sich die Situation verschlechterte?

„Wann und wie wären (implizierte) positive Entwicklungen zu erwarten, denkbar und wünschbar?" *(Weber/Stierlin, In Liebe entzweit, rororo 8888, S. 87)*

Systemische Arbeit belässt die Verantwortung für Veränderung oder Stagnation bei der Familie. Sie bietet kreativen Umgang mit Informationen, aus denen sie neue Kontexte konstruiert, deren Veränderungspotential aber eine Familie nicht überfordern darf, wenn sie sich eine neue Wirklichkeit erschliessen will.

„Diese Wirklichkeit bildet die dem Subjekt eigene Welt. „Spielend" lässt sie sich verändern – sei es in der Interviewtechnik oder auf der Bühne. Eine in einem kommunikativen oder auch handlungsorieniertem Prozess entwikkelte neukonstruierte Wirklichkeit befreit – ganz wie in Morenos „wahrem zweiten Mal" – von der alten. Im Psychodrama wird diese kreativ gefunden, in der systemischen Therapie kreativ erfunden." *(Norbert Hartmann, Systemische Therapie und Psychodrama im Dialog, Psychodrama 1/94, S. 127)*

So gesehen sind das systemische Denken und die Techniken der systemischen Therapie im Kontext mit einer psychodynamischen Psychotherapie, die auf intrapsychische Prozesse ausgerichtet ist wie das Psychodrama, das die dramaturgische Entwicklung und Bearbeitung psychischer Themas anstrebt, in einem aufeinander abgestimmten Prozedere vereinbar.

Die systemische Therapie misst der Veränderung von Interaktionsregeln und Grundannahmen (Etikettierungen, Landkarten) eine primäre Bedeutung zu, während im Psychodrama der Versuch unternommen wird, die formalen Beziehungsgeflechte mit den kreativ-schöpferischen Fähigkeiten des Menschen durch die Spielhandlung in einem psychotherapeutisch wirksamen Prozess zusammenzubringen.

Psychodrama und Systemische Therapie in der Praxis

Praxis der Gruppentherapie in einer psychosomatischen Klinik

Das folgende Kapitel stellt den Beginn der Zusammenarbeit zwischen einer systemisch-familientherapeutisch ausgebildeten Mitarbeiterin und einem Psychodrama-Therapeuten vor.

Der Autor arbeitet schon seit 6 Jahren psychodramatisch in der Klinik, die Mitarbeiterin war zum Zeitpunkt des Beginns ca. 8 Monate in der Klinik und beide hatten seit ca. 6 Wochen mit dem Neuaufbau einer Gruppe begonnen.

Ausgangsidee und Wunsch beider Therapeuten war, Einblick in die Familien der Patienten zu gewinnen, nicht durch die in der Regel übliche schrittliche Anamneseerhebung, die in Einzelsitzungen zu Beginn der Therapie gemacht wird, sondern eine plastische, lebendige Vorstellung zu erhalten, wie es in den Familien aussah, als die Patienten für sich erkannten drogenabhängig zu sein, ohne das Problem jedoch in der Familie – aus welchen Gründen auch immer – anzusprechen.

Gleichzeitig sehen die Therapeuten die Möglichkeit, nicht nur die Vergangenheit abzulichten, sondern auch Aufnahmen weiterer Episoden aus dem Leben der Patienten bis hin zur aktuellen Situation und darüber hinaus Anhaltspunkte für eine mögliche Prognose zu erhalten.

Die Einbeziehung von Familien, Angehörigen und anderen wichtigen Bezugspersonen in die stationäre Drogentherapie ist in der Anfangsphase meist problematisch, da die Patienten in der Sekundären Entzugsphase erst einmal schrittweise Standortbestimmungen vornehmen und ihre persönlichen Beziehungsverhältnisse ordnen müssen.

So werden Familien, bzw. wichtige Bezugspersonen in der Regel nach ca. 3 Monaten in die Therapie miteinbezogen. Dabei müssen häufig Motivationsschwierigkeiten überwunden und ein gemeinsamer Arbeitsansatz muss in zeitaufwendigen Einzelsitzungen erst entwickelt werden.

Psychodrama und systemisches Denken bieten als gruppenpsychothera-peutische Verfahren sehr gute methodische Ansätze auch ohne konkrete Familie oder wichtige Bezugspersonen zu arbeiten. Die entsprechenden Rollen werden von Gruppenmitgliedern durch Auswahl des Protagonisten dargestellt. Dabei erhalten die Gruppenmitglieder einen intensiven Einblick auch in die Struktur anderer Familien und können die Situation des Prota-gonisten in einem erweiterten Zusammenhang sehen, der ihnen wiederum die Möglichkeit gibt, ihr eigenes ‚soziales Atom' mit neuen Kriterien zu un-tersuchen.

Die Gruppenpsychotherapie im Verständnis der Psychosomatischen Klinik Bergisch-Gladbach orientierte sich an der interaktionellen Ebene des Erlebens, Handelns und des Ausdrucks. Sie wird nicht verstanden als Einzeltherapie in der Gruppe, denn die Gruppe selbst wird wie ein Orga-nismus gesehen, der sich ganzheitlich organisiert.

Es entstehen Normen und Verhaltensregeln, die Gruppe entwickelt ei-gene Aufgaben und Pflichten, erlebt das Vorhandensein gemeinsamer Gefühle und Affekte. Es entwickelt sich eine Struktur von Empathie, Sympathie und Antipathie sowie verschiedener Gruppenthemen, z.B. Sexualität, Freizeitverhalten u.a. Im Mittelpunkt der Gruppenpsychothe-rapie steht die Arbeit mit den Beziehungsprozessen deren wichtigste In-halte nachfolgend aufgeführt werden:

• Sich in der Wirkung auf Andere bewusst werden.

• Die Erkenntnis, dass andere ähnliche Schwierigkeiten haben.

• Wiedererfahrung früheren Gruppenlebens, z.B. des familiären Milieus.

• Neue Zusammenhänge werden entdeckt.

• Die Möglichkeit zur gegenseitigen Hilfe wird erfahren.

• Anleitung zu konstruktiven Konfliktlösungen.

• Erprobung neuer Lebensgestaltung.

Die Gruppenmitglieder hatten noch keine psychotherapeutischen Erfah-rungen. Für alle war es der erste Therapieaufenthalt nach langjährigem Drogenkonsum. Die Meisten allerdings hatten schon seit einiger Zeit Kontakt zu Drogenberatungsstellen.

Der Autor und seine Kollegin entschieden sich für die Aufeinanderfolge zweier Gruppensitzungen, eine nach systemischen Ansatz mit einer Fa-milienskulptur, die zweite Sitzung psychodramatisch geleitet.

Als Einstieg in die Sitzungen wurde ein soziometrisches warming-up gewählt, das mit seiner Fragestellung auf die Erfassung der sozialen Atome der Gruppenmitglieder zielt – und im Zusammenhang mit der Erkenntnis drogenabhängig zu sein, ein besonders wichtiges Familienmitglied benennen lassen will.

Erste Gruppensitzung –
Erwärmung und Protagonistenwahl

Das Thema der Sitzung:

„Als ich mir zum ersten Mal wirklich eingestanden habe, ich bin voll auf Droge, ich bin süchtig, wie sah es da in meiner Familie aus und welches Familienmitglied war mir damals besonders wichtig?"

Patient D: Mein Vater, der hat dagegen gekämpft ... aber eigentlich meine Mutter, die versuchte mir zu helfen.

F: Meine Mutter, ja, bei mir war es ähnlich. Mit meinem Vater hatte ich nur Streit.

J: Meine Mutter hat versucht mir zu helfen.

D: Meine Mutter gab mir Nestwärme. Vater war am arbeiten und selten da.

Patientin M: Meine Mutter wusste, mit welchen Leuten ich verkehrte.

H: Mutter hat mich unterstützt.

Leiter: *Es wurden viele Mütter genannt. Wir wollen eine Familie näher ansehen. An welcher Mutterbeziehung seid ihr besonders interessiert?*

Es folgt eine Protagonistenwahl mit einem einstimmigen Votum für H.

Der Aufbau der Familienskulptur

Die Gruppenmitglieder sagen, dass sie nicht viel von H. und seiner Familie wissen. Die Patienten, obwohl erst seit 6-8 Wochen zusammen, unterhalten sich außerhalb der Therapieveranstaltungen zum Teil sehr intensiv über ihre jeweils eigenen Situationen. Dadurch ist eine laufende Erwärmungslage vorgegeben, die von den Therapeuten beobachtet und für den aktuellen situativen Einstieg in Therapiesitzungen genutzt wird.

H wurde gewählt, weil er sich bei den informellen Gesprächen der Patienten zurückhielt.

Die Leiterin beginnt den Aufbau der Familienskulptur mit der Frage nach dem vorgestellten Zeitpunkt, den dazugehörigen Familienmitgliedern und ihren Positionen zueinander.

Der Patient nennt eine Situation, die zwei Jahre zurückliegt, als er 23 Jahre alt war. Zur Familie gehörten Vater, Mutter, 2 Schwestern und der Großvater. Die Leiterin nimmt H mit auf die Bühne und lässt ihn die Familienmitglieder auswählen. Die gesamte Gruppe ist beteiligt. Der Patient möchte den Vater nicht dabeihaben, weil dieser kaum zu Hause gewesen sei. „Der war immer auf der Arbeit."

Die Leiterin ermuntert ihn mehrmals, den Vater mitzuwählen, aber H. hält seinen Widerstand aufrecht, bis man sich schließlich einigt, den Vater in einer Ecke vor einem Video-Aufzeichnungsgerät zu platzieren, da er auch „viel vor dem Fernseher saß."

Die Leiterin lässt ihn danach die Familienmitglieder im Raum platzieren.

H. stellt die Mutter in die Mitte mit einem Bierglas in der Hand. „Mutter hat bei der Küchenarbeit gerne Bier getrunken."

Die Schwestern sitzen nebeneinander im hinteren Teil des Raumes und gucken traurig und besorgt. Die ältere Schwester habe mehr Angst um ihn gehabt als die jüngere. Mit der Älteren habe er mehr Kontakt gehabt.

Der Großvater liegt am Boden (symbolisch für Sofa) Er ist nur noch unzufrieden.

Die Großmutter ist vor kurzem gestorben. Darüber sei der Großvater in Apathie verfallen, denn die Großmutter habe alles für ihn getan und er sei unfähig, sich selbst zu versorgen.

Für sich selbst im hinteren Teil des Raumes, ganz außen in einer schwer einsehbaren Ecke wählt H. einen anderen Patienten, dem er die Anweisung gibt, er solle „breit, wie vollgepumpt mit Heroin" wirken. Nacheinander richtet H, von der Leiterin geführt, die Körperhaltung seiner Mitspieler ein und gibt Anweisungen zur Mimik.

Nach Abfolge dieser Schritte hat er noch einmal die Möglichkeit der Korrektur, dann ist er mit der Aufstellung zufrieden.

Dann gibt die Leiterin die Anweisung an die Mitspieler, die vorgegebene Haltung einzunehmen und sich auf Wahrnehmung und Empfindung zu konzentrieren.

Sie geht dabei mit H. durch den Raum, um die Skulptur von allen Seiten intensiv zu betrachten. Nach einigen Minuten klatscht die Leiterin in die Hände und löst die Skulptur auf. Sie bittet alle, wieder in der Runde Platz zu nehmen und fragt, wie es Jedem in seiner Position in der Familie ergangen sei.

Die zuvor dargestellte erste „Einstellung" sollte den durch die Fragestellung anvisierten Ist-Zustand der Familie belichten und das Netz der zwischenmenschlichen Beziehungen sichtbar machen. Im Zuge der Aufstellung

der Mitspieler suchte der Skulptor seinen eigenen Platz, seine Perspektive, aus der er die Familie sehen will. Sein Standort ist der wirkliche Mittelpunkt, auch wenn er ganz am Rande liegt.

In der folgenden „Einstellung" geht es um die aus der Darstellung frei werdenden Informationen, die aber keine technische Nachrichtensammlung, sondern wirkungsvolle interaktive, auch spontane Mitteilungen sind. Die Mitwirkenden berichten, wie es ihnen in/mit ihrer Position gegangen ist. Der Skulptor berichtet von seinen Gefühlen und Wahrnehmungen beim Aufbau. Die Zuschauer merken an, was sie gesehen haben und welchen Eindruck von der Familie und den einzelnen Familienmitgliedern sie bekommen haben.

Durch Erkennen von Unterschieden soll nun die eigene Reflexion und veränderndes Handeln initiiert werden. Die Therapeuten bitten die Gruppe, sich neu zu stellen. Sie fordern die Gruppenmitglieder auf, sich ihren Veränderungswünschen gemäß zu ordnen.

H bleibt zunächst noch außen vor, er will abwarten und unternimmt von sich aus keinen Änderungsversuch. Er zögert einige Zeit, indessen F in der Stellvertreterrolle von H die Schwestern umarmt. Alle drei richten sich mit Blickkontakt zur Mutter aus. Die interaktive Bewegung bewirkt bei M in der Rolle der Mutter, dass sie das Bierglas abstellt.

Nun wechselt H selbst wieder in die Szene, sein Stellvertreter geht hinaus als H sagt, dass er in der gegebenen neuen Situation seine Position einnehmen möchte. Er nimmt den Vorschlag von seinem Stellvertreter F auf und begibt sich an dessen Platz.

Alle Rollenspieler teilen ihr Gefühl der Erleichterung mit. Den Ausschlag dafür habe das Abstellen des Bierglases gegeben. Weil H so lange zögerte, in die Gruppierung einzusteigen, wurde befürchtet, dass er die Veränderung ablehnen würde. Die Veränderung der Konstellation verursachte bei H zuerst Verwirrung. Hier zeigt sich, dass er Hilfe durch die

Anderen erwartet. Er hält sich zurück. Die Möglichkeit der Befreiung wurde ihm von M vorgespielt durch das Abstellen des Bierglases. Die Metapher für Konsum, Kontrolle und auch Verherrlichung plötzlich aus dem Spiel genommen.

Sammlung von Informationen

Das Gefühl der Erleichterung indes ist vor allem bei H noch fremd. Er kann es noch nicht seinen natürlichen Ressourcen zuordnen. Er benötigt dabei Hilfe und Unterstützung. Allein das Gefühl, nicht mehr abseits stehen zu müssen, drückt seinen Wunsch nach angstfreier Nähe aus. Bei den Schwestern kann er dieses Gefühl für einen Augenblick erleben, gleichzeitig äußert er seine Angst, ob das neue, gute Gefühl Bestand haben wird.

Die Therapeuten konzentrieren sich nun auf die Frage nach körperlicher Nähe in H's Familie. H antwortet, daß er sich immer überwinden müsse, wenn er seine Mutter in den Arm nimmt. Die Angst vor Nähe und Körperlichkeit in der Familie, insbesondere der Mutter gegenüber, deutet auf frühe Störungen hin.

Auf die Frage der Therapeuten, was denn H's Familie sagen würde, wenn sie das Bild der Gruppe sehen würde, bringt H seinen Vater ins Spiel, der sich sehr wünschen würde, dass die Familie mehr zusammen sei, weil er so abseits lebe und seine Schwestern wären darüber sehr glücklich. H projiziert hier ein positives Familienbild, als sei dies nicht sein Wunsch, sondern der Wunsch des Vaters und der Schwestern.

Die Therapeuten verstärken den Kontaktwunsch-Impuls ohne das Geschehen zu interpretieren und bitten H, eine Situation zu nennen, in der alle Familienmitglieder den Wunsch nach Nähe und Kontakt haben. H sagt darauf spontan: „Den gibt es. Als ich mein Schwulsein offenbart habe, hat mich mein Vater in den Arm genommen."

Die Unbefangenheit, mit der H's „Coming-Out" in der Familie aufgenommen wird, wirft Fragen auf, die im Augenblick nicht relevant sind, weil sie H's Offenheit stören würden.

Das Verständnis des Vaters für seinen Sohn steht allerdings im krassen Gegensatz zum Verhältnis beider bezüglich Drogenabhängigkeit und Alkoholismus. H erzählt jetzt von einem weit in der Vergangenheit liegenden positiven Zusammenhalt der Familie, es klingt fast wie ein Märchen. Aber alles hat sich zum Zusammenhanglosen, Negativen hin entwickelt.

Als H sagt: „Wir kommen heute mal schnell zusammen, sind aber auch schnell wieder weg," bemerkt der Therapeut, dies hört sich nach Drogenszene an, dort ginge es auch so zu. H sagt, das stimme wohl und er möchte von den Drogen wirklich loskommen. Seine Eltern könnten wohl verstehen, wenn er auch Alkoholiker wäre, aber Drogenabhängigkeit sei ihnen fremd und verhasst.

Der Weg zu seinem Vater sei am Weitesten. Die Therapeuten fragen H, ob er sich in der nächsten Sitzung, die ein Psychodramaspiel sein soll, den weiten Weg zu seinem Vater anschauen möchte.

H erklärt sich damit einverstanden und die übrigen Gruppenmitglieder melden im Sharing, dass sie gerne mehr über H's Beziehung zu seinem Vater erfahren möchten.

Hypothesen

Nach der ersten Gruppensitzung entsteht das Bild einer Familie, in der vor langer Zeit einmal bessere Zustände geherrscht haben mögen, die aber aus heutiger Sicht kaum nachvollziehbar sind. Es entwickelten sich massive Alkoholabhängigkeiten beim Vater, aber auch bei der Mutter, die der Patient vor der Frage, ob sie ebenfalls Alkoholikerin sei, in Schutz nimmt.

Der Patient versucht, den Vater auszuschließen, indem er behauptet, dieser sei ohnehin nie zu Hause gewesen und wenn, dann habe er sich isoliert und zurückgezogen. Dabei verkennt er die Ähnlichkeit mit seinem Vater. Er selbst zieht sich in die Welt der Droge Heroin zurück.

Stimmt die Angabe über die 10-jährigen Alkoholabstinenz des Vaters, während die Mutter weiterhin Alkohol trank, so könnte dessen Rückzug einigermaßen plausibel sein, wahrscheinlich verhält es sich aber anders, hinzu kommt von Therapeutenseite die Vermutung einer dauerhaften Störung in der Partnerschaft der Eltern, sexueller und/oder anderer Art, die nicht angesprochen wurde, aber mit zu den Familienproblemen beitrug.

Peripher sind auch die Großeltern erwähnt. Der Großvater, der ebenfalls Alkoholprobleme hatte, ist nach dem Tode der Großmutter und nach seinem dritten Herzinfarkt ein in der Familie lebender Pflegefall. Er verkörpert das Endstadium der Krankheit in der Familie.

Die beiden Schwestern spielen in der Minderheit die Elemente der Kommunikation, Kritik und den Veränderungswillen in der Familie, wenngleich sie ob der permanent erlebten Hilflosigkeit in räumlicher Distanz zur Familie leben und sich ihren eigenen Lebensraum geschaffen haben. Beide sind auch laut den Angaben des Patienten nicht abhängig.

In der Familie gibt es mehrere Geheimnisse, die auch heute noch nicht bekannt sind. So lebte der Patient über ein Jahrzehnt, ohne seine Homosexualität und einen länger andauernden sexuellen Mißbrauch aus früher Jugend aufzudecken.

Ursachen für die Alkoholabhängigkeit von Vater und Mutter sind noch nicht angesprochen worden. Fragen wirft auch die positive Aufnahme der Homosexualität des Patienten durch den Vater und dessen Kenntnis der Person auf, die den Patienten mißbrauchte.

Die gemeinsame Alkohol, bzw. Drogenabhängigkeit von Vater, Mutter und Sohn hingegen wird in einem endlosen Nervenkrieg gegeneinander aufgerechnet.

Hierbei hat der Alkohol, obwohl offensichtlich manifester Alkoholismus vorliegt, immer noch den Stellenwert der weniger gefährlichen Substanz, da er im Gegensatz zum Heroinkonsum des Patienten gesellschaftlich toleriert wird.

In den letzten beiden Jahren fand darüber ein Konkurrenzkampf in der Familie statt, in dem allerdings noch eine Sieger/Verlierermentalität herrscht, die von Kränkungen, Schuld- und Rachegedanken geprägt ist. Die Bedingungen für eine tiefgreifende gemeinsame Veränderung der Beteiligten sind zur Zeit dennoch relativ günstig, denn alle drei indikativen Familienmitglieder sind in therapeutischer Behandlung, bzw. Anbindung an Gruppen. Dabei ist vor allem die Förderung der gemeinsamen Aussprache anzuregen, denn die Gesprächskultur in der Familie ist wie auch andere Kommunikationsformen auf ein Minimum und Stereotypien reduziert.

Zweite Gruppensitzung – Psychodrama

Szeneneinrichtung:
Angst vor dem Einschlafen – Es wird wieder Ärger geben!

Zu Beginn der 2. Gruppensitzung erkundigt sich der Therapeut, wie es H in der Zwischenzeit ergangen ist. H berichtet, daß er darüber nachgedacht habe, wie es wäre, wenn die Familie wieder näher zusammenkommen würde, und auch der Vater dazukäme. Im Anschluß an die erste Sitzung habe er dabei ein gutes Gefühl verspürt, später sei dann aber ein bißchen Angst dazugekommen. Im Augenblick würde er sich die Zusammenkunft der Familie lieber von ferne anschauen als aus der Nähe.

Ihm sei eine Szene in Erinnerung, die vor ca. 14 Jahren stattfand. Er könne sich an das Gefühl von Geborgenheit erinnern, das aber zunehmend weniger wurde. Er glaube, er sei damals 11 oder 12 Jahre alt gewesen. Ihm sei damals klar geworden, dass mit seinem Vater etwas nicht stimme, weil der immer häufiger betrunken war und der Streit mit der Mutter immer massiver wurde.

H beschreibt wie er in seinem Zimmer spät abends wachliegt und die Eltern von einem Fest nach Hause kommen.

Der Therapeut beginnt ausgehend von H's Schilderung, mit ihm gemeinsam die Psychodramabühne einzurichten. H gestaltet sein Zimmer, das er mit der kleineren Schwester teilt.

Sein Bett steht am Fenster, der Vorhang gibt leicht aufgezogen den Blick auf den Nachthimmel frei. H sagt, auf die Bedeutung des aufgezogenen Vorhangs angesprochen, dass er damals begonnen habe, sich aus dem Fenster hinaus zu träumen. Das Bett der Schwester befindet sich in der Mitte des Zimmers. Die kleine Schwester schläft fest. H bezeichnet noch die Lage der Tür und ein Aquarium. Seine Fische sind ihm wichtig. Er sitzt oft vor dem Aquarium und träumt, er könne wie die Fische überall herumschwimmen und wegtauchen.

Bei der Einrichtung des Zimmers deutet sich durch das am Fenster stehende Bett die Außenseiterposition von H an. Die kleine Schwester wirkt in ihrem Schlaf wie ein Kuscheltier, das nicht fehlen darf, aber auch nichts tun kann. Sie bekommt alles noch nicht mit.

In dieser Situation steht die Rückkehr der Eltern von dem Fest bevor. H weiss, dass es wieder Ärger geben wird, weil der Vater betrunken ist.

Die der Szene zugehörigen Rollenspieler für Vater, Mutter und Schwester werden von H aus der Gruppe gewählt und in ihre Rollen eingeführt.

Der betrunkene Vater und die überforderte Mutter in der Nacht

Dann beginnt das Spiel, als Vater und Mutter nach Hause kamen und ihr Streiten schon deutlich vernehmbar war. Auf dem Flur vor H's Zimmer sind zudem dumpfe stolpernde Geräusche zu hören. H's Mutter versucht den torkelnden und laut schimpfenden Vater ins Schlafzimmer zu lotsen, hoffend, dass die Kinder nicht aufwachen.

Im Rollendialog wird deutlich, dass sie Angst um H hat, von dem sie weiss, dass er bestimmt wieder wach liegt und alles mitbekommt. Sie sorgt sich, was aus ihrem Sohn einmal werden soll, weil er kein gutes Vatervorbild hat.

Sie bringt den Vater mit Mühe und Not ins Bett und wehrt noch dessen sexuelle Annäherungsversuche ab.

Schließlich ist er zu betrunken und fällt in den Trinkerschlaf. Die Mutter geht noch zu H ins Zimmer, setzt sich zu ihm ans Bett und versucht ihn zum Einschlafen zu bewegen. Er stellt ihr aber immer wieder die Frage, ob es mit dem Vater jemals wieder anders wird. Ihre ausweichenden Antworten nimmt er ihr allerdings nicht ab.

H sagt, dass er damals gespürt habe, dass ihm seine Mutter nicht helfen könne.

Der Therapeut bittet H, einen Rollentausch mit seinem Vater vorzunehmen und befragt H in der Rolle des Vaters nach dessen Beziehung zu H.

H als Vater:	Geht so. Ich bin immer zu. Kann mich schlecht in ihn rein versetzen.
Therapeut:	Haben Sie sich heute abend von H, bevor sie aufs Fest gingen, verabschiedet und „Gute Nacht" gesagt?
H als Vater:	Nein!
T:	Welches Verhältnis haben Sie zu ihren Kindern?
H als Vater:	Ich mag alle Kinder gleich.
T:	Wissen ihre Kinder von Ihrem Alkoholproblem?
H als Vater:	Ich habe ein Alkoholproblem. Meine Kinder wissen das. Aber ich rede nicht mit ihnen darüber. Aber mit meiner Frau!
T:	Was sagt ihre Frau dazu?
H als Vater:	Sie versteht mich nicht!
T:	Heute abend ist es sehr spät geworden. Wieviel haben Sie getrunken?
H als Vater:	Ich bin voll!
T:	Und ihre Frau?
H als Vater:	Weiss nicht? Die will ja nichts mehr von mir wissen!

Der Therapeut bemerkt, dass H in der Rolle des Vaters zum Schluß immer leiser wurde. Er bittet H aus der Rolle des Vaters herauszukommen und fragt ihn nach seinem momentanen Gefühl. Darauf antwortet H leise, dass er Traurigkeit spüre.

Im Mittelpunkt des weiteren Vorgehens steht nun die Bearbeitung des Gefühls von Traurigkeit. Da H im Augenblick sehr intensiv den Eindruck von Traurigkeit vermittelt, bittet der Therapeut ihn, jemanden aus der Gruppe für die Rolle der Traurigkeit zu wählen. In der Vorstellung der Traurigkeit für den Rollenspieler beginnt H zu weinen. Er sagt, in der Rolle der Traurigkeit erzeuge er viele Tränen. Ein Tränenmeer. Er sei oft mit traurigen Gedanken eingeschlafen. Er habe im Laufe der Zeit immer schlechter einschlafen können, dabei kommen ihm die Tränen.

Es geht so lange ich denken kann

An dieser Stelle wird deutlich, daß H's Leben als Zwölfjähriger von der ständigen Furcht geprägt war, dass sein Vater trinkt und die Eltern sich streiten. Er erkennt, dass dieses Problem von seinen Eltern nicht zu lösen ist.

H sagt: „Es geht so lange ich denken kann!" und er wischt mit energischen Handbewegungen seine Tränen fort.

Hier doppelt ihn der Therapeut: mit den Worten: „Ich will meine Tränen nicht! Was kann ich schon machen? Dem Vater was zu sagen bringt nichts, er hört mir ja gar nicht zu. Am besten bleibe ich hier im Bett und bekomme nichts mehr mit. Ich bin jetzt 12 Jahre alt und so traurig. Immer dasselbe schreckliche Theater. Ich bräuchte etwas, das es mir leichter macht!

H liegt auf dem Bett mit glasigen Augen und zieht die Nase hoch. Der Therapeut glaubt, dass H durch das aggressive Wegwischen der Tränen seine Gefühle ausschalten will, obwohl er sich durch den Tränenfluß Erleichterung verschafft.

H fehlt das Vertrauen, auf seine Gefühle helfende Antworten zu bekommen. Seine Regungslosigkeit lässt auf die Erfahrung schließen, dass er gelernt hat, keine Gefühle mehr zu zeigen, weil sie doch nur Scham und Enttäuschung hervorrufen.

H befindet sich an der Schwelle zur Regression in frühere Phasen seines Lebens In der Fortsetzung der Spielszene ruft er auf dem Bett liegend: „Mama!" Der Ruf soll ihn aufheben in einen Zustand der Geborgenheit, Moreno würde vielleicht sagen „der All-Identität", mit der Mutter. Er ist erschöpft und hilfsbedürftig. Er wünscht sich die Mutter herbei, damit sie ihm versichert, dass der Vater nicht mehr trinken wird und die Familienverhältnisse wieder heil werden.

Die Mutter als Co-Abhängige des Vaters hat jedoch keinen entscheidenden Einfluß mehr auf die Lösung der Probleme. Sie geht ihrem Sohn gegenüber den Weg der Verleugnung. Sie vermeidet die Erkenntnis der Realität und wiegelt ab, sie versucht ihn noch zu trösten, gibt dabei gleichwohl zu verstehen, dass sie selbst nicht mehr daran glaubt. Sie rettet sich von Mal zu Mal und gaukelt sich und dem Jungen ein Spiel mit vagen Hoffnungen vor.

Einige Jahre später wird der Sohn Drogen konsumieren, die ihm Erlösung bringen und ihn zunächst von seinen Ängsten befreien. Er wird glauben. im Drogenkonsum Hilfe und das feeling zu finden, das er von seinen Eltern nicht erhalten hat. Aus der Trostlosigkeit der Heimkehrszene versucht die Mutter sich selbst ihren Sohn mit dem Satz zu retten: „Morgen früh ist es besser!" Sie möchte, dass er endlich einschläft, damit sie auch ein wenig Ruhe findet. Dieser Satz hat in einem Suchtsystem eine besondere Bedeutung. Die Gegenwart soll verdrängt werden und die Illusion einer besseren Zukunft erhalten bleiben. Angesichts der Ohnmacht und Hilflosigkeit hat dieser Satz den Wert einer magischen Beschwörung. Die eigene Kraft, etwas zu verändern, ist verloren.

Die vorübergehende Selbstberuhigung und die Tröstung des Kindes – um ein wenig Luft zu schöpfen – führen jedoch dauerhaft in eine Falle der ständigen Wiederholung. Der Sohn wird mit in den Verleugnungskreislauf eingebunden. Er lernt schnell alle dazugehörigen Techniken und wendet sie selbst an. Sein Weg in die Heroinabhängigkeit ist nachvollziehbar.

In der aktuellen Psychodramasitzung befindet sich H auf der Suche nach der besseren Zeit in seiner Familie. Ohne diese Zeit wirklich zu finden, bringt er immer wieder Fundstücke ohne chronologische Ordnung von Gesprächen und Zusammenkünften hervor, bei denen über Auswege aus dem Dilemma gesprochen wurde. Das Resultat solcher Gespräche waren gegenseitige Schuldvorwürfe, die im Rückzug auf die jeweiligen alten Positionen endeten. Der Therapeut fragt H nach einer Situation, in der er mit seinem Vater einmal ein Gespräch hatte, bei dem für ihn eine gemeinsame Verbindung spürbar war.

Was wollten wir beide vergessen?

H erinnert sich an den Tag, als er in die Klinik kam. Da er bei seinen Eltern noch einige Sachen für den Klinikaufenthalt abholte, kam es zu einem kurzen Gespräch. Der Vater habe sich aber plötzlich umgedreht und sei aus dem Zimmer gegangen. Es gab keinen Abschiedskontakt. Als

H dann in der Klinik war, rief er seinen Vater an. Das Telefongespräch zwischen Vater und Sohn wird im Psychodramaspiel eingerichtet

H nennt als Grund für seinen Anruf, dass er mitteilen möchte, dass er gut in der Klinik angekommen sei. Er sagt kein Wort über die abgebrochene Gesprächssituation. So bleibt das Gespräch von Anfang an oberflächlich: „Wie geht's? Alles klar? Es gibt nichts Neues!"

Das Prinzip des Ausweichens dominiert die Kommunikation. Man meidet sich gegenseitig, um sich keine Blöße zu geben und versucht, den Anderen zu kontrollieren. Die Stereotypien unterbinden jegliche Gefühlsempfindung. Sie sind von beiden Seiten als nicht hinterfragbar akzeptiert.

Erst auf Intervention des Therapeuten, der dem Rollenspieler von H´s Vater den Satz vorgibt: „Ich war auch in Therapie. Da habe ich wichtiges über mich erfahren." ist H irritiert. Er bemerkt, dass sein Vater so etwas nicht sagen würde. H soll nun selbst die Rolle des Vaters einnehmen und wird vom Therapeuten gefragt, was er denn Wichtiges über sich erfahren habe. H antwortet nun in der Rolle seines Vaters, dass er gelernt habe, mit dem Willen gegen die Sucht anzugehen. Er wolle nicht mehr trinken. Der Therapeut fragt, ob er diese Botschaft seinem Sohn weitergeben möchte und was er glaube, wie es mit H wohl weitergehen wird? H sagt weiterhin in der Rolle des Vaters, dass er das nicht wisse.

In diesem Rollentausch zeigt sich, dass beide versuchen, ihren Umgang mit der Sucht voreinander zu verbergen, um nicht die Kontrolle zu verlieren. Der beiderseitige Widerstand wird aufrecht gehalten. Gleichzeitig muss der Vater seine Machstellung beweisen.

Er ist derjenige, der mit dem Willen die Sucht besiegt. Eine eindeutige Botschaft an den „schwachen Sohn".

Der Therapeut führt nun H aus der Vaterrolle zurück in seine eigene Rolle. Die Vaterrolle wird wieder vom Rollenspieler übernommen. Es entwickelt sich folgender Dialog, nachdem der Therapeut H gebeten hat, eine Frage an seinen Vater zu richten:

H: Warum trinkst du soviel?

F als Vater: ich könnte dich auch fragen, warum du so viele Drogen nimmst?

H   antwortet nicht.

Therapeut neben H als Doppel: Weil ich gesehen habe, wie du immer so viel in dich rein geschüttet hast. Bist du etwa auch traurig?

H: Ja, er ist auch traurig.

T als Doppel: Aber er lässt es nicht zu. Das kann ich auch nicht. Wir vertuschen das.

Unsere Sucht:	Damit haben wir die Familie im Griff!
F als Vater:	H, warum hast du soviel genommen? Warum kannst du nicht aufhören?
H:	Ich wollte vergessen!
F als Vater:	Das wollte ich auch. Aber was wollten wir beide vergessen?
H:	Ich wollte Peter vergessen?
F als Vater:	Wer ist Peter?
H:	Du kennst ihn!
F als Vater:	Was ist mit Peter passiert?

H versucht die Tränen zurückzuhalten. Ich spüre die Traurigkeit wieder.

F als Vater:	Was ist mit Peter?
Katharsis:	Ich würde ihm alles sagen und er würde dableiben!
H:	Der hat mich angepackt! H wendet sich zum Therapeuten: Ich sage es Vater zum ersten Mal!
F als Vater:	Was soll das heißen?
H zögert:	Der hat mit mir Sachen gemacht! Ja (zögert) Er hat mich sexuell mißbraucht! (Tränen)
F als Vater:	Sexuell mißbraucht? (mit aufgebrachter Stimme)

Der Therapeut bittet H noch einmal in die Rolle des Vaters zu wechseln. Ein stand-in für H kommt ins Spiel. Der Therapeut fordert den Rollenspieler für H auf, den letzten Satz noch einmal zu wiederholen. Darauf entgegnet

H in der Rolle des Vaters: Warum bist du nicht eher zu mir gekommen. Ich bin furchtbar traurig. Das hätte ich nie von Peter gedacht. Er ist doch unser Nachbar. (Tränen)

T an H als Vater: Welches Gefühl haben Sie jetzt zu ihrem Sohn. Was möchten Sie tun?

H als Vater: Ich möchte ihn in den Arm nehmen.

Der Therapeut veranlasst den Rollentausch. F als Vater, H als er selbst.

T zu H: H, dein Vater möchte dich in den Arm nehmen. Wie findest du das?

H: Ich möchte gerne mit ihm sprechen. Ganz früher haben wir mal so gestanden. Ich würde ihm alles sagen und er würde dableiben.

Dieser Dialog legt ein Familiengeheimnis frei. Es offenbart sich ein Alptraum, in dem auch deutlich wird, dass die Schutzfunktionen in der Familie durch das Suchtsystem außer Kraft gesetzt wurden.

Durch die Benennung des sexuellen Mißbrauchs wird der unglaubliche seelische Konflikt von H offensichtlich, der von einer dem Vater, bzw. den Eltern, bekannten Person über Jahre hinweg sexuell mißbraucht wurde. Die

Geheimhaltung funktionierte perfekt. Durch die Öffnung diese Themas ergeben sich für die therapeutische Arbeit mit H eine Fülle von Fragen.

In der augenblicklichen kathartischen Situation, gilt es H zu unterstützen, der erstmals vor anderen Menschen verdrängt und geheim gehaltene Erlebnisse offenbart und dadurch Erleichterung erfährt.

Sharing: Erleichterung – wie geht es weiter ?

Die Verständigung zwischen Vater und Sohn ist durch therapeutische Interventionen im Psychodramaspiel zustande gekommen. Sie ist ein Konstrukt, das von H erwünscht wird. Offen und unbekannt bleiben nach wie vor Gefühle von Wut, Schmerz und Wertlosigkeit, Schuld und Scham: Themen für die weitere Untersuchung des familiären Suchtsystems.

In diesem Psychodramaspiel ging es um den Aufbau einer vertrauensvollen Beziehung zwischen Klient, Gruppe und Therapeut anhand einer Rekonstruktion von H's Familie.

Nur durch die Sicherheit der Beziehungen in der therapeutischen Situation hatte H die Möglichkeit, sein Geheimnis kund zu tun, das Tabu aufzuheben, erste Schritte zu gehen und sich aus der traumatischen Fessel zu lösen.

Im abschließenden Sharing des Psychodramaspiels betonte H noch einmal die erlebte Erleichterung, nachdem er lange von Traurigkeit erfüllt war. Eine bemerkenswerte Situation für ihn, wenn man bedenkt, dass er zu diesem Zeitpunkt seit 6 Wochen frei von intensivem Drogenkonsum war und sich zum ersten Mal in einer klinisch-therapeutischen Umgebung befand.

Das klare Erleben von Traurigkeit und deren Erleichterung ohne Suchtstoffe sollte eine positive Basis für die weitere Therapie schaffen, in der H sein Selbstvertrauen und sein Selbstwertgefühl entwickeln und stärken kann.

Gleichzeitig bot sich eine Fülle zu bearbeitender Themen an, die sorgfältig geordnet und geprüft werden müssen, auch um H nicht zu überfordern.

Das Sharing schloß mit folgendem Dialog:

I als Großvater an H: Du wusstest, dass es nicht stimmte, als deine Mutter sagt, es wird wieder alles ok. Die Aussprache zwischen dir und deinem Vater ist noch nicht tief genug für ein wirkliches Zusammengehen.

H: Mein Vater hat gesagt, ich soll mal voran machen beim letzten Telefongespräch.

M als Mutter: Glaubst du, dass dein Vater auch den Wunsch hat, mit dir zu sprechen?

H: Ja, schon!

Die Vereinbarkeit von Psychodrama und Systemischer Familientherapie

Nach Ablauf der beiden Gruppensitzungen ergibt sich ein positives Fazit für die Vereinbarkeit der beiden psychotherapeutischen Schulen für die Arbeit in einer Gruppe. Sowohl das Psychodrama wie die Systemische Therapie begreifen die Realität als unzertrennliche Einheit von Handlung und Erkenntnis, die in der individuellen Persönlichkeit entstanden ist.

Beide Verfahren treffen sich in der Bildung einer Familienskulptur, die aus der psychodramatischen Idee des sozialen Atoms entworfen wurde.

Dabei bleibt jede Methode in ihrem Charakter deutlich, wenngleich die systemischen Begriffe, wie Subsystem, Stabilität, Zirkularität u.a. im Hintergrund Morenos nachfolgende Definition von 1937 anklingen lassen.

Auch wenn die Systemische Therapie nicht primär mit Familienskulpturen operiert, bewirkt deren Einsatz doch eine vom üblichen Interaktionsmuster abweichende Aufmerksamkeit und einen Spannungsreiz für neue Informationen über Beziehungsmuster, die durch zirkuläres Fragen unterstützt wird.

„Diese Verknüpfungen *(der sozialen Atome, Anm. d. Verf.)* führen zur Bildung komplexer Beziehungsketten, die in der Terminologie der deskriptiven Soziometrie als psychologische Netzwerke bezeichnet werden. Je länger das Netzwerk besteht und je stärker es sich ausbreitet, um so geringfügiger scheinen die Einflußmöglichkeiten des Einzelnen zu sein. Vom Standpunkt der dynamischen Soziometrie aus haben diese Netzwerke die Funktion, soziale Traditionen und öffentliche Meinungen zu bilden." *(Moreno, Soziometrie als experimentelle Methode, 1981, S. 274, Junfermann, Paderborn)*

Der systemische Ansatz kommt mit seiner konstruktivistischen Art dem Bedürfnis des Menschen nach, seine subjektive Wirklichkeit zu ordnen, bzw. geordnet zu bekommen, sie versetzt ihn in die Lage, wieder Einfluß in seinem System nehmen zu können. Durch die positive Sinndeutung seines eigenen Bezugsrahmens kann er den Mut fassen, sich darüber hinaus als denjenigen zu erkennen, den er in seinem System aus der Sicht der anderen Systemmitglieder darstellt.

Die ordnende und deskriptive Vorgehensweise der Systemischen Therapie bietet dem Protagonisten und den Mitspielern zunächst einen Schutz vor der Direktheit emotionaler Wirkungen, sie werden primär über die rationale Wahrnehmung angesprochen.

In dieser Phase erzeugt der Protagonist mit seinen Mitspielern die Welt in der er lebt noch einmal. Das so entstehende Gebilde kann durch Heraustreten, bzw. Hineingehen von Personen verändert werden, der Leiter kann nach Besprechungssequenzen eine Neuformierung nach den gewonnenen Aspekten anregen.

Für Patienten in der Gruppe, die keine Therapieerfahrungen haben, ist dieser Ansatz anfangs leichter nachvollziehbar. Sie werden in die Skulptur hineingeführt, sprech- und körperliche Ausdruckshemmungen geraten nicht unmittelbar auf den Prüfstand. Die interaktionellen Prozesse, die Hintergrundsteuerung, Hierarchien, die gesamte „psychologische Kultur" der Familie wird abgebildet und steht zur Betrachtung in raum-zeitlicher Dimension bereit. Das interne Familienklima wird spür- und erfahrbar.

Lebendig werden die Einzelbilder dann durch den Einsatz des Psychodramas.

Auf der Bühne leidet der Patient, es wird geredet, geschwiegen, seelisch und körperlich gearbeitet. Hier spielt sich das Familientheater wörtlich und plastisch ab: Es ist aus dem Medium der Skulptur ins Leben gerufen worden.

Die Arbeit mit dem Psychodrama ist für die Patienten schwieriger. Das Rollenlernen ist tiefgreifend, die Technik des Doppelns noch unvertraut, die Spontaneität gebremst; dennoch kommt das Spiel in Gang und zeigt die Zähigkeit des Schweigens in der Familie über Alkohol- und Drogenabhängigkeit, sexuellen Mißbrauch, sowie die vielfältigen Beziehungsstörungen zwischen den Familienmitgliedern.

Der psychodramatische Handlungsverlauf ist auf den Protagonisten zentriert, dessen depressive, zurückhaltende und wenig Selbständigkeit offenbarende Persönlichkeit intensiver Führung und Einfühlung durch den Leiter erfordert. Dabei gelingt es dem Patienten, seine Traurigkeit darzustellen, die wie ein Schatten zu ihm gehört als jahrzehntealtes Attribut des Familiendramas Alkoholabhängigkeit, die einen noch tieferen Familienkonflikt verbirgt, der hier noch nicht bearbeitet wird.

Am liebsten möchte er nichts mehr mitbekommen und immer im Bett bleiben. Über das Fallenlassen in die Passivität des „Es-ändert-sich-ja-doch-nichts", wird der Patient selbst drogenabhängig. Mit dem Heroinkonsum kann er zunächst seinen Schmerz abschalten. Das Schweigen in der Familie legt sich lähmend über die Beziehungen. Der Patient spricht den sexuellen Mißbrauch in früher Jugend durch einen Bekannten der Familie nicht an und seine sexuelle Orientierungsangst bleibt ebenfalls verborgen.

Erst gegen Ende des Psychodramas, als die Katharsis eintritt und der Protagonist sich im Spiel gegenüber dem Vater offenbart, er sei sexuell mißbraucht worden, kann er deutlich sagen, dass er Drogen genommen habe, um vergessen zu können. In diesem Augenblick nähert er sich seinem Vater, der dieses Motiv ebenfalls für seine Alkoholabhängigkeit gebraucht und es kommt zur Umarmung beider, in der eine zukünftige Neuorientierung ihrer Beziehung angelegt werden soll.

Für die Therapeuten ergab sich durch die beiden Sitzungen eine Fülle von diagnostischem und prognostischem Material, das Rahmen und Inhalt für die weitere Therapie ist.

• Gespräche mit dem Vater alleine und mit beiden Eltern zusammen werden projektiert.

• Die Einbindung der Schwestern wird erörtert

• Bearbeitung der Ängste und der Unselbständigkeit des Patienten, der mit 26 Jahren noch immer im Elternhaus unter den bekannten Bedingungen wohnt.

• Stärkung seiner Persönlichkeit und Veränderung der passiven depressiven Haltung. Kennenlernen der eigenen unterdrückten aggressiven Anteile.

• Psychotherapeutische Arbeit über die Sexualität des Patienten

• Die offene Bearbeitung der Drogenabhängigkeit, daß heißt Drogenhandel, kriminelle Verstrickungen, Verherrlichung und Finanzierung der Droge.

• Gesundheitsprobleme

• Stärkung der eigenen Therapiemotivation

• Sozialberatung und Rehabilitationsfragen

Auch die Gruppe profitierte von beiden Sitzungen, sie lernte den Patienten besser kennen und bekam Anschauung, wie sowohl eine Gruppe als auch der Einzelne an Problemen arbeiten kann. Durch das ständige gruppenpsychotherapeutische Programm findet eine intensive Erwärmung der Gruppenmitglieder statt, die eine gute Voraussetzung schafft für den Einsatz systemischer Verfahren und des Psychodrama.

Psychodrama mit seiner vor allem im letzten Jahrzehnt über Morenos Fundament hinauswachsenden theoretischen Auseinandersetzung bedarf keiner Ergänzung. Aus ihm sind viele Ansätze für gruppentherapeutische Verfahren hervorgegangen und es war immer offen für andere Ansätze aufgrund des Basiskonzeptes von Spontaneität und Kreativität. Die Vereinbarkeit mit anderen Methoden ist in der Praxis des therapeutischen Alltags ein großer Vorteil auch aus berufspolitischer Sicht in unserem Gesundheitssystem.

Umgekehrt ist aber der Einsatz eines Rollenspiels in einem anderen psychotherapeutischen Verfahren kein Psychodrama.

Ich danke Beke Ötzmann-Barg für ihre Mitarbeit.

Literaturverzeichnis

Bateson, Gregory; 1982 in Family Process, Vol 21, S. 21-41, dgl. in Ökologie des Geistes, Suhrkamp Frankfurt, 1985 (1982, S. 21-41)

Blackwedel Jan, Die Inszenierung von Familienmythen, Psychodrama, 2/1992, S. 289, inScenario Köln

Guldner, Claude A.; Mehrfamilien-Psychodramatherapie, Psychodrama 5/89, S. 25f., inScenario Köln

Hartmann, Norbert, Systemische Therapie und Psychodrama im Dialog, Psychodrama 1/94, S. 127, inScenario Köln

Krüger, Reinhard T., in Psyhodrama 5/89, S. 61, Der Rollentausch und seine tiefen-psychologischen Funktionen

Moreno, J. L.; Das Stegreiftheater, Beacon 1970, S. 15

Moreno, J. L.; Gruppenpsychotherapie und Psychodrama, XX, Stuttgart 1954

Moreno, J. L.; Die Grundlagen der Soziometric, Westdeutscher Verlag, Opladen 1954

Moreno, J. L.; Die Grundlagen der Soziometrie, Leske + Budrich, Opladen, 4. Aufl., 1996

Moreno, J. L.; Soziometrie als experimentelle Methode, Junfermann Paderborn, 1981

Moreno, J. L.; Gruppenpsychotherapie und Psychodrama, 1988 S. 89, Stuttgart, New York

Moreno, J. L.; Gedanken zu meiner Gruppenpsychotherapie, CIBA-Symposium 4, 1963; in: PIB Skript Duisburg, 1/86 S. 10

Moreno, J. L.; in Petzold/Mathias, Rollenentwicklung und Identität, Reihe Bibliotheca Psychodramica Bd 7, Junfermann Paderborn 1982

Moreno, Zerka; in Regel I. (aus R. Müngersdorff: Leiterregeln im Psychodrama, 1984, S. 4)

Müngersdorff, Rüdiger; Aktionssoziometrie in PIB 3, S. 162 Jungjohann Neckarsulm 1990

Portier, Louk; Psychodramatische Familientherapie im klinischen Kontext; Psycho-drama Mai 1989, inScenario Köln

Satir, Virginia; Baldwin, Michele; Familientherapie in Aktion; Junfermann Paderborn 1993

Schröder, Burkhard, Heroin, rororo 13276, S. 150

Schwertl, W. et al; Sucht in Systemischer Perspektive, Vandenhoeck & Ruprecht, Göttingen 1998

Selvini Palazzoli, M; Boscolo L; Cecchini, G; Prata, G; Paradoxon und Gegenparadoxon, 1981 Stuttgart

Straub, Heika in Psychodrama 5/89, S. 84, inScenario, Köln

Weber/Stierlin: In Liebe entzweit, rororo 8888, S. 79

Welter-Enderlin, Familienarbeit mit Drogenabhängigen, Familiendynamik 7, S. 209, 1982

Williams, Anthony J; Strategische Soziometrie, in Psychodrama 1991, S. 287, inScenario Köln